CB030589

Ejaculação Precoce e Disfunção Erétil: uma abordagem psicanalítica

CASSANDRA PEREIRA FRANÇA

Ejaculação Precoce e Disfunção Erétil: uma abordagem psicanalítica

Casa do Psicólogo®

1ª edição
2001

2ª edição
2004

Editor
Anna Elisa de Villemor Amaral Güntert

Produção Gráfica & Capa
Renata Vieira Nunes

Capa
"*O Abraço" de Picasso 1903*

Revisão
Marlene Fraga

Editoração Eletrônica
Fábio Silva Carneiro

Dados Internacionais de Catalogação na Publicação (CIP)
(Câmara Brasileira do Livro, SP, Brasil)

França, Cassandra Pereira

Ejaculação precoce e disfunção erétil: uma abordagem psicanalítica / Cassandra Pereira França. – São Paulo: Casa do Psicólogo, 2001.

Bibliografia:

ISBN 85-7396-204-6

1. Disfunção erétil – Aspectos psicológicos
2. Ejaculação precoce – Aspectos psicológicos
3. Psicanálise I. Título.

01-2731 CDD – 155.3

Índices para catálogo sistemático:

1. Disfunção erétil: Psicologia sexual 155.3
2. Ejaculação precoce: Psicologia sexual 155.3

Impresso no Brasil
Printed in Brazil

Casa do Psicólogo® Livraria e Editora Ltda.

Rua Mourato Coelho, 1059 — Vila Madalena — CEP 05417-011 — São Paulo/SP — Brasil
Tel.: (11) 3034.3600 — e-mail: casadopsicologo@casadopsicologo.com.br
Site: www.casadopsicologo.com.br

A Laura, Luiza e Henrique, filhos do amor
e do meu encantamento com crianças.

Ao Reginaldo, que, existindo, dá
sentido a tudo em minha vida.

Agradecimentos

Este livro é fruto de uma extensa pesquisa clínica, elaborada originalmente como tese de doutorado, no Núcleo de Psicanálise do Programa de Estudos Pós-Graduados em Psicologia Clínica da PUC-SP. Como todo trabalho acadêmico, é devedor de incentivos imprescindíveis, sem os quais não teria chegado à presente forma. Duas instituições, a que ora agradeço, apoiaram a pesquisa: o Serviço de Urologia do Hospital das Clínicas da Universidade Federal de Minas Gerais e a CAPES.

Agradeço especialmente ao Prof. Dr. Renato Mezan, orientador da pesquisa, pela disponibilidade de ouvir e incentivar minhas intuições metodológicas, estimulando a escrita com suas críticas e sugestões preciosas. À professora Riva Satovschi Schwartzman, sou grata pela escuta clínica atenta e sensível a todos os casos estudados.

Aos membros da banca examinadora da tese, agradeço os comentários precisos. Gostaria de registrar que cada um deles, a seu modo, prestou-me valioso impulso profissional. As colegas Ana Cecília Carvalho e Maria Tereza de Mello Carvalho, com sua postura docente impecável, renovam meu sonho de mestria. Flávio Carvalho Ferraz, com sua paixão pela escrita, incentiva a redação de outros textos. Sidney Glina salvaguarda um espaço científico para novas reflexões sobre impotência.

Aos Doutores Reginaldo Martello, Renato Vianna Bahia, Claudio Torres Motta e Alexandre Carvalho Menezes, agradeço por terem acreditado nos alcances do trabalho psicoterápico e orientado seus pacientes para essa busca.

Minha gratidão a meu pai, Rubens, cuja confiança na minha seriedade profissional é a base para vôos mais ousados; e a minha mãe, Lourdes, cuja praticidade na vida é o modelo de que me sirvo ao assumir os vários papéis a que sou chamada.

A todos os clientes que, de seu anonimato, contribuíram para o avanço das pesquisas na área dos distúrbios sexuais.

“*Os modos de pensar como o amor, o desejo*
ou qualquer outro sentimento da alma,
qualquer que seja o nome por que designado,
não podem existir num indivíduo
senão enquanto se verifica nesse mesmo
indivíduo, uma idéia da coisa amada,
desejada ...”

(Espinoza)[1]

---

1. ESPINOZA, Ética p. 136.

Sumário

Lista de Quadros

Introdução

A origem deste trabalho remonta a uma questão surgida durante uma aula de "História da Filosofia Moderna", em que se estudava o pensamento monista de Spinoza. Ao ouvir repetidamente o axioma "Em Spinoza temos alma e corpo como duas faces de um mesmo modo, dois atributos de uma mesma substância, em interação unitária", instalou-se naturalmente uma questão que passou a me inquietar e levou-me a retirar das palavras desse filósofo sentidos particulares. Se o homem é o ser do desejo, o que se passa com o desejo de quem está impotente? Arrebatada por essa pergunta, recordei-me, também, das palavras de Freud, registradas no artigo *Moral sexual civilizada*: "O comportamento sexual de um ser humano freqüentemente constitui o protótipo de suas demais reações ante a vida"[2]. Seria, portanto, a impotência sexual expressão de uma impotência generalizada que se expressava em todas as áreas da vida?

A vontade de desvendar a gênese das disfunções sexuais tomou força suficiente para levar-me a reconsiderar uma decisão tomada havia alguns anos, quando declinei de um convite para trabalhar como psicóloga voluntária no Ambulatório de Andrologia do Hospital das Clínicas da Universidade Federal de Minas Gerais.

Implantado em setembro de 1989 e voltado para o atendimento exclusivo de portadores de disfunções sexuais masculinas e infertilidade, o Ambulatório recebia encaminhamentos tanto de outras clínicas do Hospital, quanto de outros serviços médicos dirigidos à comunidade, principalmente dos postos do Sistema Único de Saúde (SUS). A demanda de atendimento ambulatorial foi tão expressiva que, em pouco tempo, as marcações de consultas

2. FREUD. *Moral sexual civilizada*, p. 203.

passaram a ser feitas com meses de antecedência. Logo, se tornou evidente a necessidade de acompanhamento psicológico para os pacientes, uma vez que foi constatado através de pesquisas que, em 40% dos casos, as disfunções sexuais eram psicogênicas. Durante quatro anos, tais encaminhamentos foram direcionados ao Serviço de Saúde Mental do próprio HC/UFMG, porém as características inerentes a um hospital universitário, tais como diferentes orientações psicoterápicas e alta rotatividade de estagiários, contribuíram para impossibilitar o acompanhamento e a avaliação dos resultados obtidos. As poucas notícias vinham com o próprio paciente, que, após ficar perdido nos meandros da complexa rede de profissionais, retornava ao Ambulatório queixando-se da falta de continuidade em seu tratamento. Ficou, assim, evidente que o serviço de Andrologia necessitava, em sua equipe, de um profissional de psicologia que atendesse exclusivamente a essa clientela, encarregando-se tanto da assistência clínica quanto da pesquisa científica.

Em abril de 1994, passei a integrar a equipe dos andrologistas e, adequando-nos à realidade ambulatorial, adotamos como rotina de trabalho o esquema que descreverei a seguir: os pacientes que chegavam ao setor eram atendidos, inicialmente, pelos andrologistas, que, após a escuta de uma história clínica detalhada, realizavam um minucioso exame físico, com atenção especial aos genitais e áreas relacionadas. Posteriormente, eram feitos exames específicos, como testes laboratoriais, dopplerometria de vasos penianos e o teste de ereção fármaco-induzida com papaverina, que constitui importante recurso diagnóstico para a impotência sexual. Somente em casos específicos, os pacientes eram encaminhados para avaliações neurológicas. Após todo esse rastreamento em busca de uma causa orgânica para a disfunção sexual, e a comprovação de sua inexistência, o paciente era encaminhado para uma avaliação psicológica. Tal conduta visava a diminuir sua resistência em aceitar a hipótese diagnóstica de uma causa psicológica para seu distúrbio. Assim mesmo, a fala de um dos pacientes, ao chegar para a primeira entrevista psicológica, ilustra uma reação quase geral ao impacto do diagnóstico: "Quando o doutor me falou que era psicológico, doeu aqui, na cabeça. Será possível que eu sou o inimigo de mim mesmo?" Essa expressão clara da tomada de contato com o funcionamento inconsciente era altamente perturbadora, e, se fazia com que alguns pacientes retornassem (para conhecer melhor o inimigo, ou para provar que o médico estava errado), levava outros a debandarem, desacreditando de vez na medicina. No intuito de facilitar a passagem às entrevistas psicológicas, os atendimentos eram realizados nos mesmos dias da semana em que a equipe médica trabalhava, e em salas contíguas. Geralmente, metade dos pacientes que vinha à primeira entrevista expressava a vontade de refletir mais acerca do seu sintoma; a estes, eu passava a oferecer uma sessão semanal, com duração média de quarenta minutos.

Nos primeiros meses, pareceu-me que a impotência sexual era uma expressão física de um estado psíquico: impotência diante da vida, da profissão, do casamento, da mulher, dos filhos... E, de fato, com alguns pacientes, à medida que essas outras áreas de impotência eram trabalhadas, a potência sexual era proporcionalmente recuperada. No entanto, após um ano de atendimento clínico-ambulatorial, a constatação de que a impotência era alguma coisa da conjugação física e psíquica, reciprocamente se impedindo – mola propulsora para minha aproximação dessa clientela –, não mais me bastava; desconfiava dessa correspondência tão direta! Passei a querer uma explicação metapsicológica que me ajudasse a entender a estrutura psíquica do sujeito que fazia essa escolha sintomatológica. Queria pensar mais sobre a trama de recalcamentos, fantasias e sublimações que estariam por trás da disfunção sexual.

Paralelamente a esse anseio, uma constatação inquietante saltava-me aos olhos: o atendimento aos ejaculadores precoces era um grande desafio. Ligavam desesperados, repetidamente, solicitando atendimento imediato, e traziam na primeira entrevista um conteúdo histórico interessantíssimo, que mobilizava minha vontade de poder ajudá-los; mas... não retornavam para as entrevistas seguintes. Claro que tal conduta não deixava de ser extremamente significativa, uma repetição do próprio sintoma: ejaculavam precocemente do tratamento. Comentando com os médicos essa percepção, tive oportunidade de ouvir deles que esses pacientes têm um perfil psicológico tão inequívoco que poderiam receber um rótulo: "o ejaculador precoce típico": apressado, desconfiado, hostil. Essas características, inclusive, acabavam provocando alterações na rotina ambulatorial, que iam desde antecipações de consultas até intervenções que buscassem conter a ansiedade, como a prescrição de ansiolítico em alguns casos. Notavam também uma nítida diferença na relação médico/paciente: sequer olhavam nos olhos do médico e geralmente faziam uma via-sacra entre os especialistas, denotando, assim, a falta de confiança no profissional. Esses depoimentos corroboravam algo que eu já havia percebido: quase sempre, nem se lembravam do nome do médico que os havia atendido e encaminhado.

Após ter realizado uma infinidade de primeiras entrevistas com esses pacientes, fui me dando conta de que, nos ejaculadores precoces, a impossibilidade de estabelecimento de um vínculo afetivo é genérica, estendendo-se, portanto, a todas as esferas de relacionamentos pessoais, profissionais ou amorosos e trazendo em seu rastro conseqüências drásticas. Por várias vezes, pude ouvir numa entrevista: "Meu casamento está acabando", e, na entrevista seguinte: "Minha mulher me deixou". O abandono tinha sempre um colorido agressivo: o marido chegava do trabalho e encontrava a casa literalmente vazia, inclusive sem os móveis; ou então um bilhete da esposa, dizendo ter-se juntado ao melhor amigo dele. Esses exemplos extremados podem servir como espelhamento daquilo que a mulher pode ter vivido na relação; a resposta raivosa sugere que elas se sentiram muito agredidas, enquanto a reação dos homens mostrava que eles suspeitavam da sua dívida afetiva para com as mulheres. Tal situação contrasta radicalmente com a dos homens com disfunção erétil, que, plenamente cientes de sua dívida sexual, lançam mão de um sistema de compensações, aprimorando-se em carícias e atenções, o que faz com que a companheira sinta-se gostada e respeitada, raramente abandonando a relação conjugal. O interessante é que, apesar de, nos dois casos, no final, o preço a ser pago pela mulher seja o adormecimento de seu desejo sexual, na ejaculação precoce parece haver uma incitação do ódio na mulher: "Ele só sabe subir em cima de mim e me sujar toda!" – palavras que refletem a condição de objeto, de latrina, a que a mulher do ejaculador precoce se sente reduzida.

Apesar de intuir que essa diferença no estabelecimento de um vínculo transferencial era um veio fecundo para o aprofundamento de uma investigação sobre construções psíquicas diversas, ainda me importunava a idéia de que a psicoterapia psicanalítica não deveria ser a indicação adequada para os casos de ejaculação precoce. O alto nível de ansiedade desses pacientes claramente se chocava com a proposta analítica, a qual requer uma certa paciência dos dois lados, para que se descortine, aos poucos, a teia de conflitos emocionais que promovem a sustentação sintomática. Supus que correntes psicoterápicas que pudessem oferecer soluções mais imediatas para o desaparecimento dos sintomas deveriam conseguir maior êxito com esses casos.

Em agosto de 1995, ao participar do III[º] Congresso Brasileiro de Impotência Sexual, realizado em São Paulo, tive a oportunidade de levantar dados que abrandaram parcialmente minhas inquietações com a técnica que vinha utilizando no atendimento ambulatorial. Aproveitando a oportunidade de ouvir as exposições dos trabalhos realizados pelas principais correntes psicoterápicas, formulei questões que procuraram definir os casos específicos nos quais a proposta terapêutica não funcionava. As respostas obtidas em cada uma das conferências coincidiam com a minha hipótese e confirmavam que as grandes dificuldades técnicas recaíam justamente no atendimento aos pacientes com ejaculação precoce, sendo a explicação para tal dificuldade sumamente simples : eles são muito ansiosos. Pude perceber que, de um modo geral, esses pacientes não ficam em nenhum tratamento – o que tem levado a propostas de associação medicamentosa (alguns antidepressivos) durante os primeiros meses de psicoterapia, na expectativa de que, tendo a ansiedade diminuída, o paciente possa receber alguma ajuda. Infelizmente, em razão da ausência de psicanalistas no Congresso, não foi possível obter seu depoimento sobre essa questão. Essa ausência foi justificada pelos organizadores, sob a alegação de que a psicanálise, por ser um tratamento longo, oneroso, nada pode oferecer a esse campo sintomatológico, que exige soluções a curto prazo. Não preciso dizer que discordo dessa visão, mas gostaria de enfatizar que, para minha surpresa, nenhuma das propostas terapêuticas com prazo determinado pareceu resolver definitivamente o problema, uma vez que os comentários comuns eram de que a ejaculação precoce é um sintoma tão bem instalado que os "contratos" terapêuticos precisam ser refeitos de tempos em tempos.

A riqueza da experiência clínica advinda dos atendimentos no ambulatório encorajou-me a formalizar um projeto de pesquisa, pois eu tinha sob meus olhos uma amostragem naturalmente selecionada em termos de sintoma, o que me permitiria tecer amarrações teóricas a partir de pontos convergentes, sem precisar distanciar-me da escuta da singularidade de cada caso. O primeiro ponto de convergência que surgiu foi a já citada dificuldade, em alguns pacientes, de estabelecer um vínculo transferencial. Constatação freqüente na clínica, mas que se tornou interessante devido ao fato de que, no primeiro subgrupo, estavam os pacientes que apresentavam como sintoma a disfunção erétil, e, no segundo subgrupo – o dos que não se vinculavam –, estavam aqueles que sofriam de ejaculação precoce. Essa observação levou-me a suspeitar que o funcionamento psíquico desses dois grupos de pacientes era distinto, e que talvez o mais adequado fosse classificá-los em separado: o grupo dos portadores de disfunção erétil, e o dos ejaculadores precoces.

Inúmeras vezes, censurei-me por atentar contra a noção de subjetividade, tão crucial na psicanálise; era como se tivesse cometendo uma heresia, agrupando sujeitos de acordo com a sua sintomatologia. Passei a buscar interlocução, tentando explicar a alguns colegas por que essa subdivisão fazia sentido para mim. A reação dos psicanalistas era, no mínimo, desanimadora. Por outro lado, contudo, a reação dos urologistas era entusiasmada. O apoio surtia um duplo efeito: não me deixava desistir da pesquisa, mas me mostrava o risco de uma aproximação da metodologia científica própria da medicina. Resultado: nem conseguia a absolvição definitiva, nem desistia da minha intuição, que apontava aquele rumo para a pesquisa. Consolava-me o fato de que as descobertas de Freud se estruturaram, num primeiro momento, a partir de agrupamentos de tipos psíquicos. Gostaria, entretanto, de deixar bem claro que não estou propondo uma quarta categoria na psicopatologia psicanalítica, uma estrutura ou etiologia específica para a ejaculação precoce. Todos os casos estudados são de neuróticos que ocupam lugares distintos na triangulação edípica.

Uma vez encontrado esse viés de pesquisa, qual seja, o de tecer um paralelo entre o funcionamento psíquico dos ejaculadores precoces e o dos portadores de disfunção erétil, faltava-me encontrar um programa de doutoramento que incentivasse a pesquisa clínica em psicanálise – o que não havia em Minas Gerais. Munida da convicção de que a envergadura do trabalho de uma tese é de tal monta que necessita de um comprometimento interno forte com a questão a ser pesquisada, tomei a decisão, em 1996, de recorrer a universidades em outros estados. E, para minha satisfação, o projeto de pesquisa foi prontamente acolhido pelo Prof. Dr. Renato Mezan, coordenador do Núcleo de Pesquisas em Psicanálise do Programa de Doutorado em Psicologia Clínica da PUC/SP, que, como orientador, veio a enriquecer, ao longo dos anos, toda a minha reflexão sobre o tema.

Iniciei a redação do material clínico até então coletado e, enquanto não concluí o capítulo dos casos clínicos, mantive-me distante da referência bibliográfica levantada, para não ser contaminada por concepções teóricas já estabelecidas. Entretanto estava ávida por ouvir as impressões de outros colegas.

Em certa ocasião, convidada a discutir questões técnicas junto a psicólogas que atuam na área de distúrbios sexuais, na abordagem comportamental/cognitiva, tive oportunidade de prestar-lhes um depoimento acerca da minha experiência que, sem dúvida alguma, causou-lhes um certo impacto, uma vez que julgavam obter bons resultados com os ejaculadores precoces. Uma reflexão mais detida sobre a casuística clínica do grupo, no entanto, levou-nos à conclusão de que o êxito nos tratamentos realizados recaía justamente naqueles casos em que os pacientes apresentavam um funcionamento psíquico predominantemente marcado por traços obsessivos. Observação que nos permitia concluir que a adesão ao tratamento até obterem alta podia muito bem ser justificada por uma identificação positiva com o método proposto: a dessensibilização sistemática – que, como sabemos, inclui uma seqüência ritualística.

Embora aliviada com tais constatações, meu problema persistia: os médicos continuavam a encaminhar-me os ejaculadores precoces, e eu não conseguia sequer iniciar o tratamento. Cheguei a ficar tão desestimulada que não mais fazia qualquer esforço para conseguir um horário para atendê-los. Obriguei-me, após certo tempo, a reservar alguns horários na agenda para novas tentativas; dessa vez, numa outra direção. Resolvi ouvir as mulheres desses pacientes, com quem, nesse momento, eu já me sentia identificada: éramos usadas apenas para receber uma descarga de ansiedade. Elas, todavia, mostraram-se mais resistentes do que se poderia esperar: afirmavam que o problema não tinha solução, que estavam cansadas de tentar ajudar. Algumas compareciam à entrevista apenas para dizer que não queriam mais saber de sexo, e que haviam, inclusive, liberado os companheiros para procurar outras mulheres, desobrigando-as, de vez, de um compromisso sexual vivido como um suplício. Observei que imaginavam que o problema sexual do marido ocorreria com outras mulheres. Surgia, portanto, mais um dado interessante, pois contrastava com a opinião das mulheres dos pacientes com disfunção erétil, que, quando liberavam os maridos para outras relações, costumavam imaginar que outra mulher poderia curá-los, ou seja, julgavam que o sintoma estivesse diretamente vinculado à dinâmica do casal.

Aquelas mulheres que haviam dado um "xeque-mate" nos parceiros que tinham ejaculação precoce, remetendo-os ao médico, aceitavam prontamente participar do processo. Vinham com assiduidade, tratavam de assegurar a presença do companheiro, estabelecendo um vínculo muito significativo com a terapeuta. Nos atendimentos, a questão sexual não era, inicialmente, o foco central. Os outros problemas que havia desencadeado na vida conjugal é que ocupavam este lugar – abordá-los impunha-se como estratégia emergencial para tentar "segurar" a relação por mais algum tempo. À medida que a agressividade circulante entre o casal ia perdendo força, surgiam oportunidades para se vincularem, simultaneamente, as fantasias acerca dos motivos que levavam os parceiros à ejaculação precoce, assim como as fantasias retaliadoras para o ajuste de contas. Ao ouvirem tais fantasias, os parceiros acabavam tomando consciência da força disruptiva de seu sintoma e dos efeitos de seu modo "egoísta" (sic) sobre a relação. Reconheciam a sua incapacidade de estabelecer vínculos afetivos e pediam ajuda. Vários deles conseguiram continuar o tratamento individualmente, permitindo-se uma reflexão mais profunda. Outros só estabeleciam um vínculo superficial, sustentado apenas pelo ganho secundário: o tratamento promovia uma melhoria na qualidade de vida do casal.

Constatei, ainda, que havia uma proporção inversa entre a diminuição da ansiedade do homem e o aumento do tempo de penetração vaginal sem ejaculação. As parceiras descreviam a melhora progressiva, enfatizando que não se chegara ao ponto ideal, mas que pelo menos estavam conseguindo desfrutar um pouco da relação sexual. Os atendimentos transcorreram por aproximadamente um ano, os casais redimensionaram sua problemática relacional e decidiram tentar a continuidade conjugal.

Apesar de a estratégia técnica de atendimento de casais ter alentado a minha disposição para continuar trabalhando com os ejaculadores precoces, devo ponderar que poucos têm uma companheira fixa, e que o desafio de fazê-los empreender um tratamento se mantém. Vale a pena mencionar, também, que, em alguns casos, apesar da melhoria na vida conjugal, não houve qualquer alteração no sintoma. O ponto histórico que esses homens têm em comum é a instalação do sintoma desde o início de sua vida sexual, de forma que jamais haviam experimentado uma penetração por um tempo razoável.

As conclusões extraídas dessa experiência clínica foram comunicadas no IV Congresso Brasileiro de Impotência Sexual, ocorrido em Porto Alegre, em 1997, como tema livre: "A terapia de casal como opção na abordagem de pacientes com ejaculação precoce"[3]. O assunto teve uma aceitação positiva da audiência, que endossou formalmente a dificuldade existente na lida com os ejaculadores precoces. Essa experiência fortaleceu minha hipótese inicial: nesses pacientes, há uma dificuldade profunda no estabelecimento das relações objetais, e essa dificuldade assume distintas expressões no contato com as pessoas em geral, mas tem, em relação às mulheres, a ejaculação precoce como expressão típica.

---

3. Essas conclusões não serão transcritas no presente trabalho, que tratará apenas do atendimento individual.

Para a finalidade desta pesquisa, havia decidido sistematizar o que era possível: apenas as primeiras entrevistas com os ejaculadores precoces. Ao reler esse material clínico, percebi que havia um dado especial que se fazia quase constante no relato dos ejaculadores: a narrativa de um início de vida sexual "traumático" – situações marcadas pela percepção de a relação ter que ser feita às pressas, quer fosse por causa do risco de ser flagrado a qualquer instante, quer pelo desejo da mulher de terminar rapidamente o ato sexual –, o que trouxe à experiência um grande desprazer. No entendimento deles, essa foi a causa responsável pelo surgimento do sintoma.

Obviamente, cabe, aqui, questionarmos se, antes de sua ocorrência, já não se havia configurado uma estrutura psíquica que levaria, com certeza, à impossibilidade de uma iniciação satisfatória. Essa especulação ficou em suspenso, pois a grande maioria dos casos atendidos era de pacientes que apresentavam ejaculação precoce por mais de vinte anos, o que dificultava o acompanhamento minucioso da instalação do quadro sintomatológico. Felizmente, quase já ao fim de minha pesquisa, pude contar com o frescor das lembranças da iniciação sexual de alguns jovens, que fecundaram, entre outras reflexões, as duas co-relações que acabei de expor: a presença do sintoma desde o início da vida sexual, e o próprio ritual de iniciação, acompanhado ou não de fatores traumáticos.

Uma vez que a escuta das parceiras dos ejaculadores precoces havia contribuído com subsídios preciosos acerca da vivência feminina do sintoma, assim como de possíveis abordagens da problemática, decidi ouvir também as parceiras dos pacientes com disfunção erétil, que até então os aguardavam na sala de espera. Esses contatos permitiram-me constatar que, de fato, no imaginário feminino, a ejaculação precoce recebe uma versão totalmente distinta da disfunção erétil. Enquanto os ejaculadores precoces são vistos como "vilões" que devem ser castigados, os impotentes são uns "coitados" que precisam de apoio. Julguei, a princípio, que essas duas versões correspondiam a composições de personalidade cujo funcionamento psíquico predominante na posição esquizo-paranóide era própria dos "vilões", que estabeleciam apenas relações objetais parciais e viviam em estado de intensa ansiedade persecutória, ao passo que os "coitados" aproximavam-se mais do funcionamento psíquico próprio da posição depressiva, pois eles estabeleciam relações objetais totais e experimentavam a ansiedade depressiva. Muito embora tendo essa possibilidade de funcionamento na posição depressiva, eles não tinham o trânsito fluido entre as duas posições, necessário ao modelo de maturidade psíquica da metapsicologia kleiniana. Aliás, mais pareciam estar engastalhados na passagem entre as duas posições: conscientes da importância do objeto, mas assustados com o dano que poderiam causar-lhe. Nesse impasse, ora vivenciavam o temor intenso de uma retaliação por parte do objeto, ora ficavam obcecados em repará-lo. Vivência ambígua, ricamente ilustrada pela falha erétil que surge diante do ato do desvirginamento, causada tanto pelo temor da fantasia da vagina dentada, quanto pelo temor de machucar a mulher.

A metapsicologia kleiniana foi-me de grande valia nessa primeira classificação: a de que os ejaculadores precoces têm um funcionamento psíquico mais primitivo, que tendem ao encapsulamento narcísico; enquanto os portadores de disfunção erétil iniciam uma triangulação que não se desenvolverá por conta de alguns obstáculos que serão vivenciados como intransponíveis, impedindo a resolução edípica. No entanto o acompanhamento desses pacientes em análise mostrou-me que tais obstáculos tinham sempre como umbigo uma questão narcísica, e foi esse o ponto de junção das duas problemáticas. Portanto, o conceito de narcisismo brotou naturalmente como pilar de sustentação para uma discussão metapsicológica – uma espécie de moeda corrente, que poderá balizar as distinções entre as duas organizações psíquicas.

Um de meus propósitos nesta pesquisa foi usar a metapsicologia para acompanhar a especificidade da construção neurótica, verificando quais traços, na história desses homens, levou-os a expressar o sofrimento psíquico na parceria sexual; outro, foi examinar o grau de engaste desses sintomas na estrutura psíquica do sujeito, o que me levou a verificar se o sintoma estava mais entranhado na estrutura psíquica, ou se era mais reativo, criado apenas para manter a ansiedade num nível aceitável.

A metodologia que utilizei para acompanhar a especificidade da construção neurótica nesses casos foi a de restringir-me à escuta da clínica, realizando anotações, posteriores, de falas significativas ou de mudanças de posição do cliente diante de determinadas questões. O fato de não recorrer à bibliografia enquanto escrevia o capítulo dos casos clínicos deixou-me, inicialmente, desarmada diante das hipóteses que iam se configurando, mas proporcionou-me, posteriormente, ganhos significativos. O principal deles surgiu quando, finalmente, ao ler os textos da revisão bibliográfica que havia feito, vi-me "debatendo" o tema com os autores, argumentando com os meus próprios pontos de vista. Essa situação imaginária refletia a sedimentação da experiência adquirida, deixando-me convicta de que, realmente, eu tinha alguma colaboração a dar.

A apresentação formal deste livro, tem o intuito de aproximar o leitor, paulatinamente, da problemática a ser estudada, fazendo com que a ordem dos capítulos iniciais esteja numa seqüência inversa à que foi seguida na execução da pesquisa. Assim, no capítulo 1: "A natureza dos problemas", apresentarei a literatura disponível sobre os dois temas, tanto nas abordagens não-psicodinâmicas, quanto na psicanalítica, e reservo um espaço, em separado, para uma discussão entre essa literatura e a minha experiência clínica. No entanto, como a minha casuística compreendia bem mais que uma centena de casos, tive necessidade de organizá-los em subgrupos, de modo a facilitar uma reflexão acerca das particularidades inerentes a cada um deles. Mesmo ciente de que essa classificação, por sua fragilidade, seria apenas temporária, decidi apresentá-la, para que o leitor possa acompanhar o viés, seguido inicialmente, na organização do capítulo 2: "Uma proposta nosográfica inicial".

Uma das partes mais laboriosas deste livro, por envolver questões amplas, delicadas, que vão do estilo de escrita do analista à ética na apresentação de casos clínicos, foi compilada no capítulo 3: "Análise de alguns casos". Os casos clínicos então apresentados, tanto por fragmentos, quanto por histórico clínico completo, foram selecionados para ilustrar a proposta nosográfica do capítulo 2.

O capítulo 4, "O narcisismo como conceito norteador", denota a eleição do conceito de narcisismo como aquele que poderá ajudar a reorganizar uma discussão, cada vez mais fecunda, sobre a escolha do distúrbio sexual para expressão de conflitos dentro de distintas configurações psíquicas.

No capítulo 5, "Reconsiderando nossa proposta nosográfica", analiso a necessidade que tive em construir uma nosografia para o estudo da ejaculação precoce e da disfunção erétil, e as possibilidades de remodelá-la. Utilizando-me dos recursos metapsicológicos de que a psicanálise dispõe, tento indicar as contribuições que as distintas correntes psicanalíticas podem oferecer para a problemática estudada.

Como o leitor poderá observar, este livro foi redigido numa linguagem coloquial, objetiva, de modo que possa ser mais acessível àqueles a quem dirijo este trabalho: estudantes de psicologia que tenham interesse em prestar ajuda psicoterápica nos serviços de Andrologia do sistema de saúde do nosso país. Sinto-me privilegiada, não só por ter tido oportunidade de prestar auxílio a um número expressivo de pacientes que sofriam com distúrbios sexuais, mas, também, por não ter capitulado diante das inúmeras dificuldades que surgiram – e surgem – entre o sonho de um projeto e a realidade de sua conclusão. Agora posso dizer, com certeza, que o registro dessa experiência, além do fomento à criação de outras práticas ambulatoriais, servirá, também, como registro histórico das manifestações histéricas masculinas nos brasileiros, no final do século XX .

Capítulo 1

A Natureza dos problemas

1.1. A Ejaculação Precoce

1.1.1. Abordagens Usuais

No início dos tempos, os seres humanos moviam-se basicamente por impulso do instinto, sendo que a mente e a sensibilidade existiam apenas em vias de formação. Assim sendo, acasalavam-se em certas épocas, com o objetivo único de preservar a espécie. No entanto, à medida que se desenvolviam, passavam a agir de acordo com a interação dos três elementos disponíveis potencialmente em nossa espécie: instinto, sensibilidade e mente. Vamos tratar, neste trabalho, sobretudo dos distúrbios sexuais advindos da quebra dessa interação, pontuando os obstáculos constitucionais e históricos que impedem o homem de permitir que as forças do instinto sejam direcionadas pela mente e sensibilidade, tendo em vista um vínculo mais elevado e profundo com a mulher.

Através dos tempos, o sexo viveu épocas distintas, que vão da submissão da mente aos caprichos do instinto, graças ao amortecimento da sensibilidade, à sua visão como algo pecaminoso que deveria ser controlado por regras sociais: proibições para o sexo feminino, concessões para o sexo masculino. Ainda nos dias atuais, os limites para o relacionamento sexual se tornaram a tal ponto sutis, que já não se constituem como referenciais.

Em razão da onda de liberdade sexual que varreu o século XX após a década de 60, houve uma considerável mudança na mentalidade dos homens, que se viram livres para exercer sua sexualidade e dela falar com menos proibições. Essa realidade acabou levando os cientistas a encarar as disfunções da sexualidade como problemas que acometiam as pessoas em geral, e não apenas aquelas que tinham um funcionamento psíquico altamente comprometido. No meio médico, era, até então, considerado ejaculador precoce aquele homem que só conseguia ficar com o pênis dentro da vagina, sem ejacular, de meio a um minuto. Portanto, o tempo era um critério para definir a normalidade da ejaculação, e o primeiro objetivo terapêutico foi estipulado visando a aumentar esse tempo. Assim sendo, em 1956, o urologista James Semans introduziu, com seus pacientes ejaculadores precoces, a técnica do "*stop-start*", que tinha por objetivo prolongar o mecanismo do reflexo ejaculatório. A parceira sexual deveria manipular o pênis até que o homem sinalizasse a sensação premonitória da ejaculação, quando então a mulher interrompia a estimulação. O processo era repetido várias vezes até que o homem suportasse a estimulação, sem ejacular.

Moacir Costa, psiquiatra e psicoterapeuta com vasta experiência no assunto, lembra-nos como "ser rápido no gatilho" fazia parte do extenso ideário masculino da civilização ocidental até meados dos anos 70, quando, em matéria de sexo, a última palavra era sempre do macho. Até mesmo o famoso relatório do biólogo Alfred Kinsey, a "bíblia" das pesquisas sexuais da década de 50, exaltava a rapidez da performance masculina, chamando o novo homem de "atleta sexual". Curiosamente, no entanto, as técnicas comportamentais de controle ejaculatório são parcialmente semelhantes a algumas práticas sexuais da civilização oriental:

> "por acreditarem que a energia vital masculina (*yang*) contida no sêmen fortalecia-se a cada vez que extraísse a energia vital feminina (*yin*) contida no fluido vaginal, a mulher deveria ser estimulada a ter vários orgasmos, enquanto o homem deveria segurar ao máximo a ejaculação. Para a contenção da ejaculação, os mestres taoístas recomendavam ao homem que, ao sentir a aproximação da ejaculação, retirasse o pênis da vagina e fizesse um leve aperto sobre a glande. Ao repetir a técnica, estaria aprendendo mais sobre as sensações que precedem o ato ejaculatório".[1]

A sabedoria milenar dos orientais continuou influenciando as primeiras propostas terapêuticas, mas a conscientização crescente em torno da sexualidade feminina fez com que, naturalmente, os

---

1. COSTA. *Sexo*: minutos que valem ouro, p. 115.

critérios de definição da ejaculação precoce fossem se alterando e a prematuridade ejaculatória passou a ser definida em termos de requisitos da parceira sexual. Os sexólogos William Masters e Virgínia Johnson marcaram essa evolução, ao valorizarem o prazer da mulher como um dos critérios fundamentais para categorizar a ejaculação precoce. Assim, em 1970, ponderaram que deve ser considerado ejaculador precoce aquele homem que não consegue, em 50% das oportunidades sexuais, manter-se sem ejacular antes que a parceira atinja o orgasmo (desde que ela não tenha nenhuma dificuldade para alcançá-lo).

Esses autores introduziram, no programa de Semans, a técnica de compressão no momento da inevitabilidade: a parceira comprime o pênis (logo abaixo do sulco bálano-prepucial), mantendo a pressão por 20 segundos – o que causa a perda parcial da ereção e o retardamento do orgasmo. Tal procedimento é repetido de 3 a 5 vezes, antes de ser permitida a ejaculação como resolução do alto nível de excitação sexual em que se encontra o paciente. Essa remodelação do método "*stop-start*" inclui um processo reeducativo que inclui aproximações sucessivas do casal até atingirem a sexualidade completa. O número de sessões de terapia gira em torno de 10 a 12, num período de tempo de 2 a 4 meses. Quando o casal passa para o ato da penetração, a mulher coloca-se em posição superior, executando movimentos lentos, apenas para a manutenção do nível excitatório e para o homem habituar-se ao ato da penetração como uma experiência tranqüila. Ocasionalmente, os exercícios "*stop-start*" serão repetidos com o intuito de desenvolver a percepção erótica. Segundo estudos, esse método de treinamento da emissão espermática obtém índices de sucesso em torno de 60%.[2] Embora seja plausível a explicação de Masters e Johnson, que vêem na ansiedade a causa da ejaculação precoce – uma vez que, de fato, é capaz de produzir um aumento no tônus do sistema nervoso simpático, responsável pela emissão de esperma –, é mister observar que lhe falta especificidade, pois colocam a ansiedade também na gênese da disfunção erétil.

2. LAWRENCE, MADAKASIRA. *Int. J. Psych. Med*, p. 94.

Helen Kaplan, em 1974, propôs a teoria de que o descontrole ejaculatório devia-se a uma incapacidade da manutenção do controle voluntário sobre o reflexo ejaculatório em razão de um déficit na modulação central da sensibilidade, o que impede os pacientes de perceberem não apenas os sinais de sua excitação como também as sensações que precedem a emissão espermática – justamente os elementos de alerta para que lancem mão dos mecanismos voluntários de inibição ejaculatória. Segundo Kaplan, os portadores de ejaculação precoce excitam-se mais rápida e intensamente que os demais indivíduos; hipótese contestada por Spiess,[3] em 1984, num estudo experimental comparativo entre 14 voluntários com controle ejaculatório e 10 ejaculadores precoces, no qual foi constatado que a velocidade da excitação sexual e a percepção dessa excitação é a mesma nos dois grupos, e que a única diferença está no fato de que a quantidade de estímulo necessário para produzir ejaculação nos ejaculadores precoces é bem menor do que nos homens que possuem controle ejaculatório. Asseverando suas próprias convicções sobre o assunto, Kaplan registrou que, em sua experiência clínica, a terapia sexual melhorou significativamente a dinâmica do relacionamento do casal, mas não conseguiu qualquer melhoria do controle ejaculatório.

Antes, porém, de prosseguir no percurso das contribuições terapêuticas advindas de diversas abordagens psicológicas, gostaria de fazer uma breve pausa para relatar as formas através das quais a medicina vem lidando com a ejaculação precoce ao longo desses anos. Para os pacientes altamente ansiosos, às vezes são prescritos ansiolíticos à base de bromazepan; no entanto, como o uso constante e prolongado dessa medicação pode gerar sintomas como perda de memória, oscilação do humor, apatia sexual e enfraquecimento das ereções, alguns médicos preferem prescrever o antidepressivo clormipramina, pois se sabe que, em pequenas doses, provoca um controle ejaculatório temporário em alguns homens. Uma vez que não se conhece o mecanismo de ação dessa substância, seu uso é válido em doses bem controladas, e apenas em casos severos, associado ao tratamento psicoterápico.

3. SPIESS et al. *J. Abnormal Psychol*, p. 244.

No início dos anos 80, acreditou-se que uma solução à base de hidroquinona aplicada na glande do pênis pudesse provocar o retardamento ejaculatório, mas o surgimento de irritações na glande provocou o abandono da solução. Durante um certo período, foi atribuída à varicocele (varizes escrotais) um papel na origem da ejaculação precoce. Entretanto correções cirúrgicas acabaram comprovando que sanar a varicocele não resolve o descontrole ejaculatório.

A proposta de uma cirurgia experimental que reduzisse a sensibilidade da glande – a neurotripsia – surgiu nos anos 90. Consiste na cauterização dos nervos penianos, da região dorsal do corpo do pênis até a glande. Essa técnica cirúrgica, porém, além de não ter eficácia para o que se propõe, pode deixar como seqüela um quadro parcial ou definitivo de impotência. Em 1997, o Conselho Federal de Medicina estabeleceu que a neurotomia deve ser feita em nível experimental, em ambiente universitário e sem qualquer ônus financeiro para o cliente. Assim, no final do século, a Medicina ainda não dispõe de recursos medicamentosos capazes de dirimir a ejaculação precoce, admitindo até mesmo que sua etiologia é basicamente psicogênica, ponto de vista diretamente convergente com o de diversos autores.

Após essa rápida visão sobre os principais movimentos da medicina para tratar a ejaculação precoce, retomemos o alvo de nosso interesse, qual seja: a psicoterapia. A partir de 1986, estão à nossa disposição textos que refletem a atuação específica, nessa área, de profissionais brasileiros, por meio de debates sobre o assunto em equipes multidisciplinares, e da demarcação, necessária e conseqüente, de distintos enfoques para o tratamento dessa sintomatologia. Logo nos primeiros artigos, é enfatizado que, "embora sendo um problema comum aos homens, a ejaculação prematura é considerada como um problema sério, pois os ejaculadores precoces questionam a própria masculinidade, podendo ter também um sentido reduzido de valor pessoal [...], e que suas parceiras apresentam freqüentemente a queixa de serem usadas, buscando orientação profissional para evitar o sexo ou procurar outro homem".[4]

4. COSTA. Disfunções sexuais masculinas, p. 803.

No texto de Costa que acabo de citar, há uma breve exposição de como as diferentes escolas psicoterápicas geralmente se posicionavam naquela época em relação à ejaculação precoce; registro significativo, pois delineia um esboço dos impasses que perpassam a terapêutica da ejaculação precoce. Impasses com que ainda nos deparamos, e que justificam a continuidade das pesquisas sobre esse tema, em todas as diretrizes terapêuticas. A fim de ressaltá-las, as palavras do autor serão aqui transcritas sob a forma de diagrama, como é mostrado no Quadro 1.

QUADRO 1
Observações de distintas correntes psicoterápicas acerca da ejaculação precoce

Correntes Psicoterápicas	Compreensão da E.P. [5]	Conclusões advindas do Tratamento
Abordagem Psicanalítica	Conflitos inconscientes em relação às mulheres fazem da E.P. um modo simbólico de negar-lhes prazer.	O tratamento psicanalítico possibilita a descrição dos atributos negativos da personalidade do e.p., mas não estabelece uma correlação significativa entre a E.P. e a Psicopatologia.
Abordagem Sistêmica	A E.P. é um instrumento usado pelo casal, para por fim à luta pelo poder entre os parceiros.	A terapia conjugal promove a melhoria da qualidade do relacionamento do casal, mas a E.P. não desaparece.
Abordagem Comportamental	A causa primordial da E.P., em termos de funcionamento psíquico, é a ansiedade.	As técnicas comportamentais para reduzir a ansiedade do e.p. não levam a resultados satisfatórios quando: - a ansiedade é conseqüência da E.P. e não seu antecedente. -após a ansiedade ter sido diminuída pela dessensibilização sistemática, a falta de atenção a sinais pré-orgásticos persiste.

FONTE – COSTA, 1986.

5. Nos diagramas apresentados usaremos as iniciais maiúsculas "E.P." para designar a ejaculação precoce; e as iniciais minúsculas "e.p." para designar o(s) ejaculador(es) precoce(s).

Seguindo as orientações da corrente comportamental-cognitiva, o referido autor estabelece, como meta da terapia sexual, o alívio dos sintomas através da prescrição de tarefas sexuais e de comunicação, a serem realizadas em casa. O prazo requerido para obter tais resultados gira em torno de 12 sessões, podendo chegar até mesmo a 18 meses, quando, além de reeducação comportamental, o processo terapêutico tenta ajudar o paciente a ter compreensão das causas da disfunção e dos ganhos secundários advindos desse sintoma. Entretanto Costa não deixa de assinalar que "quando a ejaculação prematura é meramente um símbolo para uma série de problemas sérios de relacionamento, é, com freqüência improvável o êxito da terapia. Em tais casos é recomendada uma terapia conjugal antes da terapia sexual".[6]

Em pesquisa realizada no Centro Multidisciplinar para o Diagnóstico e Tratamento em Sexualidade do Instituto H. Ellis[7], em São Paulo, dos 900 pacientes que procuraram a clínica, entre 1984 e 1987, 403 foram avaliados segundo a propedêutica completa da clínica; constatou-se que, dentre os homens avaliados, 239 (59,31%) não apresentavam controle ejaculatório, sendo que 161 pacientes (67,36%) foram classificados como portadores de ejaculação precoce primária, pois desde as primeiras relações sexuais não apresentavam controle ejaculatório volitivo; 78 pacientes (32,64%) receberam a classificação de portadores de ejaculação secundária, uma vez que esta foi desenvolvida após a disfunção erétil ter se estabelecido. Dos 100 pacientes tratados psicologicamente, com sucesso, através de psicoterapia breve nos moldes propostos por Kaplan, 42 eram ejaculadores precoces primários, 44 tinham disfunção erétil e 14 apresentavam ejaculação precoce secundária. A pesquisa apontou como conclusão duas hipóteses importantes para a discussão que empreenderemos logo mais: a primeira seria a de que o aparecimento da ejaculação precoce desde as primeiras relações, enfraquece o padrão de comportamento sexual, aumentando os riscos da disfunção erétil de origem psicológica; e a segunda refere-se à constatação de que na ejaculação precoce

6. COSTA. Disfunções sexuais masculinas, p. 806.
7. RODRIGUES Jr. et al. *Separatas de Artigos do IV Curso de Diagnóstico e Tratamento de Impotência*.

são desenvolvidas defesas fortes de ego, a ponto de levar o paciente a não se importar com a existência do outro. Os autores da pesquisa afirmam que a ejaculação precoce é de grande incidência na população masculina no mundo ocidental, porém essa disfunção não se torna "exasperante" para o homem, que não vê necessidade de se livrar dela em virtude do pouco questionamento que sofre por parte de suas parceiras sexuais. Afirmação que traz em si uma questão: se não é "exasperante", porque eles se queixam tanto aos urologistas? Em pesquisa realizada com esses especialistas, em 1986, 79% deles apontaram a ejaculação precoce como a segunda queixa mais freqüente da clínica urológica.[8]

Em 1997, Costa escreve novamente sobre o assunto, reunindo os dados obtidos em sua experiência clínica, ao longo de 20 anos junto a mais de 600 ejaculadores precoces, num livro que trata especificamente da ejaculação precoce: "Sexo: minutos que valem ouro",[9] texto de linguagem acessível, muito útil no desenvolvimento deste capítulo, que representará em suas páginas informações de lá recolhidas e dignas de nota.

Um dos primeiros pontos que chamou minha atenção nesse estudo, foi o tom um tanto ou quanto descrente nas palavras de Costa, ao mencionar os resultados obtidos com a terapia sexual. Confessa que sua experiência evidenciou que as técnicas nem sempre são suficientes para a resolução total do descontrole ejaculatório, "pois raramente o problema se apresenta em casais com bom nível de interação, ou com um paciente que atinja níveis satisfatórios de intimidade com o próprio corpo e com a figura feminina. Daí a necessidade de uma terapia que ajude o paciente a reduzir os níveis de ansiedade e permita que este tenha um grau de envolvimento maior com a mulher."[10]

Uma vez que a ejaculação precoce é um fantasma que ameaça 2 em cada 10 homens, Costa julga que devemos levar em conta os fatores culturais que influenciam a formação da sexualidade masculina, impulsionando os homens ao sexo puramente físico, sem qualquer vínculo amoroso, onde o que importa é a performance, a virilidade do macho medida pela manutenção da ereção e pela ejaculação vigo-

8. COSTA, RODRIGUES Jr. *O urologista brasileiro e a sexualidade*.
9. COSTA. *Sexo*: minutos que valem ouro.
10. Ibidem, p. 117.

rosa. O aprendizado erótico concentra-se em partes do corpo da mulher: curvas, seios, nádegas; e determina o pênis como única "ferramenta de trabalho" do homem. A cultura machista trata também de impregnar o jovem da crença de ter que "dar conta do recado" sozinho, sem colocar em discussão as suas dúvidas sobre sexualidade. Ou seja, além da desinformação sobre sexo, é freqüente o fato de o ejaculador precoce ter sido educado numa família sem habilidade para a troca afetiva.

Nas famílias dos ejaculadores precoces, o autor encontrou como traço comum a ausência acentuada da figura paterna, caracterizada por pais que não participam das emoções cotidianas e que têm dificuldade no contato físico e na expressão de sentimentos afetuosos. Quando isso não ocorre, a história é geralmente marcada por enorme dificuldade de se desligar da mãe, figura geralmente controladora e dominadora.

É relativamente natural que o jovem, quando de sua iniciação sexual, excitado pela novidade da nudez feminina, ejacule fora de hora. Entretanto o autor pondera que, se esse padrão de resposta não for alterado numa relação mais afetiva e efetiva com uma namorada ou parceira interessante, é bem provável que a ejaculação rápida ocorra novamente nas próximas relações, instalando, assim, o quadro sintomatológico. O namoro propicia uma intimidade que pode ajudar o homem a superar o quadro de ansiedade despertada pela aproximação física da mulher. Mas

> "queimar a etapa do namoro é um traço característico de homens que apresentam disfunções sexuais [...], sendo assim, acabam não aprendendo a fazer acordos no plano sentimental: dar e receber amor, comunicar os sentimentos, dividir as decisões [...]. Lançam-se apressadamente no casamento, julgando que, quando o relacionamento com uma mulher passar a ser constante, as inibições irão desaparecer. [...] Quando casados, a principal queixa de suas mulheres é a desatenção que recebem, sua falta de envolvimento amoroso..."[11]

11. COSTA. Sexo: minutos que valem ouro, p. 21-22.

A realidade mostra que, mesmo na intimidade da vida a dois, o homem não conseguirá ficar descontraído ao lado de uma mulher. "O ejaculador precoce desenvolve um roteiro curto e pobre em relação ao sexo. Por valorizar somente a estimulação genital, não se demora nas carícias, nem suporta muita excitação. Prefere ir logo à penetração – ao popular 'finalmente', pois sabe que sua performance é sempre uma corrida contra o tempo [...]. É só tirar a roupa que o imperativo é atuar."[12]

O descontrole ejaculatório provoca frustrações e o desaparecimento do clima erótico e do desejo sexual entre o casal. Não suportando grandes períodos de abstinência sexual, a mulher começa a vislumbrar como saída compensatória uma relação extraconjugal – enquanto os homens passam a ter ereções pouco vigorosas, surgindo, então, o temor de se tornarem impotentes. Será justamente esse temor que despertará o homem para a aceitação de um tratamento, apesar de a decisão de efetivamente buscá-lo estar relacionada ao empenho feminino que surge após muitos anos de vida sexual frustrante, quando a separação começa a se tornar uma realidade e o medo do rompimento é um forte motivo de angústia.

Uma constatação significativa apresentada por Costa é a de que "O homem com ejaculação precoce dificilmente apresenta esse descontrole enquanto se masturba – exceto em casos em que a angústia é insuportável. Esse fato mostra claramente o seu conflito emocional com a figura feminina, com o relacionamento homem-mulher."[13] O que facilmente se observa é que a aproximação do ato sexual é experimentada com alta dose de preocupação e angústia, sentimentos que provocam a diminuição das sensações eróticas, reduzindo o prazer e tornando o orgasmo sem graça. Ironicamente, em comum com um atleta sexual há apenas um perfil psicológico que se delineia dentro de um quadro de intensa ansiedade, inquietude motora, sinais de taquicardia e respiração ofegante. Nas suas relações interpessoais, apresenta-se geralmente tenso e desatento, prestando pouca atenção ao seu interlocutor e expressando-se com frases entrecortadas.

Segundo Costa, o psiquiatra americano Shapiro descreveu dois tipos de ejaculadores precoces: o primeiro seria formado por homens

12. COSTA. *Sexo:* minutos que valem ouro, p. 23-24.
13. Ibidem, p. 16.

que tiveram o problema desde a sua primeira relação sexual e desenvolveram esse padrão para o resto da vida. No segundo estariam aqueles homens que apresentaram a ejaculação precoce no decorrer da vida, ao enfrentarem problemas conjugais ou profissionais. Entretanto, para o autor, a sua experiência revelou novas formas de manifestação do problema, que ele categoriza em graus. A seguir, apresento um diagrama que formulei a partir dessas idéias, para acompanhar essa categorização, conforme mostra o Quadro 2.

QUADRO 2
Graus da ejaculação precoce

Graus	Atuação do homem	Consequências para o casal
1	O homem ejacula antes mesmo da penetração, ou segundos após o início do ato sexual.	Em pouco tempo, a ansiedade torna-se insuportável; conseqüentemente, o homem desenvolve um medo intenso de qualquer situação de intimidade, e as trocas afetivas entre o casal se reduzem. A mulher alcançará o prazer apenas pela masturbação.
2	Após a penetração, o homem não consegue suportar alguns movimentos sem interromper o ato sexual, pois está prestes a ejacular.	A mulher, por estar muito excitada, fica inconformada com a interrupção. Situação muito frustrante para o casal, que, geralmente, acaba se afastando.
3	O homem consegue prolongar a excitação através de sucessivas interrupções durante o ato sexual, com o objetivo de adiar a ejaculação.	O homem dedica-se um pouco mais às carícias preliminares e à masturbação da parceira, tornando a situação mais suportável para o casal, apesar de a mulher quase nunca chegar ao orgasmo.
4	O homem apresenta E.P. dependendo da atuação da mulher.	Quando o homem encontra uma parceira compreensiva, a ansiedade se reduz, e o problema da E.P. tende a desaparecer.
5	A E.P. ocorre somente quando o homem está submetido a esquemas de pressão no cotidiano: competição no trabalho, falta de dinheiro, etc.	Em situações em que não há pressão, como, por exemplo, nas férias, a libido do homem fica em alta e ele tem vida sexual normal.

FONTE – COSTA, 1997.

Para finalizar o nosso itinerário pelas contribuições não-psicodinâmicas ao tratamento do descontrole ejaculatório, gostaria de apresentar um artigo recente e relevante por expressar a prática de outro grupo multidisciplinar brasileiro, que também tem vasta experiência no assunto. "Avaliação e tratamento da ejaculação precoce" procura apresentar a definição, a prevalência, a patogenia, a avaliação e o tratamento da ejaculação precoce, num enfoque estritamente comportamental, em que os autores não hesitam em afirmar que "a terapia psicológica para ejaculação precoce, da mesma forma que para disfunção erétil, é tanto mais aceita quanto mais breve, prática e comportamental. As longas terapias analíticas reservam-se a casos especiais, quando o próprio paciente assim o desejar, de preferência somente após controlada a queixa sexual."[14]

Reafirmam em seu texto que o objetivo específico do tratamento comportamental ainda é o aprendizado, pelo homem, dos sinais premonitórios da emissão espermática, única maneira de ele desenvolver o autocontrole e postergar a ejaculação. As duas técnicas básicas que utilizam no tratamento são a "*stop-start*" e a "*squeeze*", que demandam uma parceira constante que se disponha a cooperar e dialogar. Os objetivos secundários do tratamento procuram combater a ansiedade e a baixa auto-estima do homem. O tempo de tratamento é variável, sendo que progressos substanciais são obtidos com 10 sessões de terapia e a alta pode ocorrer após seis meses. Em um terço dos casos, os pacientes fazem uso de antidepressivos, que são ministrados da seguinte maneira: a princípio, diariamente; depois de um certo tempo, passam a ser ingeridos apenas no dia das relações sexuais, obtendo-se, assim, um resultado similar ao de uma certa dose de álcool, que em muitos indivíduos é capaz de retardar ou até impedir a ejaculação. No entanto deixam registrado que o terapeuta se depara com a intensidade de resistências advindas dos ganhos secundários do sintoma: a mulher, por temer a perda do parceiro, procura mantê-lo numa condição de inferioridade; ou o homem, querendo castigar sua parceira, não tem interesse de curar-se.

Em razão da heterogeneidade dos casos e da necessidade de que o tratamento seja individualizado, esse grupo de profissionais

---

14. BESTANE et al. *J. Bras. Urol.*, p. 51.

procura enquadrar os indivíduos em alguns subgrupos de utilidade clínica, alterando parcialmente a classificação feita por Shapiro em 1943. Essa classificação encontra-se resumida no Quadro 3.

QUADRO 3
Classificação dos diversos tipos de ejaculação precoce

Graus	Características	Tratamento
1 Tônus Sexual Elevado	Pacientes com libido normal ou exacerbada, boas ereções. Geralmente mantêm várias relações semanais, não raro com mais de uma parceira. Indivíduos ansiosos e com traços de narcisismo.	Casos com maior capacidade de alcançar bons resultados com psicoterapia.
2 Tônus Sexual Diminuído	Pacientes com baixa libido, com ou sem disfunção erétil secundária ao descontrole ejaculatório.	Investigação bioquímica e endocrinológica, podendo eventualmente beneficiar-se de algum estímulo hormonal, mesmo que os exames resultem negativos.
3 E.P. Secundária à Disfunção Erétil	Predominância da dificuldade de ereção, seja qual for a etiologia.	Tratamento centrado sobre o problema primário (disfunção erétil), tendo a ejaculação precoce uma tendência à remissão com a melhora do desempenho erétil.
4 Presença de Possíveis Causas Locais	Pacientes com fimose, balanites de repetição, prostatites ou outras infecções do trato urinário.	O tratamento deve priorizar, por meio de processos clínicos ou cirúrgicos, as distintas anormalidades encontradas.
5 Predominância do Fator Feminino	Casos em que fica evidente o papel destrutivo da mulher, seja por sua dificuldade em atingir o orgasmo, seja por uma atitude negativa frente ao sexo ou ao seu parceiro.	O enfoque do tratamento será a terapia de casal.

FONTE – BESTANE, PAGANI, BARTOLO, 1998.

Ao final de seu estudo, os Autores apresentam dados estatísticos significativos: "a ejaculação precoce responde por cerca de 10% das queixas numa clínica especializada em disfunção sexual masculina. A maioria dos pacientes são casados ou têm parceira fixa e procuram o médico em média 4 anos após o início do quadro. Cerca de 70% referem redução no seu próprio prazer sexual e não somente no da parceira."[15] Apesar de sabermos da fidedignidade desse tabulamento estatístico, é necessário que o relativizemos, principalmente porque precisamos levar em conta que há um número expressivo de ejaculadores precoces que, não possuindo uma parceira constante, deixam de procurar tratamento para sua disfunção, por não se sentirem pressionados pela mulher, por saberem que, na terapêutica comportamental, há necessidade de uma parceira compreensiva que o ajude no tratamento. Tais possibilidades conduzem-nos à probabilidade de que o número de ejaculadores precoces seja bem maior do que o apontado nos estudos estatísticos. Essa é uma das questões que deixarei por ora em aberto, até retomarmos o debate no item 1.1.3 deste capítulo.

15. BESTANE et al. *J. Bras. Urol.*, p. 48.

1.1.2. Abordagem Psicanalítica

... no princípio foi o Ato.

Goethe

A Revisão Bibliográfica realizada durante este estudo permitiu-me constatar que os escritos psicanalíticos, apesar de tão numerosos, pouco se ocuparam do tema da ejaculação precoce. O assunto recebeu a atenção de Freud em artigos esparsos pontuados principalmente no início de sua obra, em que ele se restringiu a mencionar o fato de a ejaculação precoce dos maridos conduzir as mulheres à neurose de angústia – enfoque presente tanto no "Rascunho E: Como se origina a angústia"[1] (1894), quanto no artigo "Sobre os critérios para destacar da neurastenia uma síndrome particular intitulada 'neurose de angústia'"[2] [1895 (1894)]. Segundo Freud, a ejaculação precoce do marido provocaria, na mulher, o seguinte quadro: "a tensão física aumenta, atinge o nível-limiar em que consegue despertar afeto psíquico; mas, por algum motivo, a conexão psíquica que lhe é oferecida, permanece insuficiente: um afeto sexual não pode ser formado, porque falta algo nos fatores psíquicos. Por conseguinte, a tensão física, não sendo psiquicamente ligada, é transformada em – ansiedade."[3] Em outras palavras, a excitação física frustrada nas mulheres será convertida, e encontraremos na neurose de angústia, separados, os componentes de um grande ataque de ansiedade: dispnéia, palpitações, ou sensação de ansiedade. Para Freud, a ejaculação precoce só não desencadeará a neurose de angústia nas mulheres, quando os maridos conseguirem repetir imediatamente o coito com melhor sucesso.

Cabe, aqui, ressaltarmos que as contribuições freudianas ao assunto específico da ejaculação precoce foram inexpressivas e, como não enfocaram diretamente uma compreensão do fenômeno

1. FREUD. *Extratos dos documentos dirigidos a Fliess*, p. 261-269.
2. FREUD. *Sobre os critérios para destacar da neurastenia uma síndrome particular intitulada neurose de angústia*, p. 107-137.
3. FREUD. *Extratos dos documentos dirigidos a Fliess*, p. 266.

em si, acabaram deixando a impressão de que a psicanálise não tinha recurso técnico para lidar com esse sintoma; impressão disseminada entre psicólogos e psiquiatras, registrada por Ribas,[4] em 1967, no prefácio da primeira tradução para o português, de um livro sobre o tema da impotência sexual:

> "Freud, ainda impregnado pelos preconceitos científicos próprios da época, julgava que o abuso da masturbação, o coito interrompido, a abstinência sexual e outras situações de insatisfação da libido[5] determinavam alterações do quimismo sexual e, como corolário, as neuroses atuais, dependentes de causas somáticas, destituídas de sentido psicológico e não suscetíveis de tratamento psicanalítico – a neurastenia, a neurose de angústia e a hipocondria."[6]

Mas, se, por um lado, Freud não concorreu diretamente para a compreensão da ejaculação precoce, por outro lado, contribuiu significativamente para o seu esclarecimento, ao estabelecer a correlação masturbação/fantasia em inúmeros textos ao longo de sua obra. São esses pontos de vista que foram reunidos no seu trabalho mais amplo sobre o tema: "Contribuições a um debate sobre a masturbação" (1912).[7]

Nos *Estudos sobre a histeria* (1893-1895),[8] Breuer, em suas considerações teóricas, acrescenta, de modo um tanto ou quanto tímido, a sua opinião acerca da ejaculação precoce: "certos atos sexuais nocivos, que consistem essencialmente em satisfação insuficiente (*coitus interruptus*, *ejaculatio praecox*, etc.) produzem, de acordo com a descoberta de Freud (1895 b), não a histeria, mas a neurose de angústia. Penso, entretanto, que mesmo nesses casos, a excitação da emoção sexual, com freqüência se converte em manifestações histéricas somáticas."[9] Apesar de ponderar que manifestações

---

4. João Carvalhal Ribas, Professor-Assistente e Livre Docente de Clínica Psiquiátrica na Faculdade de Medicina da Universidade de São Paulo.
5. O verbete "libido" pode ser encontrado em anexo.
6. STEKEL. *Impotência masculina*.
7. FREUD. *Contribuições a um debate sobre a masturbação*.
8. FREUD. *Estudos sobre a histeria*, p. 237-308.
9. Ibidem. p. 303-304.

não-sexuais de medo, ansiedade e cólera também levam ao desenvolvimento de manifestações histéricas, Breuer enfatiza que o fator sexual é, de longe, o mais importante e o mais produtivo em resultados patológicos: "as necessidades sexuais de pacientes histéricos são sem dúvida tão variáveis de indivíduo para indivíduo, como nas pessoas saudáveis e não são mais fortes do que nelas; mas os primeiros adoecem delas, e, na maior parte, precisamente pela luta que travam contra elas, devido à sua defesa contra a sexualidade".[10] A leitura atenta desse texto evidencia que Breuer estava se arriscando a classificar a ejaculação precoce como uma manifestação histérica, uma espécie de defesa contra a sexualidade. Mas, como essa contribuição ficou perdida nas entrelinhas do texto, Breuer jamais foi citado como um precursor de tais concepções, que povoam as reflexões da psicanálise contemporânea acerca dessa temática.

Em 1908, Ferenczi publica na *Revista Médica* de Budapest um pequeno artigo intitulado "Do alcance da ejaculação precoce", em que, mais do que tratar da ejaculação precoce, irá defender os direitos sexuais das mulheres, advogando principalmente a favor daquelas cujos parceiros sofrem de ejaculação precoce. Baseando-se nas investigações de Freud acerca da neurose de angústia, enfatiza que estados de medo, ansiedade ou angústia são algumas das conseqüências nervosas na mulher, advindas de um coito rápido. Na tentativa de sensibilizar os homens e médicos para o drama vivido por essas mulheres, Ferenczi faz uso de um discurso eloqüente:

> "Se os homens rompessem seu modo de pensar egocêntrico para imaginar uma vida em que lhes tocasse sofrer constantemente a interrupção do ato antes da resolução orgástica da tensão, dar-se-iam conta do martírio sexual suportado pelas mulheres e do desespero provocado pelo dilema que as reduz a escolher entre o respeito a si mesmas e a plena satisfação sexual. Eles compreenderiam melhor por que uma porcentagem tão importante de mulheres foge ao dilema através da doença."[11]

10. FREUD. *Estudos sobre a histeria*, p. 304.
11. FERENCZI. Do alcance da ejaculação precoce, p. 2.

Ferenczi, contudo, não deixa de levar em conta os fatores culturais, que, ao invés de mitigarem a problemática sexual feminina naquela época, agravavam ainda mais a situação, levando ao casamento uma mulher sem experiência alguma com sexo, e um homem com grande experiência. Convidada, então, a assumir repentinamente um papel sexual, nada mais natural, segundo Ferenczi, do que a mulher continuar anestesiada... Mas o que dizer daquelas mulheres que, começando a se entregar aos prazeres sexuais, não conseguem chegar ao clímax? No seu modo de ver, as mulheres dos ejaculadores precoces estão cobertas de razão, ao preferirem que seus maridos não as procurem mais para ter relações sexuais, pois "a abstinência total é menos nociva para o sistema nervoso do que a excitação frustrada".[12]

No que diz respeito diretamente à causalidade da ejaculação precoce, Ferenczi limita-se a declarar que ela costuma vir associada a outros sinais de neurastenia sexual, e é sempre imputável a uma excessiva masturbação. O autor faz essa afirmação categórica, sem, no entanto, permitir ao leitor acompanhar seu curso reflexivo.

Em compensação, o tema da ejaculação precoce propriamente dito foi desenvolvido detalhadamente por outro discípulo de Freud, Karl Abraham, que, em 1917, dedicou um dos capítulos de seu livro *Psicopatologia e sexualidade*[13] ao tema da ejaculação precoce. Trata-se de um capítulo historicamente importante, no qual fica registrado que a ejaculação precoce é a mais freqüente de todas as perturbações da potência sexual masculina com que se deparavam os neurologistas daquela época. Às conclusões gerais a que chegou, Abraham acrescentou que o tratamento desse distúrbio era uma das tarefas tecnicamente mais difíceis da psicanálise, uma vez que tanto a sua natureza quanto a sua origem não haviam sido explicadas; além do mais, nesse distúrbio, o psicanalista teria que enfrentar o grau exacerbado de narcisismo desses pacientes. Constatações que coincidem exatamente com as que fiz, oitenta anos depois.

Abordei o artigo envolta por uma certa curiosidade, pois, segundo informações de colegas da área comportamental/cognitiva,

12. FERENCZI. Do alcance da ejaculação precoce, p. 2.
13. ABRAHAM. Ejaculato praecox, p. 178-203.

nele, Abraham assumia que a psicanálise nada podia fazer pelos ejaculadores precoces – interpretação provavelmente advinda das observações há pouco citadas. Contudo, pela minha leitura, pude constatar que essa não era, em absoluto, a idéia que ele pretendia passar ao leitor. Suas palavras são claras: "Por meio da psicanálise pode obter-se a cura ou, pelo menos, uma clara melhoria dos sintomas, mesmo em casos graves e persistentes."[14] No entanto o alerta para as dificuldades impostas pelo narcisismo dos pacientes parece ter tido um eco muito mais forte e, por isso, ter feito crer a muita gente que a técnica psicanalítica não era a mais indicada para os casos de ejaculação precoce.

Abraham, porém, fala dos ejaculadores precoces com tanta propriedade que o artigo torna-se realmente marcante, evidência de que é fruto de uma experiência clínica intensa com esse distúrbio, levando-me a ficar cogitando qual teria sido a fonte encaminhadora desses pacientes.

Um dado histórico saciou temporariamente minha curiosidade: durante a 1ª Guerra Mundial, Abraham dirigiu por quatro anos, do lado alemão, uma unidade psiquiátrica no front do Leste[15] e, portanto, sua clientela era predominantemente masculina. No entanto a hipótese de que grande parte desses pacientes estava sofrendo a chamada "neurose de guerra" ou "histeria de guerra" (quadro em que a emoção-choque provoca um efeito traumático, na medida em que é situada na história do sujeito com seus conflitos profundos) abriu uma outra questão: seria a ejaculação precoce um dos sintomas freqüentes nesse grupo? Caso fosse, estaríamos diante de uma manifestação histérica? Infelizmente, essas questões continuarão em aberto, pois não temos registro histórico que fundamente uma resposta.

No capítulo sete, "A ejaculação precoce", escrito em 1917, Abraham apresentou suas conclusões em três seções: "A uretra como zona erógena dominante"; "Os impulsos masculinos ativos e suas modificações"; e, finalmente, "O narcisismo como fonte de resistências sexuais". Vejamos uma breve síntese de cada uma des-

14. ABRAHAM. Ejaculatio praecox, p. 203.
15. ABRAHAM. Contribution à la psychanalyse de guerre, *t. II*.

tas subdivisões: na primeira delas é estabelecido um paralelo entre a ejaculação precoce e outro processo fisiológico: a micção. Tal paralelo decorre do fato de que, na ejaculação precoce, a emissão de sêmen não se efetua com uma expulsão rítmica, e sim com um simples fluxo que não é acompanhado por ativos movimentos corporais ou por uma ereção máxima. Segundo o autor, as associações dos pacientes mostram, mais cedo ou mais tarde, o caráter erógeno, fortemente acentuado, da uretra, que leva ao prazer exacerbado do ato de urinar. A diferença entre urinar e ejacular costuma estar no fato de que, no primeiro caso, há liberdade quanto à escolha do momento de urinar, enquanto a ejaculação precoce ocorre contra a vontade consciente do indivíduo, acarretando um sentimento de vergonha, quadro parecido com o da enurese noturna. Abraham afirma que dados anamnésicos comprovaram que, nesses indivíduos, a educação dos esfíncteres foi uma tarefa árdua, que resultou numa incontinência urinária até períodos tardios da infância: "Incapazes de alcançar o mais alto prazer através de uma atividade plenamente masculina, retornaram ao que é para eles o prazer mais intenso, o prazer de permitir o fluxo dos produtos corporais."[16] Assim sendo, a zona genital não se converte na zona predominante, e a hiperexcitabilidade da glande do pênis, ao invés de indicar a primazia dessa zona, indica sua debilidade, uma vez que torna ausentes as funções genitais masculinas específicas, tais como a ereção, introdução no órgão feminino e fricção dele.

Na seção intitulada "Os impulsos masculinos ativos e suas modificações", Abraham vai tentar estabelecer um contraponto psicanalítico para uma discussão com o item I (A uretra como zona erógena dominante). Para tanto, parte de uma curiosidade que, inclusive, sempre chamou minha atenção: a ejaculação precoce não ocorre quando o indivíduo se masturba sozinho; ela só ocorre quando o homem tenta uma relação sexual. Constatação óbvia de que devemos considerar, significativamente, a presença da mulher como desencadeadora dessa perturbação neurótica – assunto que retomaremos com mais vagar no capítulo 4.

16. ABRAHAM. Contribution à la psychanalyse de guerre, p. 182.

Na percepção de Abraham, os homens que sofrem de ejaculação precoce podem ser nitidamente divididos em dois grupos: o primeiro seria composto por aqueles indivíduos passivos, sem energia, pouco viris, cujo desejo principal é obter a gratificação sexual, sem tomar nenhuma parte ativa nela. Parecem estar oprimidos por fortes resistências contra atividades de caráter especificamente masculino. A passividade nesses casos não passaria de uma manifestação reativa, encobrindo fortes impulsos sádicos, que às vezes se expressam claramente em atos violentos. Nesses sujeitos, uma grande ambição diante da vida fica justaposta a uma forte resistência ao trabalho. O segundo grupo reuniria indivíduos hiperativos, precipitados, que parecem viver com pressa, e que consideram o coito uma tarefa problemática, que deve ser executada o mais rápidamente possível. O temor de serem interrompidos a qualquer instante associa-se inconscientemente à angústia de castração: *temem o olho do pai que tudo vê, e sua mão punitiva.*[17] Tais fantasias castrativas são acompanhadas do temor aos genitais femininos, e pelo receio de não poder retirar o pênis do corpo da mulher, perdendo-o no ato sexual.

Seja como for, nos dois grupos parece haver, no inconsciente, uma atitude hostil e cruel para com a mulher, ilustrada pela presença em sonhos e fantasias, da idéia de matá-las através da cópula. Portanto, o pênis precisa ser previamente despojado de seus perigos, o que significa eliminar a possibilidade de que venha a ser utilizado de modo sádico contra a mulher.[18] A ejaculação precoce corresponderia, então, a um desmonte do projeto de assassinato.

A hipótese da retração da libido no "eu" será desenvolvida por Abraham no item III do artigo escrito em 1917: "O narcisismo como fonte de resistências sexuais". A ejaculação precoce será apresentada como um compromisso que denuncia a influência perturbadora das tendências narcisistas que não foram completamente controladas. Não é difícil perceber que eles próprios são o objeto de seu

17. ABRAHAM, Ejaculatio praecox, p. 190.
18. Fantasias paralelas a essas sustentam o temor sentido por alguns homens de desvirginar a mulher, ou em ter relações sexuais quando não estão seguros do completo consentimento dela.

amor; extremamente vaidosos com sua aparência, gostam de se sobressair, e valorizam excessivamente seu pênis. Comportam-se como um bebê que aceita as demonstrações de amor das pessoas, sem dar nada em retribuição.

> "As relações do menino com o objeto de seu afeto avançam um passo mais, quando começam a dar a outras pessoas algo próprio. O primeiro sistema monetário de que fazem uso são os produtos de seu próprio corpo, que, segundo a idéia infantil, são uma parte de si. Estes produtos são submetidos a uma hiperestimação narcisista. Mencionarei o caso comum, do menino que passa de braço em braço no círculo familiar e que, por alguma razão desconhecida, elege sempre uma determinada pessoa para molhar com sua urina. Este ato é um dos sinais de amor mais primitivos, muito mais que o beijo e o abraço, que o menino aprende só por imitação."[19]

Prosseguindo com suas deduções que bem combinavam com a leitura psicanalítica em voga naquela época, Abraham não abria mão da seguinte equiparação simbólica: parceira sexual = mãe. "Do mesmo modo como o menino molha sua mãe com a urina que não pode reter, o paciente molha sua companheira na ejaculação precoce, tornando assim evidente que ela é um substituto da mãe."[20] Ainda dentro dessa versão "amorosa" da ejaculação precoce, é acrescentada a possibilidade de que a teoria infantil do coito sádico, ao ser revivida na idade adulta, poderia levar o homem a querer ser mais delicado no ato sexual do que seu pai, tratando a mulher (mãe) com maior suavidade. Entretanto essa versão da ejaculação precoce como um ato de amor acaba sendo refutada pelo próprio autor, ao concluir que a pessoa que sofre de ejaculação precoce não tem mesmo condições de dar amor, senão apenas de recebê-lo.

Tomando outra direção, Abraham apresentará uma nova versão do sintoma estudado, lançando contrapontos ao que apresentara anteriormente. O exibicionismo do órgão e a ejaculação fora do corpo da

19. ABRAHAM. Ejaculatio praecox, p.194.
20. Ibidem. p. 195-196.

mulher, mas diante de seus olhos, podem ser vistos também como uma forma de inferiorizá-la, por ela carecer dessa parte do corpo suscetível de ereção. Além do mais, o "ejacular" pode ser uma forma de sujá-la com uma substância que representa a urina. Vemos, portanto, que Abraham acabou tendo que reconhecer a força da atitude hostil do ejaculador para com a mulher, tendência que, embora ele não tenha percebido a princípio, é significativa e marca a presença alternante amor/ódio, que tão bem ilustra a ambivalência afetiva em relação à mulher, e dá à ejaculação precoce um caráter de compromisso.

Ao final do artigo, o autor praticamente faz um balancete da falta de parceria sexual do ejaculador: "Sua companheira não recebe nada, pois ele conserva sua energia física e não lhe provoca nenhuma sensação de prazer. É verdade que expele o sêmen, porém não lho dá; além do mais, não lhe dá um filho. Pelo contrário, excita, e logo depois decepciona."[21] Essa hipótese interessante acerca da fantasia de negar um filho à mulher não foi desenvolvida pelo autor, mas fez com que brotasse uma dúvida: será que conduzir a mulher ao papel de mãe aumentaria o nível de angústia[22] do ejaculador precoce? Questão a ser refletida, mas que no texto acabou sendo ofuscada por uma afirmação enfática de Abraham, tentando estabelecer uma síntese dos entraves no desenvolvimento emocional do ejaculador, que, na minha opinião, é um dos pontos nevrálgicos do texto: "... todo paciente dessa classe tem uma atitude passiva para com as mulheres. Depende permanentemente de sua mãe, e luta contra esta dependência alojada em seu inconsciente. Sua luta defensiva aparece na superfície, como uma luta contra as mulheres. [...] Tem que contentar-se em decepcioná-las, e deste modo vinga-se em toda mulher, pela decepção afetiva a que sua mãe o submetera quando criança..."[23]

Ao encerrar tão preciosa contribuição para o tema, Abraham estabelece que "a tarefa do tratamento psicanalítico é liberar o paciente de sua atitude narcisista, e balizar um caminho em direção a uma transferência normal de seus sentimentos. Se conseguirmos

21. ABRAHAM. Ejaculatio praecox, p. 200.
22. O verbete "angústia" pode ser encontrado no Anexo.
23. ABRAHAM. Ejaculatio praecox, p. 201.
24. Ibidem. p. 202.

eliminar sua resistência narcísica à mulher, fica desembaraçada a via para cumprir as funções sexuais normais."[24] Vemos, portanto, que de modo algum ele contra-indica a técnica psicanalítica para o tratamento dos distúrbios sexuais, enquadrando-os na série de formações de compromisso em que, simultaneamente, são satisfeitos tanto o desejo inconsciente quanto as exigências defensivas.

Alguns anos depois, encontramos outra contribuição ao tema. O autor agora é Wilhelm Stekel, médico de Viena, que, em 1920, traz a público um volumoso compêndio intitulado *Impotência masculina*,[25] no qual apresenta o uso que faz da técnica psicanalítica para o tratamento das disfunções sexuais masculinas. Incluído nesse volume, há um pequeno capítulo, "Psicologia da ejaculação precoce", que é aberto com palavras que enfatizam o desacordo quanto à compreensão da gênese da ejaculação precoce:

> "Em nenhum outro terreno da sexologia se cometem tantos erros como naquele que vamos examinar. A maioria dos médicos, até mesmo as maiores autoridade na matéria, sustentam que a ejaculação precoce indica debilidade congênita da constituição sexual, é sinal de neurastenia grave ou seqüela do onanismo, como também das poluções. É atribuída, às vezes, aos excessos sexuais, e até mesmo os psicanalistas ortodoxos apoiam esse critério. Freud acredita que os que sofrem de ejaculação precoce desfrutam previamente o ato completo na fantasia, de modo que lhes bastam alguns segundos de contato com a mulher para chegar ao orgasmo."[26]

Stekel concorda com a idéia freudiana da importância da fantasia nessa sintomatologia[27] e, para fortalecê-la, retoma uma contribuição dada por Vítor Tausk numa publicação sobre o assunto,[28] em que ele descreve a luta do ejaculador precoce para mudar a fantasia, pela consciência da realidade de estar perante um objeto real,

25. STEKEL. *Impotência masculina*.
26. *Intern. Zeitschr. F. ärztliche Psychoanalyse*, IVº ano.
27. Idéia que deve ter sido dada em alguma comunicação pessoal, uma vez que não encontramos registro dela em nenhum dos escritos de Freud.
28. *Intern. Zeitschr. F. ärztliche Psychoanalyse*, IVº ano.

um corpo de mulher; luta que parece dissolver-se no primeiro coito, explicando, assim, o fato intrigante de que o segundo coito geralmente não termina em ejaculação precoce.

A seguir, Stekel passa a fazer uma crítica severa às opiniões de Abraham, dizendo que, em sua obra, além de ele não ter conseguido resolver o problema da ejaculação precoce, confundiu-o ainda mais.[29] Segundo Stekel, as afirmações "analiticamente engenhosas" (*sic*) de Abraham, que apresentam a ejaculação precoce como conseqüência de uma atitude infantil, não correspondem aos fatos. Entretanto, mais adiante, o autor se contradiz ao afirmar que "...todos os mecanismos sutis: a regressão ao infantil, a vingança secreta, os ciúmes inconscientes, a personalidade ofendida, a luta dos sexos, podem conduzir, em certas circunstâncias, à ejaculação precoce e fixá-la de modo crônico, justamente por temor à mesma".[30] Na intenção de exemplificar esses mecanismos sutis, o autor descreverá, superficialmente, oito casos clínicos, acompanhados das explicações dadas para a sintomatologia. Outra crítica forte de Stekel a Abraham incide sobre a correlação, estabelecida pelo último, entre ejaculação precoce e erotismo uretral (o menino querendo sujar a mãe), o que, na opinião de Stekel, não contribui para a difusão da psicanálise em amplos círculos médicos.

A proposta do Autor é a de que consideremos o ato sexual como resultado de dois grupos de forças: uma de origem libidinosa (que representa as exigências do instinto sexual), e outra que corresponde a todas as inibições, defesas e funções protetoras do "eu" interior. A ejaculação precoce seria um compromisso entre as duas correntes, e ocorreria nas seguintes situações: quando a libido não é bastante forte (objeto sexual pouco excitante, libido atenuada por enfermidades, desnutrição, cansaço, satisfação sexual prévia) ou quando precisa agir como função protetora da consciência, impedindo a realização de um ato imoral ou socialmente perigoso, exercendo funções que poderíamos chamar de superegóicas.

---

29. As citações feitas por Stekel, das palavras de Abraham, são bem distintas da versão a que tive acesso e foram retiradas de outra fonte: *Intern. Zeitschr. F. ärztliche Psychoanalyse*, IV° ano.

30. STEKEL. *Impotência masculina*, p. 308.

Apesar de o texto de Stekel tender mais para a descrição dos fatos, sem a devida preocupação com a análise das causas, nele estão registradas constatações que podem vir a ser úteis. Assim, surge a sua explicação da ejaculação precoce como uma manifestação corpórea da vivência do medo, ligada a outras doenças: "Na maioria dos casos, por trás da ejaculação precoce se oculta um temor, muitas vezes o medo de si mesmo (por exemplo, medo do próprio sadismo), às vezes também o medo ao ridículo, o medo ao medo, a auto-sugestão do medo. Por isso, alguns parapáticos atenuam, ocasionalmente, o medo por meio do álcool ou de algum outro narcótico e conseguem superar, com grande alegria, a ejaculação precoce."[31] Ainda dentro do tema da auto-sugestão do medo, Stekel nos diz que, em geral, os ejaculadores revelam em seu psiquismo uma perturbação das relações com o tempo, fazendo com que o homem conte o tempo do seu ato sexual. Entretanto o simples fato de pensar: – "Quanto tempo durará hoje?" – acaba atuando por auto-sugestão, e o medo de ser rápido produz exatamente a situação que o parapático queria evitar. Garantindo a complexidade do tema, Stekel arrisca-se a algumas conclusões: a primeira é a de que a ejaculação precoce não é conseqüência do onanismo; a segunda nos diz que, quando a ejaculação precoce surge na época da madureza sexual, tem um prognóstico pior do que quando se manifesta em idade mais avançada. A terceira inclui a participação da mulher na gênese do sintoma, ao afirmar que tanto a frigidez quanto uma paixão por outro homem podem fazer com que o marido perceba "telepaticamente"(*sic*) a aversão, e reaja ejaculando rapidamente. Vemos, portanto, que o Autor acaba esbarrando (mesmo sem querer) na importância do relacionamento do casal, ao observar que nunca viu um par verdadeiramente apaixonado que tenha ejaculação precoce. Aproveitando essa pauta da paixão, Stekel encerra o capítulo num tom otimista: "...podemos deduzir que a ejaculação precoce não é acontecimento fatal, nem conseqüência de uma constituição sexual anormal. Ela se produz por uma constelação psíquica especial e desaparece com a psicoterapia e o poder onipotente do amor. A missão do

31. STEKEL. *Impotência masculina*, p. 306-7.

analista é liberar o caminho rumo ao amor e daí à potência normal."[32] Palavras que tangenciam uma questão fundamental, apesar de insinuarem tratar-se de uma missão fácil e rápida.

Nas publicações psicanalíticas feitas no espaço de quase cinqüenta anos (1920-1969), nada encontramos de expressivo sobre a discussão da sintomatologia específica da ejaculação precoce. Entretanto nesse período foram publicados alguns casos clínicos em que a ejaculação precoce é citada como um dos sintomas do paciente, sendo trabalhada, no conjunto dos distúrbios psíquicos, como mais uma formação de compromisso. Esse hiato causado pela ausência de publicações nesse período abre, a meu ver, uma questão básica: quais as contribuições psicanalíticas estariam sendo úteis para a clínica? Seriam as de Abraham, que, na minha opinião, foram as mais completas?

Rompendo o vazio de tantos anos, um psicanalista argentino, Luís A. Storni, escreve, em 1969, um interessante ensaio sobre o tema, "Un estudio psicoanalítico sobre la eyaculación precoz",[33] mobilizado exatamente pelo fato de julgar que a ejaculação precoce é uma das manifestações mais comuns e pouco estudadas em psicanálise. Segundo ele, esse sintoma é tão freqüente que todos os seus pacientes homens já o haviam experimentado, em forma circunstancial, periódica ou persistente. Para desenvolver os distintos aspectos que estudou, Storni dividiu seu trabalho em seis partes: Resenha bibliográfica; Definições e formas clínicas do fenômeno; A fantasia inconsciente que subjaz à ejaculação precoce; O tratamento psicanalítico do ejaculador precoce; Um comentário sobre "O fogo" e sobre "Trens rigorosamente vigiados"; e Fenômenos colaterais.

Ao apresentar sua pequena resenha bibliográfica, Storni afirma que Abraham foi o psicanalista que mais estudou o tema e que suas contribuições foram aceitas pelos psicanalistas em geral, sendo também enriquecidas parcialmente pelas opiniões de Ferenczi (já citadas) e Fenichel, que, além de dar ênfase à diferenciação dos graus de gravidade da ejaculação precoce, explicitou que o tratamento psicanalítico deve tentar liberar esses pacientes de suas atitudes narcisistas.

---

32. STEKEL. *Impotência masculina*, p. 333.
33. STORNI. *Rev. Psicoanal.*, p. 159-179.

O esforço de Storni em propor uma classificação dos ejaculadores precoces é prolixo e provavelmente reflete uma debilidade nos textos psicanalíticos publicados até então, e que estavam servindo de auxiliares da escuta clínica. A definição de ejaculação precoce que Storni adota (ejaculação que ocorre na situação do coito, ou frente à possibilidade do coito, sem relação direta ou predominante com as estimulações fisiológicas do jogo do pênis em contato com a mucosa vaginal) permite imaginar uma escala que vai de um ponto em que a ejaculação precoce é mais benigna (I), até um ponto em que é mais patológica (III). Essa escala possibilita a discriminação de três tipos gradativos de ejaculação (I, II e III), de acordo com o nível de integração entre as manifestações somáticas e os afetos. Paralelamente, Storni acrescenta a essa classificação os sonhos com poluções, que são freqüentes nos ejaculadores, os quais poderiam ser considerados herdeiros de uma enurese infantil mal resolvida. A fim de tornar a exposição desses elementos classificatórios visualmente mais clara, decidi organizá-los em uma forma gráfica esquemática, de modo que possamos acompanhar melhor seu raciocínio (Quadro 4).

QUADRO 4
Critérios classificatórios da ejaculação precoce

I	II	III
Mais benigna: Maior integração entre a expressão somática e os afetos.	Intermediária: Diminui a integração entre a expressão somática e os afetos.	Mais patológica: Não há integração entre a expressão somática e os afetos.
Manifestações somáticas: - Intensa excitação - Ereção plena - Ejaculação em golfadas - Orgasmo prazeroso	Manifestações somáticas: - Excitação menor - Sem ereção - Ejaculação em jato - Com orgasmo	Manifestações somáticas: - Sem excitação - Sem ereção - Ejaculação em jato - Sem orgasmo
Sonhos: - Conteúdo erótico - Polução em golfadas - Orgasmo intenso	Sonhos: - Conteúdos de angústia - Polução em jorro - Orgasmo insatisfatório	Sonhos: - Conteúdos de angústia - Polução em jorro - Sem orgasmo.

FONTE – STORNI, 1969.

Uma das primeiras conclusões que podemos extrair desse quadro é que os pacientes do grau III estão a tal ponto invadidos pela angústia que não há possibilidade de integração entre a expressão somática e os afetos: não têm excitação nem ereção, sua ejaculação precoce ocorre como um jato de urina, e não têm orgasmo; seus sonhos apresentam um conteúdo de angústia e são acompanhados das mesmas manifestações somáticas da vida de vigília. Já no grau I, encontram-se aqueles pacientes que provavelmente tenham uma capacidade elaborativa maior, pois há integração entre a expressão somática e os afetos, e os seus sonhos possuem um conteúdo erótico. Mas a principal conclusão que Storni vai tirar desse quadro é a de que: "este tipo de classificação paralela da ejaculação precoce e da polução em sonhos (que talvez pudesse ampliar-se para a polução em vigília) permite equiparar a situação em ambos os casos, para destacar a importância da fantasia inconsciente (evidente no caso da polução) na reação da ejaculação precoce".[34]

Ao ressaltar a preponderância do papel da fantasia na relação genital com uma pessoa do sexo oposto, Storni introduz a semelhança entre a masturbação e a ejaculação precoce, de vez que esta tem um caráter transacional: é um coito, mas parece que não foi. Outra conexão estabelecida foi com o *coitus interruptus*, em que dificilmente a parceira consegue satisfação genital, apesar de o homem ter o controle da ejaculação.

Um tipo mais raro de ejaculação precoce, a que Storni denomina "mascarada", é aquela em que o homem realiza um coito de duração relativamente normal, tem orgasmo, mas fica insatisfeito, decepcionado, ao comparar suas fantasias prévias e o contato real. Geralmente culpa a parceira, a quem considera carente de capacidade de vinculação erótica. Contudo, quando se lança a uma aventura extraconjugal, com grande excitação e fantasias eróticas, surge a ejaculação precoce. Nesses casos, o sintoma é um fenômeno transitório, pois os pacientes possuem uma capacidade maior de recuperação.

Na opinião de Storni, para compreender o fenômeno que ora estudamos, é fundamental levar em conta as fantasias claustrofóbicas

34. STORNI. *Rev. Psicoanal.*, p. 162.

fálico-uretrais dos ejaculadores precoces e os elementos maníacos que encobrem o caráter traumático da atividade sexual, circunstância que leva o sujeito à ejaculação precoce. Nas situações prévias à conduta da ejaculação precoce, podem atuar tanto as defesas maníacas quanto as defesas obsessivas. As defesas maníacas atuam convertendo a mulher em um objeto idealizado e recobrindo o vínculo temido com fantasias de prazeres maravilhosos. Os mecanismos obsessivos operam com a finalidade de garantir a dissociação e o controle sobre os objetos persecutórios, mantendo, assim, uma defesa superficial contra as tendências agressivas para com a mulher, presentes potencialmente na fecalização da ejaculação e na projeção das tendências agressivas castratórias na mulher.

> "Creio que a atividade sexual tende a uma negação do trauma e o retorno do reprimido se expressa através da ejaculação precoce. A ansiedade que confere o caráter do trauma à situação, oscila, segundo os casos. Em alguns, os menos graves, é uma ansiedade de castração em que se teme pelo pênis, que por vezes aparece como o representante de todo o Self; em outros casos, muito mais graves, o temor é de uma perda total dos próprios limites e de uma confusão irresversível com o objeto."[35]

Como, porém, as fantasias maníacas não podem manter-se até o fim, o sujeito recorre a uma defesa específica: dissocia de seu Ego[36] a parte envolvida com o temor de ser agredido por uma mulher vivida como persecutória, e essa parte cindida se encarregará de realizar uma atividade (a ejaculação), que lhe permitirá a evitar o perigo. Nesse momento, entra em ação uma aceleração brusca da fantasia, que provoca uma defasagem específica entre o tempo-espaço interno e o externo que leva à ejaculação precoce: "Se o paciente ejacula precocemente é porque na sua fantasia o coito está se realizando, e uma parte de si mesmo está tão comprometida na situação fantasiada que, para evitar a ejaculação, não basta toda sua capacidade de situar-se no mundo externo. Portanto, a dissociação não envolveu apenas o objeto, mas também o *self*."[37]

---

35. STORNI. *Rev. Psicoanal.*, p. 165.
36. O verbete "Ego" encontra-se no Anexo.
37. STORNI. *Rev. Psicoanal.*, p. 166.

Evidentemente, o orgasmo que se alcança com a ejaculação precoce é do tipo pré-genital, e gratifica as tendências sádicas pré-genitais, conforme destacou Abraham, frustrando a mulher em sua própria genitalidade. No entanto é muito freqüente que, logo depois, o sujeito consiga realizar outro coito com a mesma mulher, demorando mais tempo para atingir o orgasmo, fato que evidencia que o ato sintomático da ejaculação precoce cumpriu sua missão: restabeleceu a dissociação que estava a ponto de quebrar-se em algum momento.

A explicação seqüencial dada por Storni é interessante e, para que ela não se perca no meio de tantas outras contribuições, vou reapresentá-la esquematicamente no Quadro 5.

QUADRO 5
O mecanismo de funcionamento da ejaculação precoce

As fantasias claustrofóbicas fálico-uretrais tornam o contato com a genitália feminina um vínculo temido
↓
As defesas maníacas convertem a mulher em um objeto idealizado, e as defesas obsessivas operam com a finalidade de manter a dissociação e o controle sobre os objetos persecutórios
↓
Uma parte do Ego é cindida e lida diretamente com o temor de ser agredida por uma mulher persecutória
↓
A aceleração brusca da fantasia provoca uma defasagem específica entre o tempo-espaço interno e o externo
↓
Ejaculação precoce / Orgasmo pré-genital
↓
Restabelecimento da dissociação entre objeto idealizado e objeto persecutório, com a possibilidade de um segundo coito mais demorado

FONTE – STORNI, 1969.

Para Storni, os ejaculadores precoces fazem uma intensa dissociação do objeto, em termos de idealizado e persecutório; o que, a meu ver, os enquadraria, segundo a terminologia kleiniana, na posição esquizo-paranóide.[38] No entanto, em todos os casos, o objeto idealizado possui, encoberto, um aspecto superegóico tanático que impede o gozo do vínculo real com o objeto externo. Tanto a dissociação quanto a incapacidade para a integração estão sobredeterminadas. Obedecem à forte compulsão, à repetição de pautas internalizadas acerca do par parental, e o paciente fantasia que, se houver uma integração, entrará em uma situação incestuosa, identificado com o pai. Teme-se, por um lado, a união das pulsões libidinais e agressivas no coito e, por outro, a união dos aspectos dissociados do objeto, cuja fusão é equivalente para ele a uma cena primária excludente e sadomasoquista. Essas fantasias sadomasoquistas referentes ao coito se expressam através de vivências de um pênis que destrói a vagina e que, por sua vez, é destruído por ela.

> "O Ego observa, à medida que aumenta a excitação, como cresce a ameaça de união entre dois objetos que a todo custo deve manter separados, e a única solução que encontra, por sentir-se o terceiro de um par sadomasoquista em coito que destrói a todos, é a ejaculação precoce. O pênis, que aparece como o representante de toda a excitação incontrolável, fica sacrificado em sua função de dar e receber gozo em um nível genital e de permitir contatos fecundos, e com isso se sacrifica todo o Ego."[39]

Tal situação leva Storni a considerar que a gênese dos conflitos do ejaculador precoce tem como base a deficiência de suas identificações com os objetos parentais. "Esta deficiência em suas identificações está determinada por experiências infantis que travam a renúncia aos laços edípicos, e o deslocamento das tendências de objetos edípicos reais a objetos não edípicos substitutos." E acrescenta: "Ao

38. A definição da Posição esquizo-paranóide encontra-se no Anexo.
39. STORNI. *Rev. Psicoanal.*, p. 169.

mesmo tempo, existem fatores predisponentes, como a tendência a criar fortes dissociações, originadas talvez em impulsos tanáticos intensos, e na tendência a comprometer a área corporal no conflito."[40]

Portanto, o ejaculador precoce necessita defender-se da excitação, de tão "tanatizada" que esta se encontra. O Autor recomenda-nos que, nesses casos de ejaculação precoce, devemos investigar também os aspectos homossexuais presentes no material clínico, tais como: a inveja da capacidade de gozo genital da mulher ao ser penetrada e a dificuldade do vínculo interno com a *imago* paterna, que impediu a aprendizagem adequada dos traços de masculinidade. O intenso temor que o ejaculador precoce tem da mulher poderia também ser compreendido pela mesma ótica.

Storni conclui que é importante destacar a forte estrutura melancólica e narcisista existente na base dos pacientes que sofrem desse sintoma e que vivem em desencanto diante da frustração constante dos aspectos internos genitais e vitais; o que levaria a considerar a ejaculação precoce como um micro suicídio. "A dificuldade para renunciar ao objeto idealizado interno une-se com a perturbação das identificações com objetos parentais, e incrementa no ejaculador precoce o entrave para abandonar as fantasias e os desejos incestuosos, e, por conseguinte, para aceitar um mundo externo autônomo". E prossegue: "Curiosamente, enquanto se afirma que a melancolia aparece frente à perda do objeto, no ejaculador precoce o processo melancólico expressado pela ejaculação precoce está determinado pela aproximação ao objeto". Entende que essa "aparente contradição explica-se pelo fato de que, para o ejaculador precoce, a aproximação ao objeto real significa a perda do objeto idealizado na fantasia. Qualquer mostra de autonomia do objeto externo desperta uma inveja, um temor e uma agressão muito intensos. Tudo o que foi depositado nos objetos se volta então contra o Ego."[41]

A possibilidade de que a autonomia do objeto externo possa provocar o retorno ao Ego do que foi projetado nele poderia levar-nos à hipótese de que a ejaculação precoce, ao negar a relação com o objeto externo, tenta impedir o retorno do projetado?

---

40. STORNI. *Rev. Psicoanal.*, p. 173.
41. STORNI. *Rev. Psicoanal.*, p. 171-172.

Com o intuito de ilustrar os claros conteúdos incestuosos da ejaculação precoce (como uma tentativa impotente de separar os membros da cena primária interna, evitando um coito invejado, do qual o sujeito se sente excluído) e de sua equivalência simbólica com um micro suicídio, o autor lança mão de material clínico de dois pacientes e de comentários acerca do enredo de dois filmes (*O fogo* e *Trens rigorosamente vigiados*), aos quais, por não circularem em nosso país, não tive acesso, não podendo, assim, acompanhar as co-relações apresentadas por Storni.

Quanto às notícias da clínica psicanalítica com esses pacientes, ele nos conta que nenhum deles procurou análise por causa da ejaculação precoce, uma vez que não viam nada de anormal nessa dificuldade sexual. Aliás, a referência ao sintoma só aparecia quando o tratamento estava muito adiantado, e a atitude deles era de minimizar sua importância como elemento patológico, realizando geralmente uma elaboração maníaca de uma situação paranóide: julgando seu sintoma sinal de uma enorme potência sexual, ou realizando um segundo coito, para evitar reclamações. Ao longo do tratamento, alguns pacientes puderam entender lentamente os significados de sua conduta sexual, embora modificações em tais condutas fossem algo muito difícil. Essa prova da impregnação desse distúrbio na personalidade é confirmada ao levarmos em conta que o paciente evita o contato com a realidade externa e com o prazer em outras esferas da vida, como, por exemplo, nas atividades profissionais. No entanto, Storni noticia que ocasionalmente surgiam, nesses pacientes, reações de tristeza e vergonha por não conseguirem modificar sua conduta sexual. Porém, diante do perigo de algum tipo de integração ou de *insight* que pudesse ser doloroso, esses pacientes reagiam, ao nível transferencial, com alguma conduta de ejaculação precoce simbólica. Estaria aqui incluído o abandono do processo psicoterápico? Provavelmente, pois o Autor também nos conta que nas sessões esses pacientes mostravam-se desconfiados e retinham informações, situações que, contratransferencialmente, provocavam no analista uma sensação de estar diante de um paciente muito difícil, com recursos psíquicos que só permitiriam um resultado notável após um longo processo analítico.

A experiência de Storni levou-o a concluir que, nos casos de ejaculação precoce crônica, o prognóstico é negativo, uma vez que o complexo psicodinâmico descrito atingiu toda a personalidade, diferentemente dos casos de ejaculação precoce ocasional, em que há maiores possibilidades de êxito terapêutico, de vez que apenas um aspecto parcial da personalidade foi atingido.

Após esse acréscimo significativo ao estudo do tema, deparamo-nos, novamente, com anos de vazio de publicações psicanalíticas, quebrado apenas por dois pequenos ensaios que trazem questões interessantes. O primeiro deles é de Ernesto La Porta que, em 1987, escreveu um pequeno livro intitulado *Ejaculação precoce e outros ensaios psicanalíticos*. No volume, há um artigo que pretende tratar do assunto, partindo de três casos clínicos de pacientes ejaculadores precoces. No outro texto a que me refiro, a problemática do desejo na ejaculação precoce é abordada num enfoque distinto, e desta vez por Joël Dor, em seu livro *Estruturas e clínica psicanalítica*.

La Porta traça hipóteses, que julga inovadoras, e que começaram a se delinear com a observação de duas características de personalidade comuns aos ejaculadores precoces: ter que deixar tudo para a última hora – situação acompanhada de crescente ansiedade e sofrimento; e não tolerar a espera do que quer que seja – situação permeada de reações agressivas e temor da pessoa esperada. "O modelo do bebê esfomeado que não pode esperar pelo seio da mãe e que explode de ódio é o padrão que poderá talvez ser o contexto da intolerância à espera."[42] A agressão se mostra de modo sádico e com fantasias de despedaçamento de seus objetos internos, causando, então, o despedaçamento do mundo interior.

Com o tempo das análises, entretanto, La Porta observou que, se, por um lado, esses pacientes não toleravam a espera, por outro, ficavam ansiosos e irritados quando tinham que tomar providências para a consecução de algum projeto de vida. "Na verdade, [...] penso que são pessoas que não querem assumir a responsabilidade de dar a partida para atos que visam à realização do que desejam. É como se a irritação primária fosse desencadeada pelo desejo."[43]

42. LA PORTA. *Ejaculação precoce e outros ensaios psicanalíticos*, p. 13.
43. Ibidem. p. 15.

Sendo assim, o coito é vivenciado como uma situação da qual querem se livrar para voltar ao estado de não-desejo, considerado como uma condição de paz, um estado narcísico.[44] A ejaculação é rápida pela necessidade de retorno a um estado anterior a Eros, ou seja, o não-desejo por um objeto que não seja ele mesmo: "E o ciclo recomeça, pois, em muitos casos, o que o narciso sente e o que o perturba é a pulsão de vida, o pseudópode que o chama para outro. Nova perturbação do nirvana, e a volta logo depois da ejaculação rápida."[45] Na opinião do Autor, o coito seguinte à ejaculação precoce pode ser mais tranqüilo porque tem por base a condição inconsciente de uma nova relação boca-seio: o bebê, depois de vir ao seio ansioso e esfomeado, dorme logo e, ao acordar, retorna ao seio sem ansiedade, e então pode se satisfazer melhor do que no primeiro momento em que chegou ao seio afoitamente.

A identificação projetiva pode promover a vivência, pelo homem, do coito como ato de violência fálica, desencadeando a ejaculação precoce como fuga da vagina. Além dessa compreensão da "pressa" do ejaculador precoce, La Porta acrescentou, ainda, sua observação de que, em alguns casos, o tema da homossexualidade era evidente e surgia em sonhos em que o paciente se via freqüentemente chupando um pênis ou sendo chupado.

O Autor atestou ser muito comum entre os ejaculadores a resistência rebelde e agressiva ao objeto que tentou impor-lhes hábitos de higiene, fato que os leva a sofrer de enurese noturna até a puberdade. Só que, nessa versão, a evidência recai na preponderância da destrutividade sobre o que Abraham considerava como erotismo. No entanto La Porta faz questão de enfatizar que isso não significa que a preponderância destrutiva elimine por completo o papel da erotização de elementos uretrais, perineais e retencionistas. Na sua opinião, o distúrbio sexual surge quando há uma fusão do erótico, despertado pelo desejo sexual, com a destrutividade violenta, despertada pela perturbação do estado nirvânico-narcísico.

44. O verbete "estado narcísico" encontra-se no Anexo.
45. LA PORTA. Ejaculação precoce e outros ensaios psicanalíticos, p. 16.

Quanto aos aspectos edípicos presentes no psiquismo dos ejaculadores, La Porta afirma: "É certo que a triangulação edípica está francamente presente nesses casos, e o temor de castração pelo pai é muito evidente. Contudo o que foi possível observar é que a situação edípica, por mais óbvia, não resolvia o problema, parecendo que atuava como defesa intelectual e encobridora dos outros elementos que estivesse assinalando."[46] Assim sendo, entende ele que uma tentativa de explicar a ejaculação precoce em termos edípicos nunca foi suficiente. Os distúrbios da ejaculação precoce permaneciam e somente vieram a desaparecer, quando os elementos assinalados por nós emergiram. La Porta refere-se, portanto, à necessidade de que a análise enfoque o estado nirvânico narcísico desses pacientes.

Por outro lado, com Joël Dor, a ejaculação precoce será vista como uma manifestação sintomática típica da histeria masculina, que se apóia em um mecanismo imaginário que leva o histérico a confundir o desejo e a virilidade, graças a uma interpretação particular desenvolvida face à demanda de uma mulher. Tal demanda nunca é acolhida como se fosse dirigida a um desejo de homem, mas como uma exigência que lhe impõe dar prova de sua virilidade. Essa confusão entre o desejo e a virilidade traduz uma indistinção quanto à natureza do objeto, entre o órgão e o falo. O histérico, não se sentindo depositário desse objeto (o falo), responde à mulher: não tenho o pênis. Portanto, para esse Autor, a ejaculação precoce, que não é senão um orgasmo precipitado, inscreve-se na mesma problemática da impotência sexual: é regida pelo mesmo princípio que a rege. Só que o ato sexual, mesmo sendo possível, não pode ser assumido até o fim, pois a angústia provocará um "curto-circuito" e precipitará o processo.

O que é particularmente ameaçador é o gozo feminino:

> "para a histeria masculina, apenas aquele que tem o domínio absoluto do falo pode assumir o gozo feminino, quer dizer, dominá-lo. O gozo da mulher é, com efeito, sempre percebido como um fracasso diante do poder fálico vitorioso.

---

46. LA PORTA. *Ejaculação precoce e outros ensaios psicanalíticos*, p. 19.

Não tendo o atributo que lhe permitiria conquistar esta vitória, o histérico só pode se sentir sujeitado ao poder daquele que o tem. Inconscientemente, ele se fecha nessa dimensão imaginária de capitulação diante desse poder fálico. Do mesmo modo, ele inconscientemente identifica-se com a parceira feminina e goza por ejaculação precoce, como imagina gozar uma mulher, sucumbindo ao poder fálico. Quanto mais se assegura de que o gozo da mulher não pode resistir ao poder fálico, mais instala a si próprio na posição de quem não o tem, e mais gozará de modo precoce."[47]

Segundo Dor, é interessante que se encontrem, nesses homens, construções fantasmáticas significativas: os verdadeiros homens viris, verdadeiros "super-homens", que fazem gozar repetidamente todas as mulheres.

A fim de organizar as distintas opiniões que acabei de apresentar, recolocarei seu conteúdo em quadros comparativos, tentando classificar as afirmações em três grandes categorias: Constatações; Hipóteses Explicativas e Conclusões Teóricas/Propostas Terapêuticas. Na categoria Constatações, incluirei as afirmações que os Autores fizeram a partir da escuta clínica de seus pacientes. Nas Hipóteses Explicativas, teremos as reflexões acerca das possíveis causas para o sintoma. Na categoria Conclusões, reunirei algumas propostas e deduções que os Autores apresentam como fruto de reflexão teórica e da experiência que tiveram com os ejaculadores precoces. Como os artigos são pouco numerosos, seguirei a mesma ordem cronológica em que foram redigidos. No item 1.1.3: "Discussão" (p. 74), farei uso novamente desses quadros comparativos para estabelecer os pontos de aproximação e afastamento entre as idéias apresentadas pelos Autores, e as observações que extraí de minha escuta clínica.

47. DOR. *Estruturas e clínica psicanalítica*, p. 93.

QUADRO 6
As constatações da clínica psicanalítica

Autor	Constatações
Freud (1895)	- A E.P.[48] do marido conduz a mulher à neurose de angústia.
Ferenczi (1908)	- O coito rápido traz conseqüências nervosas à mulher: estados de medo, ansiedade ou angústia. - A mulher do e.p. prefere que seu marido não a procure para ter relações sexuais.
Abraham (1917)	- A E.P. é a mais freqüente de todas as perturbações da potência sexual masculina. - O tratamento da E.P. é uma das tarefas tecnicamente mais difíceis da psicanálise. - Desafio ao psicanalista: enfrentar o grau exacerbado de narcisismo desses pacientes. - Dados anamnésicos mostram que a educação dos esfíncteres foi uma tarefa árdua, que resultou numa incontinência urinária até períodos tardios da infância. - A E.P. não ocorre quando o indivíduo se masturba sozinho. - Há nesses homens uma valorização excessiva do pênis. - No nível psíquico, há uma equiparação simbólica entre parceira sexual e mãe. - O e.p. não tem condições de dar amor, só de recebê-lo. - Todo e.p. tem uma atitude passiva diante das mulheres, e depende permanentemente da mãe.
Stekel (1920)	- No terreno da sexologia, esse é o assunto mais controverso. - Por meio do álcool ou de algum outro narcótico, o homem supera a E.P. - A E. P. primária tem um prognóstico pior do que a secundária. - No psiquismo do e.p. há uma perturbação das relações com o tempo. - Desconhecimento de que casais verdadeiramente apaixonados tenham problema de E.P.
Storni (1969)	- A E.P. é uma das manifestações mais comuns e pouco estudadas em psicanálise. - Abraham foi o psicanalista que mais estudou o tema e teve suas opiniões amplamente aceitas. - Os sonhos com poluções são freqüentes no e.p. - Presença de aspectos homossexuais nos pacientes estudados.

48. Nesses quadros comparativos, as iniciais maiúsculas "E.P." referem-se à Ejaculação Precoce, enquanto as iniciais minúsculas "e.p." serão equivalentes a ejaculador(es) precoce(s).

	- O e.p. tem um intenso temor da mulher. - A referência ao sintoma da E.P. só aparece após muito tempo de tratamento, com sua importância minimizada pelas defesas maníacas. - Apesar de os pacientes entenderem, aos poucos, os significados de sua conduta sexual, a modificação do sintoma era muito difícil. - Nesses pacientes, a restrição ao contato com a realidade externa e com o prazer também ocorria em outras esferas de sua vida. - Diante do perigo de algum tipo de integração que pudesse ser doloroso, esses pacientes reagiam no nível transferencial, com alguma conduta de E.P. simbólica. - Nas sessões, os pacientes mostravam-se desconfiados e retinham informações – dando ao analista a impressão de estar diante de um paciente muito difícil. - Nos casos de E.P. crônica, o prognóstico é negativo; entretanto, nos casos de e.p. ocasional, há possibilidades de êxito terapêutico.
La Porta (1987)	- O e.p. tem por hábito deixar para a última hora tudo o que tem para fazer, o que costuma ser acompanhado de ansiedade e sofrimento. - Apresenta intolerância à espera, com reações agressivas e temerosas em relação à pessoa esperada. - O e.p. não quer assumir a responsabilidade de dar partida para atos que visam a realização do que deseja. - O coito seguinte à E.P. pode ser mais tranqüilo, pois geralmente ocorre sem ansiedade. - Em alguns casos, o tema da homossexualidade é evidente e surge em sonhos. - O e.p. geralmente resistiu à educação dos esfíncteres e apresentou enurese noturna até a puberdade.

QUADRO 7
Hipóteses explicativas para a ejaculação precoce na vertente psicanalítica

Autor	Hipóteses Explicativas (Causas)
Freud (1895)	- A masturbação excessiva e as fantasias que a acompanham acabam dificultando a adaptação ao ato sexual real.
Breuer (1895)	- A E.P. é uma defesa contra a sexualidade.
Ferenczi (1908)	- Os homens que realizam coitos rápidos possuem um modo de pensar egocêntrico. - A E.P. é sempre imputável a uma excessiva masturbação. - A E.P. costuma vir associada a outros sinais de neurastenia sexual.
Abraham (1917)	- As causas da E.P. seriam as mesmas da enurese noturna: as fixações uretrais. - Há, no inconsciente do e.p., uma atitude hostil e cruel para com a mulher. - Nos pacientes passivos, a E.P. seria uma manifestação reativa para encobrir fortes impulsos sádicos contra a mulher. - Nos pacientes hiperativos, a E.P. estaria determinada por meio do incremento das fantasias castrativas advindas do temor aos genitais femininos. - A valorização excessiva do pênis deve-se a uma fixação na fase fálica. - A E.P. é o desmonte de um projeto de assassinato da mulher. - A E.P. é um modo específico de inferiorizar a mulher, "sujando-a". - A E.P. é uma tentativa de negar um filho à mulher. - A força da teoria sexual infantil do coito sádico pode levar o homem a querer ser mais delicado com a mulher/mãe, acabando rapidamente com o ato sexual. - Houve um problema no desenvolvimento psíquico, que não permitiu que as tendências narcisistas fossem dominadas. - A E.P. é uma vingança contra toda mulher, pela decepção afetiva infantil com a mãe.
Stekel (1920)	- A fantasia tem um papel determinante, interferindo na consciência de se estar perante um objeto real: um corpo de mulher - A E.P. ocorre em dois tipos de situações: quando a libido não é bastante forte, ou quando é necessário impedir a realização de um ato imoral. - A percepção, pelo homem, de que a mulher está desinteressada sexualmente pode levá-lo à E.P.
Storni (1969)	- Os sonhos com poluções ressaltam a importância da

	fantasia inconsciente na E.P. e sua semelhança com a masturbação. - As fantasias claustrofóbicas fálico-uretrais e os elementos maníacos que encobrem o caráter traumático da atividade sexual podem levar à E.P. A aceleração brusca da fantasia provoca uma defasagem entre o tempo-espaço interno e o externo, causando a E.P. - Os mecanismos obsessivos são os responsáveis pela projeção das tendências agressivas castratórias na mulher e pela fecalização da ejaculação. - O e.p. precisa defender-se da própria excitação, por ela encontrar-se "tanatizada". - Durante a cópula, o e.p. vivencia uma cena primária excludente e sadomasoquista: seu Ego observa a ameaça de união e destruição entre o pênis e a vagina. - Tanto a dissociação do objeto quanto a incapacidade para a integração deste estão relacionadas ao receio de uma identificação com o pai – o que levaria o sujeito a vivenciar a relação sexual como incestuosa. Há, portanto, uma deficiência nas identificações com os objetos parentais. - A E.P. é um micro suicídio desencadeado pelo fato de que a aproximação ao objeto real significa a perda do objeto idealizado na fantasia.
La Porta (1987)	- O coito é vivenciado como uma situação da qual se quer livrar, para voltar a um estado anterior a Eros, estado de não-desejo (por um objeto que não seja ele mesmo) considerado como condição de paz, um estado narcísico. - O distúrbio sexual surge quando há uma fusão do erótico, despertado pelo desejo sexual, e a destrutividade violenta, despertada pela perturbação do estado nirvânico-narcísico. - A identificação projetiva pode promover a violência na vivência do coito, promovendo, assim, a E.P. como fuga do ato sexual.
Joël Dor (1991)	- No imaginário do e.p., o desejo da mulher é uma exigência de que o homem dê provas de sua virilidade. - A confusão quanto à natureza do objeto (entre o órgão e o falo) faz com que o histérico, não se sentindo depositário do falo, responda à mulher: não tenho o pênis. - O que é particularmente ameaçador é o gozo feminino.

QUADRO 8
Conclusões apresentadas pelos psicanalistas que estudaram a ejaculação precoce

Autor	Conclusões Teóricas / Propostas Terapêuticas
Breuer (1895)	- A E.P. é uma manifestação somática, uma defesa contra a sexualidade.
Abraham (1917)	- Os e.p. podem ser divididos em passivos e hiperativos. Os passivos têm como objetivo obter gratificação sem tomar parte ativa na relação sexual. Os hiperativos têm como objetivo realizar o coito o mais rápido possível para ficarem livres de uma tarefa problemática. - A tarefa do tratamento psicanalítico é liberar o paciente de sua atitude narcisista, balizando um caminho em direção a uma transferência normal de seus sentimentos.
Stekel (1920)	- As hipóteses de Abraham sobre o assunto, principalmente no que dizem respeito à atitude infantil e às fixações uretrais, não devem ser levadas em conta. - A E.P. não é uma conseqüência do onanismo. - A E.P. é uma das manifestações somáticas do medo.
Storni (1969)	- Quanto maior a integração entre a expressão somática e os afetos, mais benigna será a E.P. - Devemos diferenciar graus de patologia na E.P., que pode ser mais benigna ou mais patológica. - Existem E.P. "mascaradas", que surgem após decepções eróticas com a esposa, e que também ocorrem durante as atividades extraconjugais. - É importante destacar a forte estrutura melancólica e narcisista existente no e.p.
La Porta (1987)	- A tentativa de explicar a E.P. em termos edípicos nunca foi suficiente, apesar da triangulação edípica estar francamente presente nesses casos. - A análise precisa enfocar a fusão erótico/destrutiva presente no estado narcísico.
Joël Dor (1991)	- A E.P. inscreve-se na mesma problemática da impotência sexual: é uma manifestação sintomática típica da histeria masculina.

1.1.3. Discussão

Tanto Freud quanto Ferenczi foram extremamente sensíveis às conseqüências que a problemática da ejaculação precoce desperta nas mulheres, desorganizando-as emocionalmente. Se, no começo do século, quando o direito ao orgasmo ainda não era uma conquista feminina, o sintoma já causava esse efeito, não é descabido imaginar a projeção de sua importância na atualidade. Sem dúvida alguma, a performance do homem passou a ser um critério de escolha, e a ejaculação precoce tornou-se um estigma que pode marcar negativamente um homem. Ouvi pacientes comentarem que não tinham relações sexuais mais de uma vez com a mesma mulher, temendo que elas, em vez de acreditarem que o problema acontecera só naquele dia, descobrissem que a ejaculação precoce ocorria em todas as relações sexuais que mantinham. Diziam saber que as mulheres, por não suportarem esse sintoma, espalhavam o ocorrido para as outras, jogando-os no ridículo. Risco imaginário, ou mais uma das reações hostis das mulheres a esse sintoma?

Entre os Autores, houve unanimidade quanto às dificuldades no atendimento clínico, justificadas pelos entraves técnicos advindos da estrutura narcísica desses pacientes – ponto enfatizado tanto por Abraham quanto por Storni. Dado precioso para o meu estudo, e que fortaleceu minha decisão de eleger o conceito de narcisismo para nortear a compreensão dessas disfunções sexuais. Além disso, a constatação feita por Storni de que seus pacientes, quando sentiam o perigo de algum tipo de integração dolorosa, reagiam com alguma conduta de ejaculação precoce simbólica indicou que ele estava querendo se referir ao abandono do tratamento como modalidade de atuação simbólica. Stekel, através de seus casos clínicos, deixou registrado que, de fato, vários pacientes interrompiam o tratamento, embora houvesse, na época, outros métodos médicos para tratar a ejaculação precoce: sondas, injeções de Maskulin e massagens na próstata.

O intrigante estereótipo psíquico dos ejaculadores precoces também foi alvo de comentário de Abraham: "Certa combinação de traços de caráter é tão típica desses neuróticos que, quando a encontramos, é possível inferir, com bastante certeza, a presença da ejaculação precoce;"[1] observação que corrobora tanto minha própria impressão, quanto a dos médicos, de que os ejaculadores precoces constituem um subgrupo à parte dentro dos quadros de disfunção sexual.

Em outro momento, os textos de Abraham e Storni vão ao encontro de algumas constatações que eu havia feito através dos processos psicoterápicos: existem diversos graus de gravidade na ejaculação precoce e, do ponto de vista prognóstico, são menos favoráveis aqueles casos em que ela se apresenta imediatamente após a maturidade sexual, reaparecendo repetidamente durante vários anos, fazendo com que o prazer da ejaculação precoce supere seu caráter desagradável. Vale aqui assinalar que tive a oportunidade de atender pacientes que apresentavam o sintoma desde o início de sua vida sexual, e que se empenharam em realizar o tratamento porque a ejaculação precoce estava começando a se fazer acompanhar por disfunção erétil. Entretanto, apesar de alguns progressos emocionais e do desaparecimento da falha erétil, esses pacientes não conseguiram se liberar da ejaculação precoce.

Por outro lado, os casos que consegui atender com algum resultado satisfatório eram de pacientes que não apresentavam a ejaculação precoce desde o início de sua vida sexual. Haviam experimentado o prazer de ter uma relação completa, em tempo normal, e queriam recuperar essa vivência. Contavam, acima de tudo, com o intenso desejo da parceira em colaborar com o tratamento. As palavras de uma delas ilustra bem a expectativa da volta à normalidade sexual: "Dra., olhe a cor deste homem... a sra. sabe como são os homens dessa cor na cama... eu não posso aceitar esse problema agora, impedindo a gente de ser feliz como antes!" A distinção nítida na postura desses homens diante da problemática ejaculatória pareceu estar diretamente vinculada com a história do início da vida sexual, dado que acabou levando a uma subdivisão que julguei necessária no princípio deste estudo, de modo a não me perder no meio de tantos casos, e que apresentarei no capítulo 2.

---

1. ABRAHAM. Ejaculatio praecox, p. 201.

Os dados trazidos por Abraham quanto à importância das fixações libidinais nas atividades uretrais, e a dificuldade na educação dos esfíncteres apresentada pelos ejaculadores quando criança são dados que nunca surgiram, nem no meu material clínico, nem no dos colegas médicos da equipe. Em 1956, o urologista John Semans refutou enfaticamente as postulações teóricas psicanalíticas que afirmavam que o ejaculador precoce repetia a enurese infantil, uma vez que apenas 8% dos pacientes de sua casuística a apresentavam. Embora La Porta reafirme essa importância, suspeito que tais conteúdos ganharam relevância na escuta clínica de Abraham graças ao seu interesse teórico no tema das fixações uretrais, mas a crença na hipersensibilidade na glande persiste e constitui uma justificativa para que alguns médicos indiquem cirurgias, tais como a neurotripsia (para reduzir a sensibilidade da glande), que, apesar de ser uma prática ultrapassada, ainda é utilizada. A proposta cirúrgica costuma ser imediatamente aceita pelos pacientes, pois corresponde à expectativa de uma solução mágica, que não exige deles nenhum sacrifício. Contudo aqueles que já se submeteram a neurotripsia são unânimes em afirmar que não houve melhora alguma no quadro sintomatológico.

Quanto à constatação de Abraham de que o ejaculador precoce valoriza excessivamente o pênis, não me parece uma regra geral, pois observei tal fixação apenas em alguns casos, justamente naqueles em que o tema da homossexualidade estava claramente presente nos sonhos e nas atuações sexuais (cf. caso clínico descrito a partir da p. 136). Mas, sem dúvida, podemos inferir que vários homens que apresentam esse sintoma realmente devem possuir fixações na fase fálica, que podem ser ilustradas pela preocupação em competir, ter belos carros, belas mulheres, objetos eletrônicos de última geração, elementos que os fazem sentir-se super potentes.

A presença dos aspectos homossexuais igualmente evidenciada por Storni e La Porta fortalece a premissa de que há alguma dificuldade na relação com as mulheres, uma vez que a ejaculação precoce não ocorre quando o paciente se masturba sozinho. Prova irrefutável de que o contato tranqüilo com as mulheres só é possível na fantasia.

A equiparação simbólica estabelecida por Abraham (parceira sexual = mãe) e recusada veementemente por Stekel é um ponto que pretendo investigar na análise do discurso de meus sujeitos, uma vez que Abraham não nos brindou com fragmentos clínicos. Por trás desta equiparação simbólica, subjaz uma hipótese bem interessante: a ejaculação sendo disparada, como prevenção, frente à possibilidade de a mulher efetivamente tornar-se mãe. Ou seja, a ejaculação precoce seria uma atuação de uma fantasia inconsciente temida. Entretanto, paradoxalmente, a liberação inesperada do esperma é um acontecimento que acaba burlando vários métodos contraceptivos – o que parece indicar a presença de mais uma formação de compromisso: o ejaculador quer e não quer vivenciar a mulher como mãe. Ao evocarmos esse temor de depositar o sêmen na mulher, somos conduzidos a outras questões: existiria uma diferença no funcionamento psíquico entre aqueles ejaculadores que não depositam seu sêmen dentro da mulher, gozando antes da penetração, e os que o depositam? É possível que essa atitude esteja correlacionada, no primeiro caso, com a presença da equiparação simbólica em fantasia, e no segundo, com sua ausência.

A perturbação das relações com o tempo, constatação enfatizada por La Porta, pode ser claramente comprovada na clínica, quer seja pela exigência de serem atendidos imediatamente, quer pela conduta física de andar de um lado para o outro na sala de espera – evidência de sua intolerância à espera. Geralmente ficam tão ansiosos diante do encontro terapêutico que, às vezes, aparecem no horário exato da consulta, mas com um dia de antecedência.

Após a recapitulação das hipóteses explicativas para a ejaculação precoce, fica evidente que o atendimento a esses pacientes não poderia mesmo ser um trabalho fácil, uma vez que, submersos num estado narcísico, não conseguem vivenciar a relação objetal senão como uma grave ameaça a sua integridade psicofísica. Opinião comum entre os Autores, e que vem confirmar a importância da questão que saltou a meus olhos a partir da clínica: o ejaculador precoce tem um funcionamento psíquico mais primitivo, e apresenta um represamento libidinal no seu "eu" capaz de impedir o desenvolvimento das relações objetais.

A resposta para essa questão foi afirmativa e veio, inicialmente, das palavras de Ferenczi, referindo-se ao fato de que o ejaculador precoce tem um modo de pensar egocêntrico; e, posteriormente, das palavras tanto de Abraham quanto de Storni e La Porta, que destacaram a forte estrutura narcísica existente nos ejaculadores precoces, sendo que Abraham põe em evidência o pólo narcísico erótico, enquanto Storni e La Porta evidenciam o pólo narcísico destrutivo. A meu ver, o que ressalta é o "erotismo mortífero": a erotização excessiva como manifestação e alvo da pulsão de morte, conforme veremos ilustrado na casuística clínica; ponto de vista que se aproxima da hipótese explicativa de Storni, segundo a qual a ejaculação precoce seria um micro suicídio. No entanto creio que essa função simbólica está mais a serviço do fato de a excitação encontrar-se permeada por idéias de autodestrutividade, do que pela perda do objeto idealizado na fantasia. Aliás, a idéia da ejaculação precoce como defesa contra a sexualidade foi levantada de modo incipiente por Breuer, e arrematada por Storni, quando ele nos diz que o ejaculador precoce precisa defender-se da sexualidade, de tão tanatizada que ela se encontra, ponto explicável pelo encapsulamento narcísico que, dificultando a veiculação dos impulsos amorosos/hostis na direção objetal, faz transbordar no ego as pulsões de vida e de morte.

Surge daí a hipótese da ejaculação precoce como uma atitude hostil para com a mulher – hostilidade citada por Abraham, Storni e La Porta –, talvez uma manifestação de ódio pelo fato de o homem ter de admitir que necessita da mulher para o ato sexual. A projeção do ódio na parceira provoca o incremento da ansiedade persecutória e, assim, o temor aos genitais femininos, conforme nos apontou Abraham. Apesar desse temor aos genitais ou às mulheres não aparecer no discurso manifesto, esses pacientes geralmente têm uma atitude passiva: uma vez abordados, não conseguem dizer "não" ao desejo delas.

Desse modo, a masturbação surge como um procedimento autocalmante que, na verdade, é ilusório, pois leva o homem a substituir uma pessoa real para se satisfazer sexualmente pelo recorte visual de um corpo atraente para ser utilizado na fantasia de um ato sexual.

A meu ver, a excessiva masturbação não causa a ejaculação precoce, como pensaram Freud e Ferenczi: ela seria, antes de tudo, uma medida necessária para preservar a possibilidade de um estado narcísico. Mas a antiga concepção de que masturbação em excesso deixa seqüelas na vida sexual ainda vigora ativamente no imaginário de muitos homens, principalmente nos ejaculadores precoces primários, que, segundo relatos, sempre abusaram de tal prática. Para eles, sem dúvida alguma, essa é a principal hipótese explicativa para seu distúrbio. Embora cientes de que a masturbação não produz nenhuma alteração orgânica, eles admitem que, quando em excesso, ela produz seqüelas significativas no nível psíquico. Freud delineou bem a natureza das conseqüências: "...nas fantasias que acompanham a satisfação, o objeto sexual é elevado a níveis de perfeição dificilmente encontrados na realidade",[2] e contou-nos que um espirituoso escritor vienense, Karl Kraus, expressou essa verdade, invertendo os termos numa cínica observação: "a copulação nada mais é do que um substituto insatisfatório da masturbação".[3] Freud e Kraus tinham razão, essa é "a verdade cínica" que ocupa a mente dos ejaculadores, fazendo com que a presença do objeto real provoque uma reação ansiógena e fóbica que precipita a ejaculação; ao passo que, quando se masturbam sozinhos, mergulhados em suas fantasias, o sintoma não aparece – condição que observei freqüentemente e que também foi descrita por Abraham. A fala de um dos pacientes ilustra bem o que Freud asseverou: "Tudo estava indo bem... até que eu ví aquele rachadinho no pé dela." A presença do objeto como desencadeante sintomatológico traz à baila toda uma série de indagações, tanto acerca das relações do cliente com o princípio da realidade, quanto com as representações simbólicas da mulher — questões que desenvolveremos mais adiante. É interessante acrescentar que, nesses pacientes, as fantasias eróticas invadem e permeiam todos os contatos com mulheres, mesmo que sejam de ordem técnica ou profissional: transformam essas relações em perenes coitos imaginários, tamponando, assim, todas as outras possibilidades de relações com o universo feminino.

As hipóteses explicativas que comentei até agora foram aquelas em que vislumbrei um consenso parcial entre os Autores acerca de pontos tais como: narcisismo, força da fantasia, prática

2. FREUD. *Moral sexual "civilizada" e doença nervosa moderna*, p. 204.
3. Idem.

masturbatória, hostilidade contra a mulher e excitação tanatizada. Entretanto aqueles psicanalistas que tiveram uma experiência clínica maior com o fenômeno, descreveram de diferentes ângulos os arcabouços psíquicos que enxergavam nos ejaculadores. Abraham, por exemplo, pendeu inicialmente sua escuta na direção da leitura do sintoma como um ato de amor para com a mulher. Aos poucos, seu texto vai mudando de direção, a ponto de ele concentrar todas as suas hipóteses explicativas justamente num contraponto: o forte impulso sádico contra a mulher. Assim, o ejaculador precoce descrito por Abraham seria aquele homem que tem em sua constituição psíquica fixações uretrais e fixação na fase fálica. Além do mais, deve ter sido fortemente influenciado pela teoria sexual infantil do coito sádico, e ter sofrido uma decepção afetiva com a mãe. Essa combinação de marcas psíquicas levaria esse homem a transformar seu pênis em uma arma para assassinar ou inferiorizar a mulher. Tal propósito vingativo pode tanto ser capaz de incrementar as fantasias castrativas, quanto provocar uma formação reativa, colocando o homem numa posição passiva diante da mulher. O resultado sexual, nos dois casos, seria o "desmonte" da arma do crime.

Esse "desmonte", contudo, também está presente na outra disfunção sexual de que este livro se ocupa – a falha erétil –, e, para que possamos comparar as duas formações sintomatológicas, passarei a uma revisão bibliográfica do tema, na perspectiva de que tal empreendimento ajude-me a "mapear" as aproximações e distanciamentos entre as distintas colaborações.

1.2. A Disfunção Erétil

1.2.1. Abordagens Usuais

O problema da potência sexual é considerado importante há pelo menos quatro milênios, conforme citações encontradas nos textos sagrados hindus sobre remédios afrodisíacos para prevenir ou tratar a impotência, assim como sugestões acerca da importância dos fatores mentais na etiologia desses distúrbios. Um dos mais antigos textos médicos chineses, o *Huang Ti Nei Ching Su Wen*, discute a questão do ponto de vista filosófico, considerando que paixões fortes reduzem as emanações sexuais, enquanto que as moderadas as fortalecem. Prescrições e receitas para tais distúrbios foram escritas em tabuinhas cuneiformes dos assírios, em textos árabes, egípcios e mesopotâmicos, com explicações nas quais o raciocínio lógico não era devidamente utilizado.

Em todos os escritos antigos encontram-se referências diretas acerca dos poderes sobrenaturais como causa da incapacidade masculina; mesmo na "Bíblia (Gênesis; 20, 1-18) encontramos alusão à impotência de Abimelec, rei de Gerar, que foi assim castigado por Deus ao tomar Sara, mulher de Abraão, e que somente foi curado após redimir-se frente a este, devolvendo-lhe a esposa".[1]

Em sua tese de livre docência, D'Andrea conta-nos que na maioria das religiões pagãs era freqüente o culto fálico, cujos traços sobreviveram durante a Idade Média até que o protestantismo conseguiu estirpar seus vestígios. "Na França, por exemplo, havia santos itifálicos, sendo o mais popular São Foutin. Em seu santuário em Embrum seus devotos davam banhos de vinho em seu enorme falo, para depois beber este vinho como remédio infalível contra a esterilidade e a impotência."[2]

---

1. D'ANDREA. *Abordagem psicossocial da impotência masculina*, p. 10.
2. Ibidem, p. 3.

O mais marcante nos registros históricos é que o desempenho sexual do homem sempre esteve ligado a maldições, superstições e feitiçarias. A teoria demoníaca da explicação do distúrbio acabou associando-se à da própria figura feminina, culminando, na Idade Média, na Inquisição e na perseguição às bruxas, acusadas de provocarem, por meio de artes malditas, o aborto, a esterilidade nas mulheres e a impotência nos homens. São acusações provindas tanto da persistência dos cultos religiosos pagãos na Europa, adeptos dos rituais de fertilidade, quanto do fato de a figura da bruxa sintetizar o temor que o homem tinha da mulher e dos demônios. O "diagnóstico" da causa da impotência foi descrito no *Malleus Malleficarum*[3] de modo assaz interessante: se o membro do homem não se agitasse de nenhum modo e nunca desempenhasse a função coital, era um sinal de frigidez da natureza; mas, se se agitasse e não pudesse manter-se ereto, era um sinal de bruxaria.

Em 1890, Caspar relata casos de impotência meramente imaginária, em que os pacientes acreditavam que tal situação havia sido provocada por um inimigo, por mau-olhado, pela ingestão de algum alimento intencionalmente preparado – crendices que, como sabemos, persistem até os dias atuais e levam homens de classes culturais menos esclarecidas a buscar ajuda em terreiros de magia branca para desfazer o feitiço, ou para fazer algum "trabalho" que vise à manutenção da potência.

Como vimos, apesar de a busca de cura dos distúrbios sexuais ser tão antiga quanto a necessidade humana em se reproduzir, os tratamentos psicológicos com fundamentação científica só foram desenvolvidos a partir do início do século XX, com o advento da psicanálise, que dominou a terapêutica desses distúrbios até a década de 50. Nessa época surgiu a chamada "terapia sexual", desenvolvida a partir das técnicas de condicionamento operante da psicologia comportamental e confirmadas por estudos de fisiologia sexual feitos pelos pesquisadores Masters e Johnson. Desse modo, enquanto alguns psicoterapeutas permaneciam fiéis aos métodos psicanalíticos, outros seguiam a moda das novas terapias, usando primariamente técnicas comportamentais e educacionais.

3. Livro escrito em 1489, e que atribui os impulsos instintivos à possessão demoníaca.

Nos anos 60 e 70, a teoria predominante, inicialmente proposta por Masters e Johnson e seguida por Kaplan, sugeria que os problemas sexuais tinham uma base comportamental e que, para se alcançar um resultado final satisfatório, devia-se utilizar uma combinação da terapia comportamental com a psico-educacional, através de métodos cognitivos. A abordagem comportamental da terapia do sexo é focal, direta quanto ao problema a ser resolvido: o restabelecimento da função eretiva; embora não deixe de lado a possibilidade de serem encontradas as causas originais do problema. A mais adequada forma de terapia sexual é a de casal, sendo as chances de sucesso bem maiores se o relacionamento for mais estável. No início da terapia, fica proibida a relação sexual até que o programa se complete através de uma série de exercícios progressivos feitos em casa, com regularidade, sob orientação do terapeuta. Uma vez que a penetração é um aspecto da relação que geralmente causa dificuldades significativas para o homem com problemas eréteis, os exercícios para alcançar a penetração vaginal serão deixados para o final e deverão ser acompanhados de contínua orientação e encorajamento do terapeuta. Enquanto os aspectos ameaçadores do relacionamento são removidos, a intimidade vai-se desenvolvendo, diminuindo, assim, a ansiedade diante do coito, objetivo principal do tratamento.

Sessões de aconselhamento proporcionam a oportunidade de discutir os pontos que são relevantes para o casal, a fim de definir o progresso que o tratamento está alcançando e para proporcionar a oportunidade de uma educação sexual apropriada, quando há problemas dessa natureza. Ocasiões em que a terapêutica comportamental será complementada com a disponibilização de materiais educacionais adequados ao caso, segundo o enfoque da abordagem cognitiva, que usará de argumentos racionais para modificar pensamentos negativos. Um exemplo de tratamento cognitivo é a destruição de mitos sexuais que podem minar os relacionamentos. Dentre esses mitos, podemos destacar a idéia falsa de que a mulher deve chegar ao clímax em todas as relações sexuais; a expectativa de que os homens devem ser capazes de realizar o ato sexual a qualquer momento; e a crença de que o tamanho do pênis é responsável pela qualidade da relação. Uma das vantagens do enfoque cognitivo é o de poder ser empregado – em contraste com as técnicas comportamentais – com homens solitários.

Masters e Johnson reportaram 72% de cura ao final do tratamento, com 62% dos pacientes permanecendo curados em cinco anos de acompanhamento. Esses números nunca foram tão grandes em estudos subseqüentes, e as respostas aos programas de tratamento baseados nas técnicas desses autores, mas modificadas, variaram com porcentagens de cura de 20% a 81%. Assim, a eficácia da terapia psicossexual no tratamento da disfunção erétil ainda não foi demonstrada de maneira inequívoca, como exigiriam os seus ditames científicos. Razões para isso passam pela heterogeneidade dos pacientes, a dificuldade em quantificar a gravidade das condições, a falta de padronização para avaliar a evolução do tratamento e a escassez de pesquisas controladas.

Apesar das evidências claras de que tal método psicoterápico tem efeitos em muitos pacientes, poucos estudos se esforçaram em identificar quais pacientes mais se beneficiariam com a terapia psicossexual. O alto número de pacientes que desistem antes de completá-la tornou possível detectar quem não se beneficiaria dela: homens que demonstram um reduzido nível de interesse por sexo e casais que não estejam altamente motivados. O que leva à constatação de que a qualidade do relacionamento geral do casal, seu relacionamento sexual anterior e sua motivação para alcançar um bom resultado são fatores preditivos do resultado da terapia.

Muitas modificações foram introduzidas na terapia psicossexual, como, por exemplo, as técnicas de hipnose como método de relaxamento e de facilitação do debate de orientações em terapia sexual, facilitando a memorização por parte do paciente. Outras formas de terapia psicológica também estão cuidando do distúrbio, como a sistêmica, que, apesar de focalizar o sintoma, tenta estudar a dinâmica interacional do meio familiar. Existe, entretanto, um crescente reconhecimento de que, em certas ocasiões, a atenção principal do tratamento deve ser o indivíduo, principalmente quando não se tem uma parceira envolvida, quinhão deixado para as terapias não focalizadas, que pretendem uma alteração mais ampla na personalidade.

A fisiologia do pênis e o processo de ereção só foram completamente esclarecidos na década de 80, quando houve o reconhecimento, por parte da medicina, de que fatores orgânicos são importantes na patogênese da disfunção erétil. Os resultados de um estudo estatístico realizado em 1998, com homens que freqüentavam uma clínica de urologia especializada em disfunção erétil, apontaram que as causas eram predominantemente orgânicas em 47,6 % dos casos; psicológicas em 30,7 % dos casos e de etiologia indefinida nos 21,7 % restantes.[4] Entre as causas orgânicas, destacam-se as vasculares, neurológicas, endócrinas, urológicas, iatrogênicas e as induzidas por drogas. Dentre as doenças sistêmicas que têm grande importância na gênese da disfunção erétil estão a arterioesclerose, o diabetes, a hipertensão arterial, o tabagismo e o etilismo crônico.[5]

As mudanças na opinião científica sobre os mecanismos da disfunção erétil levaram médicos e psicólogos a interagir em equipes multidisciplinares, trocando conhecimentos e impressões diagnósticas. Como os pacientes costumam procurar inicialmente os médicos para apresentar seu sintoma sexual, fica para este profissional o encargo de fazer uma primeira triagem, baseada na história clínica, que indique a necessidade de uma avaliação psicológica. Contudo, para que o médico esteja apto a identificar melhor aqueles homens que podem se beneficiar de uma psicoterapia, ele precisa ter algum conhecimento sobre as causas dos problemas psicossexuais e também sobre as técnicas e resultados psicoterápicos.

A formação da opinião médica sobre as causas psicológicas das disfunções sexuais tem-se dado através de material que lhes é enviado, principalmente pelos laboratórios, como é o caso de um estudo realizado recentemente na Inglaterra, publicado pela Pfizer em vários idiomas e distribuído em todo o mundo. No pequeno livro,[6] há uma listagem de grupos de fatores etiológicos na disfunção erétil psicogênica, que reflete pontos indiscutivelmente aceitos por distintas abordagens psicoterápicas, e que passo a expor no Quadro 9, a seguir.

---

4. MELMAN et al. *Urology*.
5. O leitor interessado em dados estatísticos das causas orgânicas da disfunção erétil poderá recorrer ao estudo realizado no Ambulatório de Andrologia do HC/UFMG: MARTELLO. *Avaliação do teste de ereção fármaco-induzida com papaverina, associado à estimulação erótica, como método diagnóstico para disfunção erétil.*
6. EARDLEY et al. *Disfunção erétil:* um guia para o atendimento a nível primário.

QUADRO 9
Fatores etiológicos na disfunção erétil psicogênica

Fatores Predisponentes
- Alguns tipos de personalidade são mais propensos à DE do que outros. - Formação cultural e religiosa rígidas podem levar à repressão da sexualidade associada com sentimentos de culpa. - Falha na educação sexual pode gerar expectativas fantasiosas no homem e na parceira. - Problemas psicodinâmicos familiares, tais como excesso de afeto e conflitos edipianos. - Abuso sexual anterior à humilhação pela parceira em encontro sexual precoce. - Estresse com a vida diária.
Fatores Precipitantes
- Doença orgânica pode ser um fator precipitante para uma doença psicogênica. - Estados de depressão e ansiedade. - Algumas medicações antidepressivas. - Falha em corresponder a expectativas fantasiosas de performance sexual. - Falha da parceira em reconhecer que, com o aumento da idade, o desejo sexual masculino diminui, fazendo com que o homem necessite de mais estímulos sexuais durante um período de tempo maior para alcançar a rigidez. - A infidelidade pode precipitar a disfunção sexual nos relacionamentos iniciais. - A perda de uma parceira constante pode levar temporariamente o homem à perda completa da atividade erétil.
Fatores Mantenedores
- Falha anterior leva a um aumento nos níveis de ansiedade que acabam inibindo a função sexual. - Educação sexual inadequada pode levar à perpetuação dos chamados mitos sexuais. - Medo da intimidade por parte do homem. - Falha do casal na discussão de problemas sexuais. - Diminuição da atração por um dos parceiros.

FONTE – EARDLEY et al., 1999.

Como podemos ver, o Quadro 9 foi montado com muito bom senso, dando cobertura a grande parte dos fatores etiológicos da disfunção erétil psicogênica. Observando-o com mais cuidado, vemos que nos fatores predisponentes estão incluídos os fatores constitucionais do psiquismo, que costumam ser trabalhados pelas correntes psicoterápicas de influência psicanalítica; nos fatores mantenedores, estão incluídos aqueles aspectos com que geralmente se ocupam as correntes psicoterápicas de influência comportamental.

O empenho dos médicos em conscientizar seus pacientes da necessidade de uma avaliação psicológica tem sido significativo, e o sucesso nessa missão é geralmente atingido por aqueles profissionais que tenham, eles próprios, se beneficiado de técnicas psicoterápicas – fator que os ajuda a entender o funcionamento destas, embasando melhor seus argumentos. Seja como for, a indicação psicoterápica é aceita com reservas pelos pacientes, e apenas um décimo deles chegará a procurar uma clínica particular. O difícil, antes de mais nada, é assumir a impotência para si mesmo, uma vez que tal quadro é associado à falta de masculinidade e perda da identidade; em segundo lugar, assumi-la diante da parceira. A maioria dos homens sequer comunica à esposa que está em busca de tratamento, preferindo, às vezes, conviver com acusações, sem procedência, de que não está querendo sexo em casa por ter outras mulheres. Obstáculo com que se deparam as abordagens cujas propostas psicoterápicas dependem do casal, pois o paciente deve aceitar e desejar a presença de sua parceira sexual no contexto do tratamento – o que muitas vezes só acontece após algum tempo de atendimento individual. Essa postura também serve de barreira para o atendimento grupal. Nesses casos, mais do que nunca, a intuição do terapeuta diante da história clínica será uma bússola que apontará a melhor estratégia.

1.2.2. Abordagem Psicanalítica

A temática da disfunção erétil dentro da psicanálise, diferentemente do que ocorreu com a ejaculação precoce, é marcada pela convergência de opiniões entre os distintos autores; mesmo assim, não deixa de ser importante apresentar uma síntese desses pontos de vista, uma vez que poderemos identificar diferentes ênfases dentro de um mesmo enfoque.

As indagações iniciais de Freud acerca das disfunções sexuais masculinas foram lançadas em 1892, sobrepostas a questões ligadas à frigidez, levando-o a questionar se "a anestesia sexual nas mulheres seria outra coisa que não um resultado da impotência".[1] Acreditava que o acúmulo de tensão sexual física transformava-se em angústia e que as mulheres seriam as vítimas da impotência e da ejaculação precoce dos homens.[2] Entretanto, ao constatar que "a neurose de angústia afeta tanto as mulheres que são frígidas ao coito como as que têm sensibilidade",[3] Freud redirecionou sua atenção para o ângulo masculino da problemática, ponderando que a impotência masculina não acarretaria a neurose de angústia no homem, uma vez que a função erétil falhava justamente graças a uma libido insuficiente.[4] Assim, o sintoma da impotência seria uma conseqüência de um quadro de neurastenia adquirido na puberdade, resultante de

---

1. FREUD. *Extratos dos documentos dirigidos a Fliess*, p. 246.

2. Ponto de vista encontrado também no artigo de 1895: "Obsessões e fobias: seu mecanismo psíquico e sua etiologia", e reapresentado em outras ocasiões, como, por exemplo, na Conferência XXV, A *Ansiedade*, de 1917. Exemplos clínicos dos efeitos da impotência masculina no psiquismo da mulher podem ser lidos no artigo de 1913, "A disposição à neurose obsessiva" (p. 402-3): a mulher que, por alguns anos, sofria de uma histeria de ansiedade que se transformou, subitamente, em uma grave neurose obsessiva; e também na Conferência XVII, de 1916-17, *O sentido dos sintomas* (p. 309-10), onde o sintoma histérico da paciente pretendia consertar a cena da noite de núpcias, quando o marido esteve impotente.

3. FREUD. *Extratos dos documentos dirigidos a Fliess*, p. 262.

4. Os efeitos da impotência sexual no psiquismo do homem são citados em *Sobre o narcisismo:*uma introdução (1914): diminuição significativa da auto-estima e busca de supercompensação. No artigo "O tabu da virgindade" (1918), o grande risco apontado seria o da "sujeição sexual" àquela mulher que tenha feito o homem superar a impotência psíquica.

dois fatores nocivos: o primeiro deles, a masturbação (que criava a disposição); e o segundo e principal fator, o coito incompleto (que produzia seu efeito mesmo em indivíduos não-dispostos).[5] Estava portanto encadeada uma correlação que teria efeitos duradouros no raciocínio de Freud sobre o assunto: masturbação e *coitus interruptus* levando à neurastenia e à impotência.

Na carta 70[6] encontramos nas palavras de Freud para narrar a Fliess o sonho da babá ladra, uma outra correlação, desta vez entre "prova escolar" e "prova sexual": "Ela era minha professora em assuntos de sexo e me repreendia por eu ser desajeitado e não ser capaz de fazer nada. É sempre assim que ocorre a impotência do neurótico; é assim que o medo de ser incapaz na escola adquire seu substrato sexual".[7] Para Freud tal correlação era responsável pela freqüência com que os impotentes tinham o sonho típico do exame: sonhar que estavam se submetendo às provas de bacharelato, de licenciatura, mas que não podiam ser bem-sucedidos por falta de preparação suficiente – incapacidade que reflete basicamente o sentimento de incapacidade sexual.[8]

Nos primeiros escritos freudianos sobre os mecanismos de formação dos sintomas histéricos, fica postulado que apesar de alguns deles serem determinados por experiências recentes, outros "remontam às primeiríssimas experiências e pertencem, por assim dizer, à mais antiga nobreza. Entre essas últimas se encontram, principalmente, as numerosas e diversas sensações e parestesias dos órgãos genitais e de outras partes do corpo, sendo tais sensações e parestesias fenômenos que simplesmente correspondem ao conteúdo sensorial das cenas infantis reproduzidas de maneira alucinatória".[9] Essa passagem deixa uma possibilidade para compreendermos a disfunção erétil como conseqüência de uma conversão histérica, direta sobre o órgão sexual, de impressões sensoriais de um período remoto da infância.

---

5. Idéias desenvolvidas por Freud nos *Extratos dos documentos dirigidos a Fliess*, p. 249-251.
6. Datada de 3 e 4 de outubro de 1897.
7. FREUD. *Extratos dos documentos dirigidos a Fliess*, p. 354.
8. Cf. comunicação feita a Ferenczi e registrada por este nas *Obras completas*, p. 26-27.
9. FREUD. A *etiologia da histeria*, p. 242.

Outras menções colaterais ao tema aparecem na *Traudeutung*. A primeira delas é uma breve referência ao simbolismo transparente contido no sonho da vela quebrada: "Uma vela é um objeto que pode excitar os órgãos genitais femininos e, quando está quebrada, de modo que não possa ficar de pé adequadamente, significa que o homem é impotente";[10] a outra citação corresponde a um acréscimo feito com um material registrado por Ferenczi em 1916: o sonho de um senhor idoso que foi acordado por sua mulher por estar gargalhando alto – o que nada mais era do que um efeito do trabalho do sonho, que tinha conseguido transformar os soluços que acompanhavam a idéia sombria da impotência e da morte em gargalhadas de uma cena cômica.[11]

Na *Psicopatologia da vida cotidiana*, de 1901, vemos que Freud começa a bordejar as origens das disfunções eréteis, incluindo no tópico dos atos sintomáticos a história de um homem que sofria de impotência sexual ocasional, originária da intimidade de suas relações com a mãe na infância. Tinha ele o hábito de enfeitar escritos e apontamentos com a letra S (inicial do nome da mãe) e guardá-los separadamente em sua escrivaninha, pois não suportava a idéia de que as cartas vindas de casa entrassem em contato com outras correspondências profanas.[12]

O primeiro artigo psicanalítico totalmente dedicado ao tema surgiu em 1908, da pena de Ferenczi, e fazia uma apologia da técnica de Freud, considerando-a a mais indicada para tratar a impotência psíquica, definida como condição patológica em que a ação inibidora da ansiedade mórbida e o medo fazem com que o arco reflexo sexual, que está intacto, não se complete. Na verdade, *Interpretação e tratamento psicanalíticos da impotência psicossexual* é um artigo precioso em que o Autor, além de estabelecer os pilares da compreensão psicanalítica da impotência psíquica, conta-nos que naquela época a concepção corrente apontava a masturbação como causa do distúrbio, e que o número de pessoas atingidas era tão grande que levava os médicos a tentarem variados métodos de

10. FREUD. A *interpretação dos sonhos*, p. 198.
11. Ibidem. p. 505.
12. FREUD. A *psicopatologia da vida cotidiana*, p. 260.

tratamento hidroterápicos, elétricos, que não alcançavam qualquer êxito. Ele próprio havia administrado em seu pacientes tratamentos medicinais e de sugestão, e só tivera resultados com o método psicanalítico.

Dos primeiros trabalhos de Freud sobre a evolução da sexualidade do indivíduo, Ferenczi aprendera que a criança recebe suas primeiras impressões sexuais de seu ambiente imediato, e que tais impressões determinam a direção da eleição posterior do objeto sexual. Da análise de inumeráveis casos de impotência psíquica, aprendera que, em decorrência de fatores constitucionais ou de circuntâncias exteriores, essa escolha de objeto incestuoso pode acabar por fixar-se, levando o sentimento moral nascente no indivíduo a defender-se com todas as suas forças. "No início, o recalcamento funciona perfeitamente [...], mas, sob o efeito das modificações orgânicas da puberdade, talvez de secreções internas, o desejo pode renascer, de modo que se tornará necessário um novo recalcamento [...] que acarreta a eclosão da neurose, e entre outros sintomas estão a impotência, datando das primeiras tentativas de coito."[13] Portanto, na sua opinião e na de outros psicanalistas contemporâneos, tais como Stekel e Steiner, as raízes da impotência psíquica podem remontar aos pensamentos libidinais recalcados da infância, que não envolvem somente os pais, mas também outras pessoas que, de um modo ou de outro, tenham pertencido à categoria das pessoas respeitáveis.[14]

Para Ferenczi, além das fixações incestuosas infantis, as experiências sexuais infantis, se acompanhadas de uma intensa humilhação, podem também estar nas origens de uma inibição psicossexual posterior. Como exemplo, pode ser citada a vergonha que o menino experimenta ao ser apanhado masturbando-se; e a falta de tato dos pais, professores e médicos para lidar com esse assunto. Enfim, "o isolamento psíquico das crianças em face dos problemas sexuais, o rigor excessivo da repressão dos hábitos infantis, o terror e a humilhação, o respeito esmagador e a obediência cega impostos pelos pais e, com freqüência, tão pouco justificados,

13. FERENCZI. Interpretação e tratamento psicanalíticos da impotência psicossexual, p. 29.
14. Ibidem. p. 30.

contribuem para realizar uma verdadeira produção artificial de futuros neuropatas e impotentes psicossexuais".[15]

Em seu estudo sobre Leonardo da Vinci, Freud deixou registrada, em 1910, uma outra explicação para a sintomatologia ora estudada, assim como para a repulsa mórbida do homem ao contato sexual com as mulheres:

> "A atração erótica que [o menino] sente por sua mãe logo se transforma em um desejo pelo seu órgão genital, que supõe ser um pênis. Com a descoberta, que fará mais tarde, de que as mulheres não possuem pênis, este desejo muitas vezes se transforma no seu oposto, dando origem a um sentimento de repulsa que, na época da puberdade, poderá ser a causa da impotência psíquica, misoginia e homossexualidade permanente."[16]

Em 1912, Freud dedicou um artigo inteiro à temática da impotência psíquica, eleita como um dos sintomas que mais levam as pessoas a buscar ajuda de um psicanalista. "*Sobre a tendência universal à depreciação na esfera do amor*" reduz a impotência psíquica à falha na combinação das correntes afetiva e sensual do amor, graças às influências de poderosas fixações infantis em luta com a barreira do incesto imposta pela realidade. A corrente afetiva, a mais antiga das duas, se dirige aos membros da família e aos que cuidam da criança, e desde o início leva consigo contribuições dos instintos sexuais que vão sendo gratificados, uma vez que "a afeição demonstrada pelos pais da criança e pelos que dela cuidam raramente deixa de delatar sua natureza erótica ('a criança é um brinquedo erótico')".[17] Assim sendo, uma fixação incestuosa nunca superada na mãe ou na irmã pode constituir-se no conteúdo mais universal desse material patogênico.

A escolha de objeto primária, contudo, composta pelas fixações afetivas da criança (que conduzem consigo o erotismo), ao ser fortemente catexizada com a cota sensual da puberdade, acabará

15. FERENCZI. *Interpretação e tratamento psicanalíticos da impotência psicossexual*, p. 33.
16. FREUD. *Leonardo da Vinci e uma lembrança de sua infância*, p. 88-89.
17. FREUD. *Sobre a tendência à depreciação na esfera do amor*, p. 164.

defrontando-se com obstáculos erigidos pela barreira do incesto, tornando premente a escolha de novos objetos de amor. Escolha que, apesar de feita segundo a imago dos objetos infantis, poderá com o tempo associar afeição e sensualidade. Para essa substituição dos objetos de amor, dois fatores irão interagir: a quantidade de atração capaz de exercer os objetos infantis e a quantidade de frustração da realidade que se opõe à nova escolha de objeto.

> "Se esses dois fatores forem suficientemente fortes, o mecanismo geral por meio do qual se estruturam as neuroses entra em funcionamento. A libido afasta-se da realidade, é substituída pela atividade imaginativa (o processo de introversão), fortalece as imagens dos primeiros objetos sexuais e se fixa nos mesmos. [...] Em conseqüência dessa substituição, as fantasias se tornam admissíveis à consciência, mas não se faz qualquer progresso na localização da libido na realidade."[18]

Ou seja, o resultado, nesses casos, será a impotência total.

Na opinião de Freud, porém, a impotência psíquica será decorrente de condições menos graves: a corrente afetiva é evitada, e a corrente sensual deve ficar desinibida o suficiente para dar vazão parcial à realidade. Assim, "quando amam, não desejam, e, quando desejam, não podem amar. [...] o estranho malogro, demonstrado na impotência psíquica, faz seu aparecimento sempre que um objeto, que foi escolhido com a finalidade de evitar o incesto, relembra o objeto proibido através de alguma característica, freqüentemente imperceptível".[19] Esses homens recorrem a uma medida protetora contra toda essa perturbação: é a depreciação do objeto sexual e a supervalorização do objeto incestuoso e seus representantes. Consumada essa operação, a sensualidade pode livremente expressar-se e o prazer ser atingido.

Alguns anos depois, em 1913, *em Parestesias da região genital em certos casos de impotência*, Ferenczi descreverá casos de pacientes

18. FREUD. *Sobre a tendência à depreciação na esfera do amor*, p. 165-166.
19. Ibidem. p. 166.

que se queixam de retração do pênis, frieza na região genital, enfim, de não sentirem o pênis – queixas que o levarão a afirmar categoricamente que "as causas mais freqüentes de impotência psíquica são os temores de castração; mas, em geral, as duas combinam-se: temor de castração como punição do onanismo incestuoso".[20] Uma casuística clínica incluída nos últimos escritos freudianos, em 1939, será ilustrativa dessa concepção: um menininho que dormia com os pais nos primeiros anos de vida masturbava-se e cometia atentados sexuais à mãe, até que foi ameaçado por ela de que contaria tudo ao pai, e este o puniria cortando o órgão pecaminoso. Após um período tranqüilo de latência,

> "a chegada da puberdade trouxe consigo a neurose manifesta e revelou seu segundo sintoma principal – a impotência sexual. Perdera a sensibilidade do pênis, não tentava tocá-lo, não se arriscava a aproximar-se de uma mulher para fins sexuais. Sua atividade sexual permanecia limitada à masturbação psíquica, acompanhada por fantasias sadomasoquistas nas quais não era difícil identificar ramificações de suas primitivas observações da relação sexual entre os pais. A onda de masculinidade intensificada que a puberdade trouxe consigo foi empregada num ódio furioso ao pai e na insubordinação a ele. Essa relação extremada com o pai, ousada ao ponto da autodestruição, era responsável tanto por seu fracasso na vida, quanto por seus conflitos com o mundo externo."[21]

Em 1919, Freud, de modo comedido, faz um alerta aos colegas psicanalistas: apesar de "estarmos acostumados a prometer confiantemente a recuperação aos pacientes psiquicamente impotentes que nos procuram para tratamento, deveríamos ser mais precavidos ao fazer esse prognóstico, na medida em que a dinâmica do distúrbio nos é desconhecida. É uma surpresa desagradável se a

20. FERENCZI. Parestesias da região genital em certos casos de impotência, p. 78.
21. FREUD. *Moisés e o monoteísmo*: três ensaios, p.97.

análise revela que a causa da impotência meramente psíquica é uma atitude tipicamente masoquista, talvez profundamente arraigada desde a infância."[22]

Na obra freudiana, a introdução da fase fálica na organização infantil da libido ocorreu tardiamente, em 1923, no artigo "A organização genital infantil", quando então foi declarada a existência, desde a infância, de uma verdadeira organização da sexualidade, próxima à do adulto, em que há uma convergência das tendências sexuais, nas meninas e meninos, sobre o único órgão genital reconhecido: o órgão masculino. Mas essa supervalorização do pênis já circulava nas conversas psicanalíticas, o que levou Abraham a declarar, em 1917, que seu ponto de vista acerca da impotência sexual coincidia com o de Freud: "uma estimação emocional do pênis particularmente elevada e anormal tem como resultado um temor excessivo de perder ou ver lesado esse órgão."[23] Outra de suas idéias, como vimos anteriormente, é de que as tendências narcísicas reprimidas que não obtiveram um completo controle compeliam o indivíduo aos transtornos de potência.

Um volumoso compêndio do Dr. Stekel sobre a impotência sexual foi escrito em 1920, contendo um infindável número de casos e falas de pacientes, que, embora não acompanhadas de reflexão clínica, pretendiam dar cobertura às relações entre o tema da impotência e o onanismo, a religião, a profissão, o matrimônio, as relações familiares e a criminalidade. Segundo o autor, Dr. Stekel, apesar de o sintoma ser alvo de chacotas, apenas a metade dos homens civilizados gozavam de potência normal, levando o quadro da impotência a ser convertido na enfermidade da época, principal responsável pelo número elevado de homens que se suicidavam.

Stekel atesta haver tratado com êxito um número expressivo de casos, em que as inibições sexuais foram curadas com simples sugestão através de intervenções mecânicas, tratamentos de sondagens com água fria, procedimentos elétricos, dietas especiais, tônicos e afrodisíacos. "O mecanismo é simples: por qualquer motivo, os

22. FREUD. *Uma criança é espancada*, p. 245.
23. ABRAHAM. Ejaculatio praecox, p. 358.

pacientes chegam à inibição psíquica da potência. Surge a representação da impotência e, ao mesmo tempo, o temor ao ridículo. O sentimento de culpa, provindo de diversas fontes, mostra a impotência como debilidade merecida, cuja origem remonta aos pecados do passado."[24] Entretanto havia casos em que nenhum método sugestivo surtia efeito, e o sintoma só desaparecia após uma "terapia individualista", levando Stekel a dar seu testemunho de que "nenhum outro padecimento ilustra tão claramente o poder da psicoterapia, [se] comparada com outros métodos curativos",[25] quanto a impotência sexual. O tratamento só seria desaconselhável para casos recém-ocorridos, em que o paciente chegava ao médico após um ou dois malogros, bastando, então, uma explicação ou um encorajamento, uma vez que indicar uma investigação psicológica poderia fazer com que a idéia "sou impotente" fortificasse um sentimento de enfermidade. O tratamento estaria, assim, reservado àqueles casos típicos de impotência psíquica que podem ser identificados pela presença da ereção na madrugada ou após o onanismo, e sua completa ausência apenas diante da mulher.

Stekel, enfaticamente, afirma que o onanismo nunca é causa da impotência, e sim a angústia. O terapeuta deveria, antes de mais nada, se encarregar de combater as noções de que a potência foi "quebrantada" por coitos excessivos, poluções, "pecados da juventude", onanismo – fantasias a que os pacientes se aferravam e que só serviam para reforçar o sintoma. Apesar de ter atendido um número tão grande de homens com disfunções sexuais, Stekel não ousou fazer elocubrações sobre o modo de funcionamento mental desses pacientes, uma vez que ele estava se iniciando na psicanálise.

Com Melanie Klein, todavia, temos justamente a situação oposta: poucos pacientes com disfunção sexual, mas uma busca constante, nas camadas mais profundas do psiquismo, de fantasias e vivências que pudessem justificar a proibição do desfrute sexual – o que tornou suas contribuições, que se estenderam de 1923 a 1957, bastante significativas. Basicamente elas poderiam ser sintetizadas por suas palavras em meados da década de 50:

24. STEKEL. *Impotência masculina*, p. 142.

25. Ibidem. p. 87.

"As análises de meninos e homens confirmaram plenamente a concepção de Freud de que o medo da castração é a principal ansiedade masculina, mas reconheci que, devido à identificação arcaica com a mãe (a posição feminina que anuncia os estágios iniciais do complexo de Édipo), a ansiedade relativa a ataques ao interior do corpo é de grande importância nos homens, assim como nas mulheres, e influencia e modela de diversas maneiras seus medos de castração."[26]

As ansiedades arcaicas a que Klein se referia eram as seguintes: imagem assustadora do "interior" do corpo da mãe, medo da retaliação da figura combinada (pai e mãe), o pênis identificado com fezes perigosas e cheio de urina má, a convicção do menino de conter o pênis mau do pai, a vagina como abertura perigosa, "uma ratoeira envenenada" (Klein).

A intensidade das fixações sádico-orais e sádico-anais afeta as protofantasias (que, segundo Freud, são herdadas filogeneticamente) e incrementa a quantidade de ódio que o menino sente pela mãe. Uma mãe que é dona do seio nutriente e que toma as fezes do menino também representa uma mãe que desmembra e castra: "em termos de realidade psíquica, ela já é o castrador".[27] Na obra de Klein encontra-se um número expressivo de material clínico infantil que ilustra como "fantasias em que o pai, ou o próprio menino, estraçalha a mãe, espancando-a, arranhando-a, cortando-a em pedaços, são exemplos de uma concepção infantil da relação sexual".[28] Portanto, a identificação do menino com a mãe poderá corresponder a uma atitude de rivalidade em relação à mulher, com sua mescla de inveja e ódio. O certo é que as fantasias infantis, aparentemente desaparecidas, deixam efeitos inconscientes que terão grande importância na frigidez, na impotência e em outros distúrbios sexuais.

---

26. KLEIN. A *técnica psicanalítica através do brincar:* sua história e significado, p. 163-164.
27. Ibidem. p. 220.
28. KLEIN. *Tendências criminosas em crianças normais*, p. 204.

"No homem, a inveja do seio da mãe é também um fator muito importante. Se é intensa e, desse modo, a gratificação oral está prejudicada, o ódio e as ansiedades são transferidas para a vagina. Embora normalmente o desenvolvimento genital possibilite ao menino manter sua mãe como um objeto de amor, uma perturbação profunda na relação oral abre caminho para dificuldades graves na atitude genital em relação às mulheres. As conseqüências de uma relação perturbada, primeiro com o seio e depois com a vagina, são múltiplas, tais como prejuízo da potência genital, necessidade compulsiva de gratificação genital, promiscuidade e homossexualismo".[29]

O complexo de feminilidade dos meninos teorizado por Klein está calcado no nível sádico-anal, emprestando a este um novo conteúdo: o desejo de ter filhos através de um órgão especial de fecundação, gravidez e parto, proveniente do fato de o menino se sentir em desvantagem e numa posição inferior à mãe; e o desejo de destruir os filhos existentes dentro dela, e que traz como conseqüência o temor de ser punido pela destruição do corpo da mãe: "medo de que seu corpo seja mutilado e desmembrado, e esse pavor também significa a castração".[30] Tal ansiedade submete o menino à tirania de um superego que,[31] por ter sido influenciado pelas fixações sádicas, devora, mutila e castra. "É, ademais, de grande importância para o resultado final do desenvolvimento do menino o fato de sua vida mental arcaica ter ou não sido dominada por um medo dos pais combinados na cópula e formando uma unidade inseparável hostil a ele."[32] Para Klein, uma ansiedade desse tipo traz situações de perigo que correspondem às fontes mais profundas da impotência sexual: as fantasias do interior do corpo da

29. KLEIN. *Inveja e gratidão*, p. 232-233.

30. KLEIN. *Estágios iniciais do conflito edipiano*, p .219.

31. O verbete "superego" pode ser encontrado no Anexo.

32. KLEIN. *Os efeitos das situações de ansiedade arcaicas sobre o desenvolvimento sexual do menino*, p. 260.

mulher como um "museu de horrores", um lugar cheio de destruição. "Essas situações de perigo específicas surgem do medo que o menino tem de ser castrado pelo pênis do pai dentro da mãe – isto é, de ser castrado pelos pais maus combinados – e de seu medo, muitas vezes evidenciado, de que seu próprio pênis seja impedido de retroceder e de ser trancado no interior do corpo da mãe."[33]

Na metapsicologia kleiniana, os estágios iniciais do conflito edipiano são dominados pelo sadismo, e a defesa levantada pelo ego é dirigida contra o próprio pênis, enquanto órgão executor do sadismo, e contra o objeto atacado, o corpo da mãe que contém o pênis do pai. Essa dupla defesa pode paralisar o pênis, tirando-lhe o poder bélico de ataque à vagina. A onipotência sádica do pênis, que no imaginário da criança é uma "vara mágica", e a culpa que acompanha as atividades masturbatórias (quer seja o medo da masturbação ou a masturbação excessiva) são também causas apontadas por Klein como responsáveis pela impotência ou frigidez.

No desenvolvimento do menino, após a fase de feminilidade há uma luta prolongada entre as posições pré-genital e genital da libido, sendo que o auge dessa luta (do terceiro ao quarto ano de vida) pode ser facilmente reconhecido como o conflito edipiano. "Muitas vezes o resultado da luta permanece indefinido, o que dá origem a problemas neuróticos e distúrbios da potência. Assim, a aquisição da potência total e a tomada da posição genital dependem em parte da solução favorável da fase de feminilidade"[34] e do grau em que o menino conseguirá tolerar a ansiedade de castração.

A análise de pacientes do sexo masculino, meninos ou homens, mostrou a Klein que, à medida que o medo das imagos más, o medo do corpo da mulher como lugar de destruição, e o medo das fezes destrutivas diminuíam, a potência sexual era fortalecida, pois o paciente ficava livre para se identificar com seus objetos bons introjetados.

A rebeldia dessa afecção sexual e a tenacidade com que resiste aos meio usuais de tratamento levaram, na década de trinta, um

33. KLEIN. *Os efeitos das situações de ansiedade arcaicas sobre o desenvolvimento sexual do menino*, p. 260.

34. KLEIN. *Estágios iniciais do conflito edipiano*, p. 221.

médico brasileiro, o Dr. Durval Marcondes, a tentar fazer uso da técnica psicanalítica para remover a sintomatologia sexual. Entusiasmado com os resultados obtidos, asseverou que as contribuições dadas ao assunto por Freud, Ferenczi, Steiner e Stekel estavam corretas e, de fato, as principais causas das inibições sexuais deviam-se às fixações incestuosas do desenvolvimento sexual infantil, que eram responsáveis pela escolha de um objeto amoroso que tivesse por principal atributo a dependência de um poderoso rival.

O bloqueio da agressão e o conseqüente avassalamento total ou parcial da libido no neurótico é abordado por René-R.Held, em 1968. "A agressividade, inscrita em filigranas por trás de todas as condutas amorosas"[35] é apontada como um processo totalmente inconsciente, que atua em quase todos os casos de inibição sexual, levando o homem a crer que não pode ter relações sexuais normais porque teme não poder ser potente, quando, na realidade, o medo que o aterroriza e bloqueia é justamente o de ser potente e, por conseguinte, agressivo.

No ano de 1986, foi publicado na *Revista Brasileira de Psicanálise*[36] um extenso relato (inclusive com diálogos inteiros) da análise de um rapaz com impotência sexual desde o início da adolescência. Na discussão do caso clínico, o Autor expõe que a mãe era a figura preponderante na vida do paciente e que o pai, embora muito ausente, era idealizado numa tentativa maníaca de evitar o reconhecimento da qualidade ambivalente da relação. Entretanto o distanciamento das relações familiares com o pai e o estreitamento das relações do menino com a mãe fortaleceram fantasias onipotentes de vitória no contexto da rivalidade edipiana, que acabaram entrando em choque com as interdições de um superego exigente. Na adolescência, tentando distanciar-se da mãe, reforçando a identificação com o pai idealizado, surgiu a fantasia de tornar-se um "garanhão". Mas, como a pulsão sexual se encontrava ainda fortemente voltada para o objeto incestuoso-mãe, ao ser demandado por uma moça para um ato sexual – vivenciado em fantasia como perigoso e proibido –, surgiu a impotência como resultado de uma ação defensiva do ego.

35. HELD. Impotência sexual neurótica e agressividade, p. 171.

36. LOWENKRON. *Revista Brasileira de Psicanálise*, p. 333–363.

Para prosseguir a discussão sobre o problema da angústia de castração nos casos de impotência sexual, Lowenkron recupera as palavras de Fenichel, que vou transcrever a seguir, exatamente por serem precisas:

> "O ego renuncia ao prazer quando existe a crença de que este prazer está vinculado a um intenso perigo. Geralmente, o perigo fundamental aqui implícito é a castração, isto é, um temor inspirado pela idéia inconsciente de que o pênis pode ser lesado enquanto está na vagina [...]. Mas a angústia de castração pode complicar-se com o temor à própria excitação. A razão que faz crer que estes perigos estão vinculados ao coito é evidente: o temor esteve vinculado, em uma época, a fins sexuais infantis; estes fins sexuais infantis foram reprimidos e conservados, por conseguinte, no inconsciente, de onde voltam a surgir cada vez que se sente a excitação sexual."[37]

Joël Dor, em 1991, ao falar sobre a histeria masculina, refere-se ao fato de que a relação com o outro feminino é alienada numa representação da mulher como mulher idealizada e inacessível, de onde decorrem as evitações de confrontação direta no terreno sexual, incluindo até as encenações homossexuais. A impotência é vista como uma resposta à demanda inconsciente da mãe, pois provavelmente, quando crianças, esses homens foram colocados em situação de objetos de compensação da carência materna. Entretanto, como se sentem chamados pela mulher para dar uma prova de virilidade, "a impotência se revela, como um compromisso entre aquilo através do que uma mulher pode gozar (é a prova fálica supostamente exigida pela mulher) e a fidelidade à mãe, apresentando-se a uma mulher como um objeto de representação e não como um objeto de consumo possível."[38]

As deficiências no processo de separação-individuação como causas das falhas eréteis foram abordadas num precioso artigo de Jacqueline

37. A citação foi extraída de FENICHEL. Los sintomas clínicos directos del conflito neurótico, p. 197–224.

38. DOR. *Estruturas e clínica psicanalítica*, p. 92.

Mehler, de 1991, que, além de fundamentar coerentemente tais deficiências, traz uma rica ilustração de um caso clínico. A idéia central do artigo é que a impotência ocorre quando não é possível se integrar na mesma relação a afetuosidade, a sexualidade e os distintos níveis fusionais e genitais de experiências primárias. Segundo a Autora, há duas classes diferentes de vicissitudes na coexistência de afeto e sexualidade: uma diz respeito à eleição de objeto, apoiado e manifestando-se através de questões interpessoais; a outra concerne à capacidade intrapsíquica de tolerar a regressão e entregar-se com o mesmo objeto em paixão e amor genital, numa experiência "oceânica", totalizadora, que carece de fronteiras entre *self*[39] e objeto. As desordens de qualquer dessas classes de coexistência de afeto e sexualidade, acrescidas da intromissão de outros componentes neuróticos, podem levar a distintas formas de impotência, tal como representadas no Quadro 10.

QUADRO 10
Classificação da impotência sexual

Impotência Total	Homens que não têm desejo sexual, independentemente do objeto real, graças a uma total submissão libidinal ao objeto incestuoso, inconscientemente proibido.
Impotência Seletiva	Homens impotentes com mulheres que representem a figura materna idealizada, mas que conseguem ter relações sexuais "normais" com mulheres desvalorizadas a seus olhos, que funcionam apenas como objeto sexual.
Impotência Intermitente	Homens que sexualmente sempre funcionaram bem, envolvendo-se em relações mais ou menos livres, afetuosas, mas que ao se apaixonarem profundamente são incapazes de ter relações com a parceira e reagem com desespero a uma situação tão paradoxal.
Ejaculação Precoce	Homens que apresentam várias ereções rápidas, acompanhadas de ejaculação prematura.
Anorgasmia	Homens que durante o coito apresentam ereções excessivamente prolongadas, sem, no entanto, conseguir atingir o orgasmo e ejacular.

FONTE – MEHLER, 1991.

39. O verbete *self* pode ser encontrado no Anexo.

O ponto de vista da Autora é de que a capacidade individual de sentir todo o espectro que vai da experiência de união às vivências sexuais, que fazem parte de uma relação amorosa, está marcada pelo modo como ocorreu o processo de diferenciação entre o *self* e o objeto. Essa capacidade está, portanto, relacionada, nas camadas mais profundas, com aqueles processos que levam à identidade de gênero, possibilitando, assim, não somente o reconhecimento do "outro", mas também a identificação com o outro "diferente". O sentimento de perda do *self*, que faz parte do desenvolvimento normal, será patológico quando

> "as quebras da experiência simbiótica indiferenciada – ou demasiado abruptas, ou demasiado prematuras ou indevidamente repetidas – tenham ultrapassado a capacidade evolutiva de mentalizar e suportar a separação, assim como quando relações simbióticas primárias prolongadas (em que a criança é a extensão narcisista de uma mãe que antecipa desejos e necessidades) impedem uma frustração equilibrada e processos de separação-individuação adequados."[40]

Levando-se em conta que a subjetividade contém as marcas indeléveis das interações *self*-objeto internas, Mehler pensa que podemos entender como cada encontro, "em sua interação dialógica", pode ativar diferentes níveis de resposta, crescimento potencial ou retirada defensiva. Perspectiva que nos fala sobre quanto a potencialidade de uma relação amorosa pode "magnificar uma vasta escala de vivências relativas à partilha – desde a fusão regressiva mais arcaica (corporal e psicológica) até todas as outras formas de profundo compromisso psicológico e intelectual."[41] Portanto, quando, à experiência de união no amor, se superpõem os aspectos intimidatórios e aniquilatórios mais precoces do sentimento de perda do *self*, ansiedades sobre a própria "masculinidade" ou "feminilidade" são de fato induzidas.

O caso clínico apresentado por Mehler é uma ilustração do âmago daquilo que a experiência simbiótica de união representa

40. MEHLER. *Rev. Psicoanal.*, p. 720–721.

41. Ibidem. p. 720.

para os casos de impotência a que ela se referiu: por um lado, o desejo de recuperar o "paraíso perdido" da completa reunificação com o objeto primário; por outro, os temores de que o pênis leve consigo, para o interior da mulher, o *self*-corporal, permanecendo como refém, assim como o sujeito foi refém psicológico de sua mãe.

Argentiére, citado por Mehler,[42] diz textualmente que, "para que um homem seja capaz de penetrar, deve ser capaz de ter uma imagem mental e a emoção do que significa ser penetrado e penetrável [...], ou seja, ter a capacidade de entrar dentro do outro sem temor, sem medo de perder-se para sempre".[43] Portanto, a condição fundamental para uma boa relação sexual é a possibilidade emocional da contenção, numa sensação de mútua intimidade física e psicológica, necessária tanto ao homem quanto à mulher. Entretanto parece que as mulheres buscam e toleram mais que os homens níveis fusionais no amor, ao passo que estes, quando confrontados com tendências regressivas intimidatórias, podem fracassar sexualmente. Anna Freud (1952), citada no artigo de Mehler, deu sua explicação para essa constatação: "Os homens podem desistir mais facilmente da identificação primária e da fusão com a mãe mediante a identificação com o pai, porém as vivências regressivas de unificação durante a relação sexual com uma mulher sempre os aproxima da indiferenciação em que se reativa o medo a ficar totalmente 'reengolfado' no outro."[44]

A impotência como conseqüência de falhas na construção egóica é abordada por Gilda M. Fogaça ainda em outro artigo, "A dor e a impotência" (1993), quando, após tecer considerações acerca dos fatores neuróticos, paranóicos e depressivos presentes nos quadros clínicos, a Autora opta por pensar que a impotência pode estar ligada a uma experiência dolorosa. Recuperando idéias de Betty Joseph,[45] segundo quem existem pessoas que são tão intolerantes à frustração que se negam a sofrê-la, e que, ao se negarem a sofrer dor, também não podem sofrer o prazer, a Autora afirma

---

42. Citado por Argentiére, em *On sexuality*.

43. MEHLER. *Rev Psicoanal.*, p. 718-719.

44. Ibidem. p. 723.

45. Idéias contidas no trabalho *Hacia el experimentar del dolor psíquico* (1976).

que esses pacientes simbióticos narcisistas – que não fizeram diferenciação entre o "eu" e o "não-eu" e, portanto, necessitam de outrem para conter partes do seu *self* –, têm uma estrutura psíquica semelhante à dos impotentes. Nesses casos, o tratamento ocorre à medida que o paciente, ao viver separações graduais do analista, for se conectando com sua angústia de separação, desenvolvendo aos poucos seu processo de individuação.

A fim de visualizarmos melhor os distintos enfoques apresentados pelos autores, a seguir farei uma compilação desses dados (Quadro 11).

QUADRO 11
Hipóteses explicativas para a disfunção erétil na vertente psicanalítica

AUTOR	HIPÓTESES EXPLICATIVAS (CAUSAS)
Freud (1892-1919)	- A masturbação e o coito incompleto podem levar à neurastenia e à impotência. - O medo de ser incapaz na escola pode adquirir seu substrato sexual e causar, futuramente, um quadro de impotência. - A disfunção erétil é uma conversão histérica, direta sobre o órgão sexual, de impressões sensoriais das cenas infantis. - A impotência sexual ocasional é originária da intimidade nas relações com a mãe na infância. - Uma fixação incestuosa, na mãe ou na irmã, que nunca foi superada constitui o conteúdo mais universal nesse material patogênico. - O desejo pelo órgão genital da mãe se transforma em seu oposto: em repulsa. - A impotência psíquica ocorre graças à influência de poderosas fixações infantis, que impedem a combinação das correntes afetiva e sensual do amor: uma só pode se expressar se a outra for evitada. - A impotência total ocorre quando dois fatores são suficientemente fortes: a atração capaz de exercer os objetos infantis; e a frustração da realidade que se opõe à nova escolha de objeto. - A impotência irá ocorrer sempre que um objeto que foi escolhido com a finalidade de evitar o incesto relembrar o objeto proibido através de alguma característica, freqüentemente imperceptível.

	- A impotência psíquica pode ser uma atitude tipicamente masoquista, arraigada desde a infância.
Ferenczi(1908-13)	- A impotência psicossexual é um sintoma parcial de uma psiconeurose. - É uma manifestação simbólica de acontecimentos sexuais vividos na primeira infância. - Entre as causas patogênicas determinantes da impotência psíquica, ocupam um lugar privilegiado a fixação incestuosa e a humilhação sexual infantil. - O desconhecimento pelas crianças dos problemas sexuais e o rigor excessivo dos hábitos infantis podem ser outras causas de impotência. - As causas mais freqüentes da impotência são os temores da castração, intensificados pelos temores de punição pelo onanismo.
Abraham (1917)	- Uma estimação elevada e anormal do pênis tem como resultado o temor excessivo de perder ou ver lesado esse órgão. - As tendências narcísicas não reprimidas compelem o indivíduo aos transtornos de potência.
Stekel (1920)	- A angústia decorrente de conflitos psíquicos em relação ao amor, à identidade sexual, ao matrimônio, a religião ou à profissão podem deixar o homem impotente.
Klein(1923-57)	- As ansiedades arcaicas relativas a ataques ao interior do corpo influenciam e modelam o medo de castração. - A intensidade das fixações sádico-orais e sádico-anais afeta a relação do menino com a mãe, podendo acarretar uma atitude de rivalidade em relação à mulher, com sua mescla de inveja e ódio. - Uma perturbação profunda na relação oral abre caminho para dificuldades graves na atitude genital em relação às mulheres. - O complexo de feminilidade, se não for resolvido satisfatoriamente, poderá impregnar o psiquismo dos meninos do temor de ser punido pela destruição do corpo da mãe. - Se a vida mental arcaica tiver sido dominada pelo medo dos pais combinados na cópula, o menino terá uma visão do interior do corpo da mulher como um lugar de horrores e destruição, onde seu pênis pode ficar trancado ou até ser decepado. - Se o pênis for vivenciado pelo menino como órgão executor do sadismo, as defesas egóicas tratarão de desativá-lo. - A culpa que acompanha o medo da masturbação ou a masturbação excessiva podem ser responsáveis pela impotência. - A aquisição da potência total depende do grau em que o

	menino conseguir suportar a ansiedade de castração, deixando o conflito edipiano se desenvolver.
Marcondes (1930)	- As fixações incestuosas do desenvolvimento sexual infantil são responsáveis pela escolha de um objeto amoroso que tenha como principal atributo a dependência de um poderoso rival.
Anna Freud (1952)	- As vivências regressivas de unificação durante a relação sexual com uma mulher aproximam os homens da indiferenciação, em que se reativa o medo de ficar totalmente "reengolfado" no outro.
Held (1968)	- O avassalamento total ou parcial da libido no neurótico é conseqüência do bloqueio da agressividade que está por detrás das condutas amorosas. Nos casos de inibição sexual, o temor é o de ser potente e agressivo.
Betty Joseph(1976)	- As pessoas que se negam a sofrer dor também não podem sofrer o prazer.
Argentiére (1990)	- Para que um homem complete o ato sexual, deve ter a capacidade de entrar dentro do outro sem temor, sem medo de perder-se para sempre.
Joël Dor (1991)	- A impotência é uma resposta à demanda inconsciente da mãe, pois, quando crianças, esses homens provavelmente foram colocados em situação de compensação da carência materna.
Mehler (1991)	- A impotência ocorre graças às deficiências nos processos de separação-individuação, que podem ser causadas por quebras abruptas na experiência simbiótica indiferenciada, ou, então, por relações simbióticas primárias prolongadas. Dessas deficiências resultará uma incapacidade intrapsíquica de tolerar a regressão e entregar-se ao objeto em paixão e amor genital, numa experiência que carece de fronteiras entre *self* e objeto. As distintas formas de impotência surgirão da impossibilidade de se integrar, na mesma relação, a afetuosidade, a sexualidade e os diversos níveis fusionais e genitais de experiências primárias.
Soares (1993)	- A estrutura psíquica dos pacientes impotentes é semelhante à dos pacientes simbióticos narcisistas.

1.2.3. Discussão

Tanta coisa me faltou.

Tanta coisa desejei sem alcançar.

Hoje, nada me falta.

me faltando sempre o que não tive.

(CORA CORALINA: "*Menina mal amada*")

A liberdade sexual vivida nesse fim de século é tamanha que acabou construindo aguilhões imaginários nas interações heterossexuais, dentre os quais destaco a necessidade, sentida pelo homem, de ter que dar provas de sua virilidade desde os primeiros encontros com a mulher. Essa fixação transforma o desempenho sexual numa verdadeira obsessão, barreira natural para que muitos casais vivam – apesar de mascararem tal desejo – a possibilidade de um encontro emocional profundo. Seria essa situação conseqüência cultural de um mal-entendido generalizado, que faz as pessoas pensarem que a entrega sexual imediata é uma credencial importante? Ou estaria Freud correto ao afirmar que, se todos os fatores relevantes que conhecemos, tais como a forte fixação infantil, a barreira ao incesto e a frustração nos anos de desenvolvimento após a puberdade podem ser encontrados em praticamente todos os seres humanos civilizados, então a perspectiva da impotência psíquica deveria ser vista como uma condição universal da civilização, e não uma perturbação circunscrita a alguns indivíduos?[1]

O distúrbio estudado nesta pesquisa é uma denúncia de que houve algum entrave que impediu que o Édipo alcançasse uma elaboração suficiente a ponto de liberar o homem para se excitar diante e dentro de uma mulher. A Psicanálise aponta vários entraves, que vão da dinâmica da construção narcísica, passam pela relação dual mãe e filho e chegam até a triangulação edípica – pontos atravessados pelo imaginário de cada um, pelo real da

---

1. FREUD. *Sobre a tendência universal à depreciação na esfera do amor*, p. 167.

história familiar, pelos desígnios simbólicos/culturais. De tudo o que foi lido acerca da disfunção erétil, podemos ver que há um consenso geral, entre as escolas psicoterápicas, de que as dificuldades no relacionamento com a mulher passam obrigatoriamente pelas deficiências na introjeção da figura feminina e pela interferência dos problemas edipianos no psiquismo dos homens. A grande pergunta que fica postulada, aguardando sempre uma investigação a cada historial clínico, é a que indaga o que teria acontecido na construção psíquica daquele homem e que foi capaz de barrar um processo natural de identificação sexual.

As diferentes correntes psicanalíticas apontam para vários subconjuntos de hipóteses causais. O primeiro deles responderia: foi um problema na constituição da imagem corporal do *self*, ou no modo como ocorreu o processo de diferenciação entre o *self* e o objeto; ou, então, foi o objeto que invadiu o *self* com excesso de estímulos sexuais. O segundo subconjunto diria que as responsabilidades foram das frustrações orais e anais, das fixações fálicas, da falta de elaboração da angústia de castração. Um terceiro, apontaria a culpa como sendo do imaginário, que temperou todas essas etapas com excesso de sadismo. E, por fim, teríamos as falhas no recalcamento, que impediriam o processo de simbolização. De minha parte, não vejo necessidade de ter de escolher entre um ou outro desses subconjuntos. Seja como for, houve um entrave intransponível na constituição egóica, que torna a relação sexual algo como uma "prova dos nove", em que não passam aqueles que tenham pendências em qualquer desses aspectos. Com efeito, a experiência clínica autoriza-me a pensar que nenhum deles pode ser interpretado isoladamente, negligenciando-se as relações objetais e a problemática das relações do Eu com a libido erótica e destrutiva.

Uma hipótese promissora para futuras investigações teóricas teria que levar em conta o seguinte postulado: para quem não tiver os limites do *self* bem demarcados, qualquer ameaça de ser reengolfado no outro pode representar um grande perigo. Ponderação que naturalmente nos levaria à questão da sexualidade dos psicóticos. Infelizmente, não temos material clínico suficiente para substanciar uma resposta. Entretanto um outro tipo de experiência clínica ajudou-me imensamente a estabelecer conexões entre angústias presentes em algumas representações psíquicas dos pacientes adultos, e outras mais primitivas – material clínico advindo das análises de crianças – em que estas angústias aparecem em estado bruto nas verbalizações e dramatizações. O temor da vagina, por exemplo, é comumente expresso através de desenhos em que a genitália feminina é uma aranha peluda, caranguejeira; ou, ainda, equiparada a um apontador de lápis. Enfim, um buraco perigoso, dissimulado.

Um adulto se intriga diante do mistério do seu corpo: "Tudo vai bem na relação sexual, a minha ereção é ótima, mas, na hora exata em que vou fazer a penetração, eu não sei o que acontece, e ele amolece" – expressão que tanto reflete a formação de compromisso, a que Joël Dor se refere, entre o desejo de mostrar virilidade à mulher e o de continuar fiel à mãe, quanto o desejo de não querer entregar algo tão valorizado a um destino desconhecido. Receio que, em outros tempos, pode ter sido expresso através de um sintoma de descontrole esfincteriano, como no exemplo de um garoto que sofria de encoprese e, ao ser colocado diante do vaso sanitário, podia até urinar em pé, mas negava-se veementemente a assentar-se, e, quando insistiam, suas fezes escorriam pelas pernas abaixo. Dramatizando seu temor numa de suas sessões, colocou uma mola comprida à frente de seu pênis, balançando-a freneticamente de um lado para o outro e gritando: "Olha o meu pinto mole-mole-mola sendo comido pela privadinha!" – fantasia que poderia tornar-se precursora do temor do coito numa relação sexual futura.

A concretude da angústia de castração na infância ajuda-nos a dimensionar os efeitos duradouros da ressonância dessas fantasias no psiquismo humano, presentes ao longo da vida. Cenas a que assistimos e que nos marcam pela força de realidade psíquica: a do menino que chega desesperado pedindo ajuda porque o pai estava tentando matá-lo – havia proposto uma brincadeira de "caldo" na piscina; ou a de um outro, que esmaga o boneco que representava seu pai e fica alucinado enxugando as poças de sangue que estavam pela sala, para que o pai não as enxergasse quando viesse buscá-lo. Nesse ponto, não podemos deixar de admitir como verdadeiras as postulações de Klein, de que o limiar de frustração é o balizador que dá maior ou menor impacto a cada uma das etapas evolutivas, e que o *quantum* de sadismo presente no psiquismo infantil será responsável pelo colorido mais suave ou mais carregado das vivências edípicas.

Seja como for, o conflito edípico acaba colocando o menino diante do risco imaginário de perder o órgão anatômico que na fase fálica corresponde ao falo, e será justamente uma atitude narcísica que o impulsionará a abrir mão da mãe, enquanto objeto de desejo, para preservar o seu membro. Mas, se o homem ficar preso a essa etapa de desenvolvimento da libido, em que o pênis é o seu falo, será sempre rondado e corroído pelo medo da castração. "O pênis-falo não pode ser apenas potente: ele tem que ser onipotente. O homem, nessa medida, pode sentir-se inferiorizado – ou impotente – na medida em que não alcance um rendimento sexual que testemunhe essa onipotência."[2] A preocupação com o tamanho do pênis e com o número de relações sexuais por noite ou por semana é própria dos homens fálicos. A inveja e a rivalidade levam-os, imaginariamente, a se compararem com outros homens, quando, na realidade, evitam qualquer confrontação que possa dar uma resposta concreta à pergunta sobre quem é o maior ou o melhor: têm todo o tipo de dificuldade em disputar um lugar com outros homens – quer no terreno do namoro, do esporte, do estudo ou do trabalho –, não demonstrando a agressividade necessária para tal empreendimento.

Contudo, apesar das pendências nas etapas anteriores, o processo de triangulação tenta seguir o seu curso e, se houver impedimentos maiores, o que não faltarão serão os sinais/sintomas, pedindo ajuda para que sejam retiradas as barreiras. A resposta de como um analista deve conduzir o processo para liberar o paciente dos entraves que impedem a elaboração edípica, eu encontrei num dos mais belos textos de Psicanálise: *Édipo e a paixão*.

"Na situação edípica, há que distinguir dois níveis de estratificação. O primeiro, mais superficial, implica a triangulação freudiana – pai, mãe, filho – e transcorre na

2. PELLEGRINO. Édipo e a paixão, p. 315.

fase fálica do desenvolvimento da libido. O segundo, mais primitivo e originário, corresponde à fase oral e diz respeito à relação da criança com a mãe nos seus primeiros tempos de vida.

O nível superficial e triangular, nessa linha de pensamento, será determinado pelo nível arcaico, que funciona, na situação edípica, como variável independente. Isso significa que a virulência do conflito edípico, na fase fálica, será decisivamente influenciada pelas vicissitudes da relação entre a criança e mãe, na fase oral. Quanto pior for essa relação, quanto menos se sentir a criança amada e protegida pela figura materna, mais se agarrará a ela, e mais devastadoras serão as paixões desencadeadas na etapa posterior. Ao contrário, se a relação for boa e amorosa, mais facilidade terá a criança de aceitar o corte separador que, com a interdição do incesto, a afasta da mãe.

[...] Quando a relação primitiva entre criança e mãe for má, essa triangulação arcaica tende a persistir. A imagem da mãe má – ou do seio mau – será projetada na figura do pai, que, dessa forma, se transformará num perseguidor odiado. A criança, acuada, cheia de um ódio que incendiará essa perseguição, desejará matar o pai para entrar mãe-adentro, numa última – e incestuosa – busca de refúgio."[3]

Palavras que absorvo e que fazem eco a tantos clamores ouvidos desses pacientes que não estão livres para elaborar a contento o Édipo, porque não têm segurança no amor materno, precisando fundir-se à mãe para recomeçar o processo de individuação. Todavia quem dirige o processo analítico é o cliente, que faz a manobra perfeita, no tempo exato: um passo para lá, um passo para cá. Um bailado em que, a cada rodopiada pela situação dual, é revista a situação triangular.

3. PELLEGRINO. Édipo e a paixão, p. 310.

As vivências edipianas, porém, bem ou mal elaboradas, estão fadadas à supressão feita pelo recalcamento durante o período de latência, promovendo, assim, uma dessexualização das relações de objeto e dos sentimentos, marcando um intervalo na evolução da sexualidade, que será retomada no início da puberdade, ocasião em que poderemos avaliar mais precisamente o nível de elaboração edípica alcançado anteriormente, uma vez que tais vivências serão retomadas a partir do ponto em que se encontravam, interferindo na iniciação sexual dos adolescentes.

Um recalcamento frouxo do desejo pela mãe é muitas vezes encontrado em pacientes *borderline*, cujos sonhos mostram nítidas imagens da relação sexual com a mãe e trazem associações como: "Não tem nada a ver essa proibição de transar com a mãe, ela é uma mulher como outra qualquer!" No entanto não conseguem explicar o quadro de impotência total que costumam apresentar. Freud, em 1912, havia nos alertado que a substituição de objetos iria depender muito da força de atração dos objetos infantis, e, nesses casos extremos, é uma constante a queixa explícita de tentativas maternas de sedução: segundo um rapaz, a mãe também o desejava sexualmente, pois, desde criança, toda vez que ela o via sem roupas, fazia um comentário: "Que garrancho!" Palavras que o excitavam, fazendo com que desse seu jeito de deixar a toalha cair, às vezes, quando saía do banho. Um outro paciente dizia, ainda, que toda vez que a mãe estava deitada, costumava querer dar-lhe algum recado, só para que ele entrasse no quarto, para conversar com ela na cama – mas ele ficava paralisado no corredor, tentando entender, de lá, o que ela estava falando.

Apesar de a patologia da disfunção erétil parecer estar inscrita na problemática da construção superegóica, constatei que a prática da masturbação não é uma queixa inquietante nesses homens, não sendo acompanhada por sentimentos de culpa. Os inúmeros casos de impotência descritos no compêndio do Dr. Stekel parecem ter como meta combater a idéia tão difundida de que o onanismo era o responsável pela impotência. As situações aflitivas para homens e mulheres, provocadas pela repressão sexual reinante até meados do século XX, praticamente desapareceram nos dias atuais: a ansiedade ligada ao *coitus interruptus* é uma delas, pois os seguros métodos contraceptivos tornaram-na rara. A postura do homem diante da mulher amada também mudou: quer uma companheira que seja capaz de satisfazer todas as suas fantasias sexuais, invalidando, assim, a perspectiva de Freud de que o respeito que o homem sente pela mulher "atua como restrição à sua atividade sexual, e [que ele] só desenvolve potência completa quando se acha com um objeto sexual depreciado; e isso, por sua vez, é causado, em parte, pela entrada de componentes perversos em seus objetivos sexuais, os quais não ousa satisfazer com a mulher que ele respeita".[4] Todavia muitos homens têm se queixado do comportamento predominantemente ativo das mulheres no campo sexual: além de darem provas de não mais precisarem de um período de enamoramento antes do ato, criam situações propícias para ele, fazendo os homens sentirem-se um objeto sexual que tem que funcionar bem, uma vez que sua performance será avaliada, comparada e comentada na turma.

Nesses anos em que atendi aproximadamente duas centenas de pacientes com distúrbios sexuais, tive, inúmeras vezes, oportunidade de ouvir depoimentos sobre a experiência que tiveram com outros tipos de tratamento, e pude perceber que a responsabilidade pelo insucesso das tentativas devia-se principalmente à inadequação no manejo da transferência por aquele que conduzia o tratamento. Cito um exemplo caricatural, quase cômico, que remeteu minha atenção para a disposição à sugestão e o grau de subserviência com que os homens com disfunção erétil se entregam a qualquer tipo de tratamento: um paciente de nível cultural médio, para resolver sua disfunção erétil, havia apelado para um pai-de-santo, confiando plenamente nos seus poderes e sujeitando-se, durante meses, às exigências dele para que fossem feitos "os trabalhos" que resolveriam o problema. Finalmente, quando todas as etapas estavam cumpridas e ele foi considerado curado, recebeu uma advertência: "Para que você permaneça tendo potência, sua primeira relação sexual tem que ser comigo!" Momento em que ele se deu conta do abuso transferencial que esteve presente durante todo o percurso, resolvendo, então, desistir da cura. Vivência traumática,

4. FREUD. *Sobre a tendência universal à depreciação na esfera do amor*, p. 168.

pois, ressignificando outras experiências de sedução e abuso emocional de que houvera sido vítima, fez com que o paciente se desesperasse, sem saber a quem recorrer. O amargor da decepção sofrida deixava claro que, se o pai-de-santo tivesse tido uma postura ética, era bem capaz de o paciente ter recuperado sua potência sexual. Observação mordaz, mas perfeitamente aceitável se levarmos em conta sua estrutura histérica.

Despertada para essa submissão voluntária aos poderes alheios para fazer valer a garantia de sua potência sexual,[5] fiquei sensível aos casos em que, mesmo os pacientes tendo todas as razões para desistir do tratamento (pela esquisitice das técnicas utilizadas por algumas clínicas psicoterápicas), haviam-no abandonado não por esse motivo, mas por causa de uma falha na sustentação da vinculação transferencial, o que os levava a queixas assim expressas: "Enquanto eu falava, ele não estava prestando atenção, ficava ligado no telefone"; ou, então, "Cada dia que eu chegava lá, era um psicólogo que me atendia".[6] Mas o que pensar a partir dessa observação? No mínimo, que o grau de envolvimento emocional com o objeto é bem significativo nos homens com disfunção erétil, o que não deixa de facilitar bastante o estabelecimento de um vínculo transferencial com o terapeuta. Assim sendo, diferentemente do que se pensa, a psicanálise tem todas as condições de oferecer uma terapêutica adequada para esse distúrbio, pois a transferência é um dos conceitos fundamentais em que se sustenta seu referencial teórico, e o manejo da transferência é, como diz François Roustang, o pivô da técnica analítica. "No fundamento lógico do conceito de transferência se sustenta a noção de um traslado de algo que em seu lugar de origem não se realizou satisfatoriamente; algo faltou ali e, portanto, em sua derivação; aquilo que não se realiza em um lugar procura realizar-se em outro."[7] A dissolução

5. Ocasião em que me dei conta de que, em todas as propagandas de cartomantes, quiromantes, astrólogos, jogadores de búzios, etc., o tema da impotência do homem é o "carro-chefe" das promessas de cura.

6. A gratidão pela atenção recebida está presente, inclusive, na relação com os médicos atenciosos que lhe tenham feito alguma cirurgia para correção da falha erétil, mesmo que ela de nada tenha adiantado: "Ele fez o que podia."

7. OLIVÉ. A transferência: um conceito fundamental, p. 80.

das transferências através da interpretação é o que permitirá o surgimento das recordações e a revinculação dos afetos às representações que lhe correspondem. "A análise poderá reconstruir não o encadeamento dos fatos, mas o sentido deles, a partir da repetição transferencial [...] desta parte do passado que, ao se conservar transformando-se, funda o infantil e engendra um desenho, uma configuração, que se baseia nos acontecimentos traumáticos: essas são as experiências que estabeleceram relações particularmente densas com o prazer ou com o desprazer."[8]

Apesar, porém, de a psicanálise ter o arcabouço teórico e técnico mais indicado para lidar com a problemática sexual, ela é refutada por muitos, graças ao estigma de que leva anos a fio para liberar alguém de seu sofrimento psíquico. É claro que não deixa de ser verdade, que é um tratamento mais demorado do que os outros, porque promove mudanças mais profundas e duradouras no funcionamento psíquico do sujeito – propósitos que vão além da remoção de sintomas. Porém, se elegessemos esse último critério como parâmetro, poderíamos dizer que o sintoma da impotência psíquica, na maioria dos casos, desaparece, gradativamente, em torno de seis a dez meses de análise – tempo não muito maior do que aquele que gastam as outras correntes psicoterápicas para a remoção do sintoma.

Não é de hoje que se fantasia e especula sobre o surgimento de facilitadores químicos e soluções mágicas que vençam o desafio de afastar as frustrações e alcançar a felicidade; no terreno sexual, então, não faltaram tratamentos enganosos, que vão de chás e cremes supostamente milagrosos às simpatias curativas. Porém, há dois anos, quando a pesquisa que gerou este livro estava sendo concluída, a medicina deu uma resposta satisfatória ao problema, e promoveu uma revolução sexual tão importante para o homem quanto foi o advento da pílula anticoncepcional para as mulheres nos anos 60. Refiro-me ao Viagra, cujo princípio ativo foi descoberto, por acaso, em 1993, quando cientistas da Pfizer, testando a substância sildenafil para tratamento de angina de peito, descobriram um efeito colateral: alguns pacientes tinham ereções mais freqüentes e prolongadas.

8. MEZAN. A transferência em Freud: apontamentos para um debate, p. 69.

Investindo nesse filão farmacológico, o laboratório acabou criando o primeiro remédio oral contra a impotência.

Após um sucesso total nos E.U.A., onde as pesquisas revelam que 52% dos americanos com mais de 40 anos sofrem de algum tipo de disfunção sexual, a medicação começou a ser comercializada nas farmácias do Brasil em abril de 1998, e, na maioria dos estados brasileiros, os estoques das prateleiras esgotaram-se em poucos dias. Ao longo dos doze primeiros meses de comercialização da pílula masculina, o Brasil transformou-se no segundo maior consumidor mundial – período em que 5 milhões de relações sexuais podem ter sido movidas, real ou psicologicamente, à base de sildenafil, criando a estimativa de que um em cada dez brasileiros tem algum grau de disfunção erétil. Falta exatidão às estatísticas, principalmente porque, apesar do mérito do Viagra de ter trazido à tona um problema coletivo que os homens tinham pavor de confessar, o tabu ainda é grande. Mas qual foi o efeito dessa revolução sexual para a clínica psicológica da impotência?

A princípio, no segundo semestre de 1998, a busca por ajuda psicológica ficou muito reduzida, pois tanto os médicos, para quem a disfunção erétil é um assunto muito novo, quanto os pacientes testavam os efeitos do Viagra. A impressão era de que, com a chegada da terapia oral, os problemas psicológicos que causam a disfunção erétil ou estão a ela associados se tornariam cada vez mais negligenciados, pois a eficácia do remédio impressionava a todos.

Um ano depois, a euforia foi cedendo espaço para a aceitação daquilo que a bula atestava: o efeito é garantido naqueles casos em que não há qualquer alteração libidinal. Então a procura psicológica retomou seu ritmo normal, mas com uma clientela bem diferenciada: os homens estavam mais conscientes de que a causa de sua impotência era mesmo psíquica, pois o Viagra os ajudara a entender a diferença entre a ereção e o desejo. A faixa etária também estava diferente, composta por pacientes mais jovens, justamente os que têm mais dificuldade em aceitar que precisam de uma pílula para ter ereção. E, para minha surpresa, começaram a aparecer vários pacientes com ejaculação precoce que haviam sido encaminhados muito tempo atrás, e que só passaram a se importar com o sintoma quando viram que o Viagra não fazia efeito algum para eles e que a "concorrência" estava até maior, pois outros homens estavam conseguindo aumentar o tempo erétil. Enfim, o Viagra tornou-se um excelente instrumento diagnóstico que o próprio homem pode se aplicar, testando, assim, os limites emocionais do seu sintoma. Além do mais, pode conter temporariamente atuações suicidas de homens desesperados, que muitas vezes preferiam a morte a viverem a experiência dolorosa da impotência.

A mídia não se cansa de enlevar as benesses do Viagra, mas ainda é cedo para um levantamento dos efeitos que seu uso constante trará para os homens solteiros e até para os casamentos – campo fecundo para futuras pesquisas, uma vez que ele expõe fragilidades que rondam as relações amorosas. O espectro das conseqüências é muito amplo: o Viagra pode vir a ser um paliativo para o desinteresse em relações prolongadas e esgotadas, estimulando relações com mulheres desconhecidas e aumentando a insegurança da esposa;[9] como, também, pode vir a desequilibrar a relação, pois não podemos nos esquecer de que, surpreendentemente, maridos impotentes às vezes são bem-vindos.

Stekel havia afirmado, em 1920, que a impotência era a enfermidade da época, e, agora, após o Viagra, podemos dizer: é a enfermidade de todos os tempos – prova concreta daquilo que Freud já nos avisara: se voltarmos nossa atenção para as gradações da sintomatologia da impotência, "não poderemos fugir à conclusão de que o comportamento amoroso dos homens, no mundo civilizado de hoje, de modo geral traz o selo da impotência psíquica".[10] Essa reviravolta farmacológica, contemporânea da escrita desta tese, acabou sendo um aditivo em suas pretensões de clarear o mistério que libera um homem para desejar uma determinada mulher. Que a singularidade da minha experiência clínica e dos depoimentos de tantos pacientes sirva para fazer ecoar a verdade contida na afirmação segundo a qual, "quando o sofrimento não consegue se expressar pelo pranto, ele faz chorar outro órgão."[11]

---

9. Situações que freqüentemente são expostas pelas esposas cujos maridos pretendem colocar uma prótese peniana, angústia que já foi expressa por palavras como: "Dra., essa prótese vem acompanhada de algo parecido com um controle remoto?"

10. FREUD. *Sobre a tendência universal à depreciação na esfera do amor*, p. 168.

11. MCDOUGALL. *Em defesa de uma certa anormalidade:* teoria e clínica psicanalítica, p. 28.

Capítulo 2

Uma Proposta Nosográfica Inicial

[...] toda descoberta é feita mais de uma vez,

e nenhuma se faz de uma só vez.

(FREUD: "*Conferências introdutórias sobre psicanálise*)

Falar da sexualidade e de nossas atividades sexuais não é uma empreitada fácil, principalmente quando nos inteiramos de que nelas estão contidos entraves responsáveis pela nossa infelicidade na vida. O trabalho clínico de todo psicólogo em seu consultório particular evidencia o modo típico como os clientes vão bordejando essa temática: é preciso um bom tempo de tratamento e um vínculo terapêutico bem estabelecido antes que o cliente crie coragem para resvalar nas questões propriamente genitais. No entanto, quando o paciente vem encaminhado por uma clínica específica (no meu caso, a Andrologia), ele sente-se na obrigação de iniciar a conversa seguindo o mesmo roteiro utilizado na consulta médica. Talvez seja esse um estilo defensivo determinado pelo montante de angústia mobilizada pela situação, pois não podemos nos esquecer de que, apesar de a disfunção sexual ser um sintoma como tantos outros, o peso dos tabus sexuais faz com que seja bem mais fácil falar de qualquer outro sintoma.

Ciente dessas inibições, eu imaginava que seria difícil para os pacientes do ambulatório conversar com uma mulher sobre o assunto. Mas, para minha surpresa, isso não representou qualquer obstáculo, pois, tão logo chegavam, tratavam de expor com grande riqueza de detalhes o que lhes acontecia na área sexual.[1] Apenas alguns pacientes de idade mais avançada tinham uma certa dificuldade em abordar o assunto, embora acabassem encontrando um modo singular de fazê-lo. Um senhor, após muitos rodeios, cantarolou um trecho de uma música que andava ouvindo em sua casa: "A pipa do vovô não sobe mais..."

---

1. Posteriormente vim a ter notícias dos resultados obtidos numa pesquisa realizada há poucos anos no Rio Grande do Sul, que indagava se os pacientes da Andrologia preferiam ser atendidos por terapeutas do sexo masculino ou feminino. O resultado foi surpreendente: decididamente preferiam uma psicóloga. Esse dado ilustra a competição fálica entre os homens, fazendo, provavelmente, com que seja mais fácil declarar-se impotente a alguém visto como anatomicamente "castrado".

Era preciso registrar esses dados, entregues como verdadeiras relíquias: a iniciação sexual, as circunstâncias nas quais o sintoma surgiu, as ocasiões em que se manifestava, com quais parceiras, etc.; medida condizente com minha prática clínica, uma vez que sempre julguei importante fazer anotações posteriores dos conteúdos surgidos nas primeiras sessões, pois "no começo o paciente ainda não sabe quem você é – por isso é capaz de revelar a verdade antes de aprender a se esconder. Deste ponto de vista, as sessões iniciais podem ser de grande valor. É quando, sem saber o que está fazendo, o paciente informa a respeito de sua dor".[2] De fato, a experiência clínica revela que o conteúdo condensado dessas primeiras sessões irá se desdobrar ao longo de todo processo psicoterápico, sendo que alguns fatos narrados surgirão em versões totalmente distintas, o que enriquece cada vez mais a nossa compreensão das fantasias que permeiam a temática. Apesar de não ter conseguido proceder desse modo em todos os casos, o recurso das anotações ajudou-me a receber, a um só tempo, um grande volume de informações sobre um único assunto.

Anos depois, ao reler o material para utilizá-lo neste trabalho, senti-me perdida numa infinidade de anotações, e, com uma casuística extensa, tive necessidade de separar os casos em subgrupos, a fim de poder exercitar uma reflexão acerca das particularidades inerentes a cada um deles. Dera-me conta, desde o início do trabalho no ambulatório, de uma variação muito grande dentro da classificação sintomatológica dos homens portadores de ejaculação precoce; algo como se existissem graus de intensidade na problemática, que se associavam, proporcionalmente, à dificuldade na abordagem terapêutica. Inicialmente, os casos clínicos foram agrupados de acordo com as características da sintomatologia, ligadas principalmente à época do surgimento do sintoma: desde o início da vida sexual (ejaculação precoce primária), ou somente depois de muitos anos, mas instalando-se ininterruptamente (ejaculação precoce secundária permanente). Entretanto, dentre esses casos, destacavam-se alguns em que a sintomatologia só se apresentava ocasionalmente

---

2. BION. *IDE*, p. 4.

(ejaculação precoce secundária transitória). Vale lembrar que essa nomenclatura foi a que me pareceu mais adequada, embora difira da nomenclatura usual, principalmente das escolas comportamentais, que costumam chamar de ejaculação precoce secundária aquela que surge associada e devido a um quadro de disfunção erétil.

Estudando atentamente as características intrínsecas de cada um desses subgrupos, constatei a existência de outros pontos em comum entre os casos clínicos, referentes tanto ao modo típico de funcionamento psíquico, quanto à história da iniciação sexual. Ademais, a reação deles à indicação terapêutica também tinha vários traços comuns. Portanto, contentei-me provisoriamente com a precariedade desse quadro nosográfico, levando em conta que ele seria um ponto de partida para reflexões clínicas que pudessem aprofundar minha compreensão da ejaculação precoce. Essa classificação não abrangeu pontos interessantes, tais como o estudo da presença ou não do orgasmo, a interação entre a ejaculação precoce e o surgimento da disfunção erétil, que também poderiam servir de balizadores para possíveis classificações.

Esse interesse nosológico impôs-se como um passo necessário para o prosseguimento de minhas investigações – algo como um andaime, fundamental em algumas etapas da construção civil, mas descartável em outras. Ao fazer a revisão bibliográfica, pude observar que o impulso classificatório também arrebatou todos aqueles que se lançaram a estudar o assunto, motivados pelo número expressivo de pacientes envolvidos com essa sintomatologia. Deparar-me com distintos critérios classificatórios estimulou-me a apresentar o meu “andaime” (Quadro 12), por julgar que ele talvez possa vir a ser útil para reflexões em pesquisas posteriores.

QUADRO 12
Proposta nosográfica para ejaculação precoce

Ejaculação Precoce

Primária	Secundária Permanente	Secundária Transitória
Funcionamento psíquico: - Predomínio da posição esquizo-paranóide: preocupação exclusiva com o *self*, ansiedade persecutória em níveis elevados.	Funcionamento psíquico: - Predomínio da posição esquizo-paranóide: preocupação exclusiva com o *self*, ansiedade persecutória em níveis elevados.	Funcionamento psíquico: - Predomínio da posição depressiva: preocupação balanceada entre o próprio *self* e o outro; ansiedade em níveis normais.
Iniciação sexual: - Início da vida sexual "às pressas", marcado pela percepção de uma ordem interna para gozar rapidamente devido à presença de fatores externos perturbadores: parceira inadequada e/ou local impróprio.	Iniciação sexual: -Início da vida sexual relativamente tranqüilo e satisfatório, com parceiras interessantes e adequadas.	Iniciação sexual : - Início da vida sexual relativamente tranqüilo e satisfatório, com parceiras interessantes e adequadas.
Sintomatologia: - A E.P. acompanha o sujeito desde o início de sua vida sexual e está presente em todas as suas relações, independentemente da situação e da parceira.	Sintomatologia: - Ausência de E .P. durante muitos anos. Sintoma aparece quando o sujeito passa por um incremento violento da ansiedade. Uma vez instalado, o sintoma cria um círculo vicioso, que pode até se estender para todas as relações sexuais do indivíduo.	Sintomatologia: - Ausência completa de E.P. na história pregressa do indivíduo. Sintoma surge quando há tensão na vida conjugal e/ou quando o homem percebe que a parceira deseja que a relação acabe o mais rapidamente possível. Com outras mulheres, o sintoma não se manifesta.
Tratamento : -Pacientes resistem a uma indicação de psicoterapia, seja individual, seja de casal.	Tratamento: - Apesar de a resistência à psicoterapia ser menor do que nos e.p. primários, a expectativa de superação imediata do sintoma é grande, e geralmente precipita a interrupção do tratamento.	Tratamento: - A terapia de casal mostrou-se uma boa indicação.

No Quadro 12, temos, como elemento comum entre a ejaculação precoce primária e a secundária, o funcionamento psíquico marcado por uma preocupação exclusiva com o *self*, acompanhada pelos níveis elevados de ansiedade persecutória. Cabe esclarecer que, na metapsicologia kleiniana essa modalidade psíquica corresponde à posição esquizo-paranóide,[3] descrita por Klein em 1946.[4] Nessa organização psíquica, o ego alterna estados de integração e desintegração, graças ao funcionamento da pulsão de morte no mundo interno. Essa instabilidade, responsável pelo incremento da ansiedade, elege como principal defesa a identificação projetiva, que constrói relações de objeto narcisistas nas quais os objetos são equacionados com partes excindidas e projetadas do *self*. Enfim, a posição esquizo-paranóide é a luta para alcançar e manter um desvio satisfatório da pulsão de morte, a fim de que o ego não se fragmente.

Apesar, contudo, desse funcionamento psíquico comum, cada um desses subgrupos (E.P. primária e secundária) teve um início de vida sexual distinto: às pressas ou tranqüilo. Apesar de ser necessário dar atenção à vinculação que os ejaculadores precoces primários estabelecem entre o "traumatismo" da iniciação sexual e a impossibilidade de terem uma vida sexual normal, não podemos deixar de fazer uma ponderação: até que ponto podemos considerar que os fatores intrínsecos à constituição do sujeito podem pré-determinar uma iniciação sexual "traumática"?

A relevância dessa questão faz com que eu investigue, inicialmente, no material clínico aqui apresentado, a construção da identidade masculina, e, posteriormente, descendo a um plano mais profundo, observe o modo como cada aparelho psíquico deu conta da incoercibilidade pulsional. Pois, como sabemos, "[...] as demandas e saídas que o sujeito encontrara outrora se constituem como núcleo infantil do seu inconsciente. Um infantil que será produto de suas escolhas identificatórias possíveis, em relação ao semelhante com quem partilhará a aventura edípica de se constituir como sujeito sexuado".[5]

3. Esse verbete encontra–se no Anexo.
4. KLEIN. *Notas sobre alguns mecanismos esquizóides*, p. 34.
5. TANIS. *Memória e temporalidade:* sobre o infantil em Psicanálise, p. 133-134.

Na maioria dos casos atendidos até então, a ejaculação precoce havia se instalado mais de vinte anos antes, fazendo com que esses pacientes alegassem ter dificuldades em se lembrar como era seu funcionamento psíquico anteriormente ao surgimento do sintoma. É verdade que poderíamos perfeitamente deduzir como o sujeito funcionava, partindo da premissa de que a compulsão à repetição traz o passado infantil ao momento presente e levando em conta que, "na repetição, não há reprodução do idêntico, mas conformação do presente a partir de um modelo coercitivo construído no passado".[6] Entretanto era a própria compulsão à repetição que montava a armadilha: graças à mobilização dos afetos infantis, o impulso de agir sofria um incremento, e a ação motora trazia a marca registrada do ejaculador precoce, qual seja: sair fora da relação antes que um encontro ocorresse. A resistência e a vigilância dos pacientes para que não vazasse nenhum conteúdo associativo importante era, por fim, coroada pela evasão do processo psicoterápico.

Julgo ser essa fuga da possibilidade de um encontro a matriz comum do infantil (no sentido psicanalítico) dos ejaculadores precoces, e em torno dela estarem agregadas experiências intensas relacionadas ao prazer ou ao desprazer. O movimento de ensimesmamento descrito por Freud em "Sobre o narcisismo: uma introdução",[7] e por Klein em "Notas sobre alguns mecanismos esquizóides"[8] foi o que me fez pensar em categorizar os ejaculadores precoces como pacientes narcísicos, de difícil acesso.

Para empreender tal estudo e ter a confirmação dessa hipótese, contudo, era preciso, antes de mais nada, que os ejaculadores precoces não ficassem apenas nas primeiras entrevistas, que se implicassem com a questão e entrassem em análise. Para tanto, seria necessário surgir alguém que estivesse realmente angustiado com o seu sintoma, e não apenas buscando um psicólogo porque estava sendo pressionado por uma mulher. Aguardar pacientemente era só o que me restava. Anos depois, quando eu nem mais atendia

6. MEZAN. A transferência em Freud: apontamentos para um debate, p. 263.

7. FREUD. SE: XIV.

8. KLEIN. *Obras completas de Melanie Klein*, v. III.

no ambulatório, eles finalmente surgiram, representantes de uma população jovem e de classe média. A angústia que os oprimia e o frescor das lembranças ajudaram imensamente a clarear a questão que discutíamos. O trabalho analítico que conseguimos empreender será descrito mais adiante no capítulo 3.

Quanto à ejaculação precoce (secundária transitória), pouco tenho a comentar, pois ela expressa apenas a sensibilidade do homem à entrega plena da mulher à relação sexual. Ela costuma ocorrer entre casais estáveis que conservam um certo nível de carinho e enamoramento. A terapia de casal é uma indicação adequada, bem recebida, proporciona a apara das arestas e faz com que o tempo de penetração no ato sexual, antes que haja ejaculação, vá aumentando gradativamente.

O atendimento aos pacientes com disfunção erétil foi uma experiência tranqüila e gratificante, pois o estabelecimento de um vínculo transferencial fazia-se de modo suave e natural, uma vez que havia, em muitos casos, uma demanda explícita de atendimento psicoterápico, permitindo, assim, que o processo se desenrolasse naturalmente por longos períodos. Em todos os casos clínicos que atendi, é possível constatar como a função sexual se presta a expressar simbolicamente a dinâmica conflitual que está sendo vivenciada, de tal modo que a falha erétil, como manifestação sintomática principal, não tardava em desaparecer, e muitos pacientes prosseguiam a análise para resolver outras questões que os incomodavam no seu modo de se relacionar com as vicissitudes da vida.

Alguns desses pacientes com disfunção erétil, todavia, estabeleciam vínculos transferenciais tênues, vulneráveis a rompimentos impetuosos e bruscos. Admitir a necessidade de uma ajuda terapêutica provocava-lhes uma dor difícil de suportar, pois reabria a ferida narcísica. O estado de fragilidade quase constante fazia da presença do outro e das exigências da realidade externa uma ameaça contínua, mostra de quanto o sintoma era uma manifestação de narcisismo perturbado.

Em outros casos, a falha erétil parecia estar mais ligada a uma expressão de conflito num sistema psíquico que tentava arduamente preparar a entrada de um terceiro. A trama edipiana estava explícitamente entrelaçada pelos restos mal elaborados da construção da relação dual. Como sempre acontece, tal trama reedita tanto as franjas das vivências edipianas dos pais, quanto a vivência da relação da criança com a mãe nos seus primeiros tempos de vida.

Em outros pacientes, contudo, que pareciam ter elaborado razoavelmente os percalços edípicos, aceitando a imposição da angústia de castração que dita a lei "terás de suportar ser o terceiro excluído", a falha erétil metaforizava apenas os restos não verbalizados das vivências de exclusão e opressão que permeiam todo o processo de edipianização.

Desse modo, acabei construindo uma subdivisão que acredito ser útil como constatação a ser analisada: circunscrevi os pacientes com disfunção erétil em três subgrupos, conforme apresento no Quadro 13.

QUADRO 13
Proposta nosográfica para a disfunção erétil

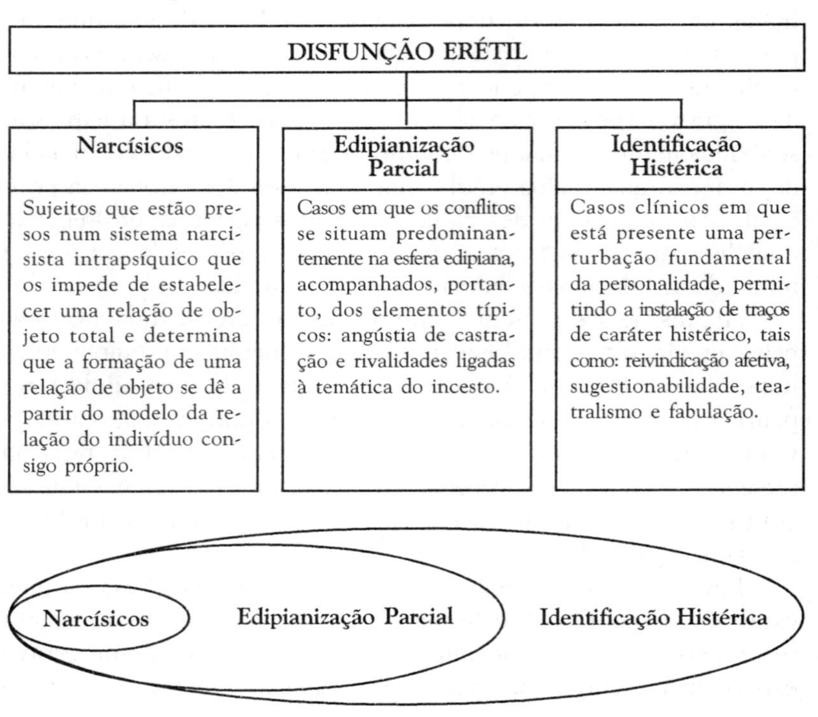

QUADRO 14

Proposta nosográfica para as disfunções sexuais masculinas

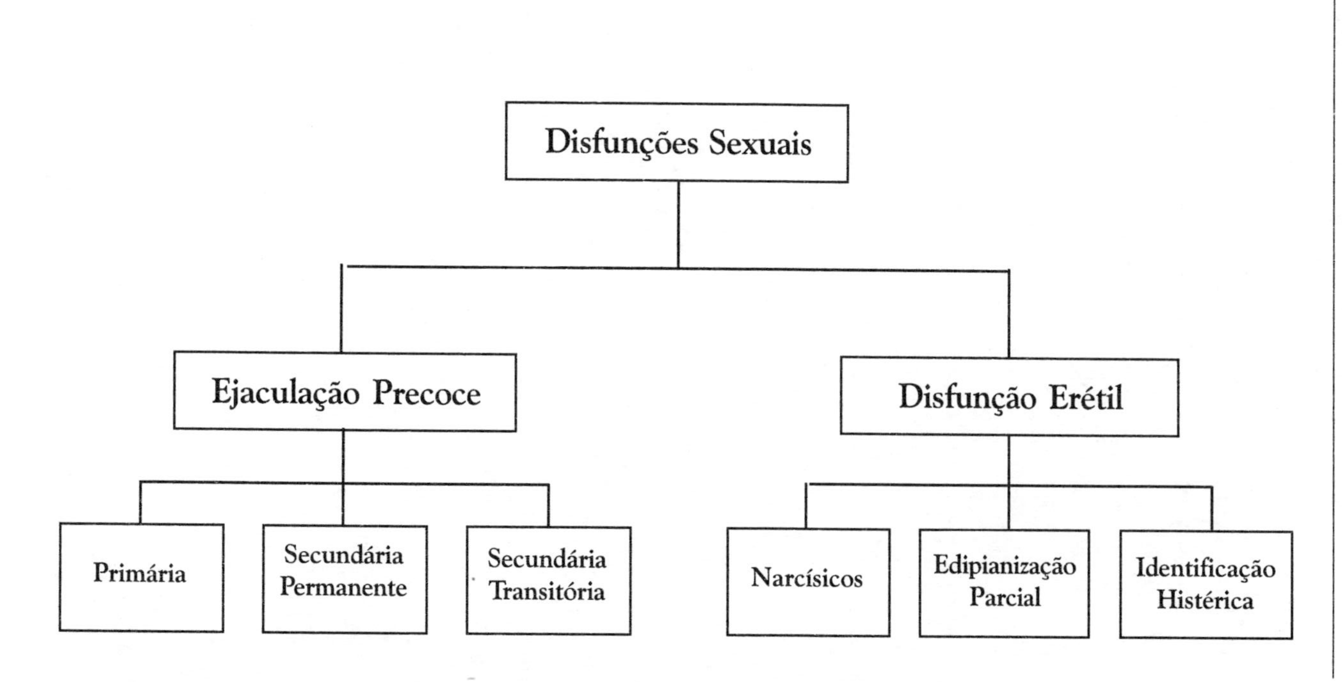

Capítulo 3

Análise de Alguns casos

Meu enleio vem de que um tapete é feito de tantos fios que não posso me resignar a seguir um fio só; meu enredamento vem de que uma história é feita de muitas histórias. E nem todas posso contar...

(CLARICE LISPECTOR: "*Felicidade clandestina*")

Imaginar a melhor maneira de repassar ao leitor a natureza da compreensão psicanalítica dos fatos clínicos que observei, assim como dimensionar o volume de material clínico a ser fornecido foi uma das tarefas mais árduas na escrita deste volume. Ao seu lado, a necessidade de omitir dados para preservar a confidencialidade, e a de não fazer alterações que, de algum modo, beneficiassem as argumentações teóricas tecidas ao longo do trabalho.

A experiência clínica apresenta uma infinidade de variáveis e fenômenos impossíveis de ser abarcados por um único vértice, ou de ser visto por um só prisma: o mesmo material clínico pode despertar tantas impressões quantos forem seus analistas. Cada paciente, apesar de compartilhar de angústias semelhantes com outros seres humanos, tem o seu psiquismo estruturado de forma particular. Daí advém um grande desafio para o relator, qual seja, o de transpor um fato da esfera íntima para a esfera pública, sem deixar que se perca sua singularidade original. Entretanto faz-se necessária, pelo menos, a escolha de uma vertente de apresentação da minha experiência clínica com a temática que estudamos. Nesse sentido, tomei uma decisão pragmática: seguir a classificação da minha proposta nosográfica, apresentada ao final do capítulo 2 ilustrando-a com os casos mais representativos, que serão numerados segundo a ordem nela contida.

Levando em conta o objetivo específico da comunicação de cada um desses casos, sentí-me à vontade para omitir observações que, em meu entender, fugiam desta proposta. Em alguns casos, julguei ser necessário um relato mais concreto e minucioso; em outros, achei que, para os objetivos em vista, era desnecessário ser mais específica. Entretanto, na maioria deles, tentei resguardar algo que penso ser precioso: a espontaneidade dos relatos dos pacientes, com suas gírias e maneirismos, carregados de afeto.

Considerando-se a inevitável subjetividade da observadora – que diria, como Lispector, "o que vi, vi tão de perto que nem sei o que vi"[1] –; levando-se em conta a elaboração secundária da escrita – que, tal como a do sonho, cria um novo sentido ao tentar eliminar a falta de coerência e ininteligibilidade do material –, a comunicação aqui transcrita manteve a maior fidedignidade possível aos esforços em transformar dores físicas em psíquicas.

1. LISPECTOR. *Felicidade clandestina*, p. 110.

3.1. A Ejaculação Precoce

3.1.1. Primária

Grande parte dos casos clínicos de ejaculação precoce até então atendidos apresentava a instalação dos sintomas por mais de vinte anos, fator que comprometia o acompanhamento minucioso da sintomatologia. Esses sujeitos, em geral, haviam se habituado a conviver com o transtorno e não se incomodavam mais com ele. Como disse anteriormente, buscavam auxílio apenas pela pressão da companheira.

Recebi para avaliação psicológica, no entanto, alguns jovens que narraram com veemência o transtorno que lhes causava a ejaculação precoce, por cortar o "clima" entre eles e as namoradas. Coincidentemente, eu os atendi na mesma época, e chamou-me a atenção o fato de possuírem um funcionamento psíquico visivelmente distinto dos típicos ejaculadores precoces, quer seja quanto ao nível menor de ansiedade, quer seja quanto ao grau maior de maturidade emocional. Pareceu-me, então, ser a ocasião propícia para um acompanhamento mais sistematizado do conteúdo dessas sessões, o que será feito neste capítulo, na esperança de que surjam pistas que possamos rastrear para a pesquisa teórica que se pretende empreender. O caso 1 representa um funcionamento psíquico mais afetado pela impulsividade e pela busca imediata de satisfação das pulsões parciais; o caso 2 ilustra a precocidade do funcionamento obsessivo tão comum em pacientes ejaculadores precoces; por fim, o caso 3 irá representar aqueles casos em que, apesar da força traumática dos acontecimentos, há uma estruturação psíquica que fala em favor de um prognóstico positivo.

Caso 1

Com sua sintomatologia e características psíquicas, P1[1] representa o protótipo do ejaculador precoce, conforme foi descrito em outros momentos deste trabalho: agitado, ansioso, tenso, egocêntrico. No entanto mostrou-se mais intrigado com seu sintoma do que os demais clientes, levando-me a crer que ele conseguiria investigá-lo mais profundamente.

A ejaculação precoce sempre foi um transtorno em sua vida, pois esteve presente desde que iniciou suas atividades sexuais duas décadas atrás. Por três vezes tentou tratamentos psicológicos: na primeira vez, parece que se submeteu a uma terapia na abordagem comportamental/cognitiva; na segunda, tratou-se com florais de Bach e, na terceira, houve associação de psicoterapia com uso de pomadas anestésicas. Apenas com os florais de Bach houve alguma alteração do quadro, e a ejaculação, que ocorria até quando beijava uma mulher, passou a acontecer somente na iminência de um ato sexual.

Descrente em terapias, passou a criar seus próprios truques para satisfazer as mulheres: em seus encontros sexuais, começou a pedir licença para ir ao banheiro, quando então se masturbava às escondidas, ejaculava, para conseguir, depois, ter uma relação sexual por um tempo mais prolongado. A tática do "ritual de dois tempos", apesar de dar certo, não impedia as mulheres de se queixarem dele, fato que o levou à necessidade de desenvolver outra tática, a do sexo oral, para que suas parceiras se satisfizessem antes da penetração, e nem percebessem a rapidez do ato. Estratégias que, conjugadas, compuseram o esquema de duas mulheres em cada noite: primeiro saía com uma, entregava-se ao sexo oral, ejaculava várias vezes, e depois saía com outra, mantendo, então, uma relação sexual mais prolongada. Para o primeiro tempo, fazia rodízio entre duas namoradas, mas para o segundo tempo tinha uma parceira fixa: uma viúva, um pouco mais velha do que ele. Durante anos obedeceu a esse esquema, que se mostrou eficaz.

1. P1 é uma abreviação para referir-se ao paciente do Caso 1.

Há seis meses, contudo, vem sentindo uma diminuição gradativa de sua força erétil, e assim retomou sua antiga preocupação com o sintoma. Ao tentar investigar as circunstâncias que bordejavam a nova situação, ele lembrou-se de ter recebido uma notícia desagradável: um amigo descobriu que o marido da tal viúva havia morrido de AIDS. "Interessante! Foi depois disso que começaram meus problemas de ereção. Nunca tinha pensado nisso! Quando o V. [o amigo] me contou, eu estava no banheiro me masturbando e me lembro de ter perdido a ereção na hora! Aí, mesmo o teste de HIV dando negativo, não senti mais meu pênis com a mesma força de antes. Se eu conseguir só melhorar isso, já fico satisfeito, deixo até de me preocupar com a ejaculação".

Resistente a um novo tratamento, queria saber quanto tempo teria de frequentá-lo para conseguir eliminar seus sintomas. A despeito de não ter recebido qualquer estimativa cronológica, decidiu tentar novamente, principalmente por julgar que estava mais do que na hora de constituir uma família, e que sua problemática sexual era um impedimento real para tal propósito. Arrisquei solicitar-lhe que viesse duas vezes por semana, proposta que ele aceitou, pedindo apenas um intervalo de uma semana para que pudesse ir à praia, "pegar força do mar".

Essa idéia da força passando por osmose foi bem significativa em seu tratamento e teve várias reapresentações. Um dia comentou ter lido numa revista a história de um executivo que estava comprando Viagra só para deixar dentro de sua pasta, para ter a tranqüilidade de que conseguiria ter sucesso na relação sexual. "Será que eu vou precisar disso? Será que eu sou assim?" Eu pergunto: "Assim como? Sugestionável?" Acreditando que possa mesmo ser altamente sugestionável, lembrou-se de um filme a que assistiu quando tinha dezoito anos, em que um lutador entrava num quarto de bordel, via a mulher nua e imediatamente ejaculava. A partir de então, começou a ter ejaculação precoce. Recentemente, antes de sua potência sexual começar a decair, assistiu a filmes pornográficos, em que o artista, mesmo não estando com uma ereção completa, fazia sexo com várias mulheres. Ele achou estranho e pensou: "Será que dá para penetrar com a ereção fraca desse jeito?" Logo a seguir, só tinha ereções fracas. "Estranho é que agora eu estou normal outra vez. Será que foi porque eu iniciei o tratamento, e por isso fiquei achando que ia melhorar logo?"

Lembra-se, então, de mais um dado interessante: sempre quis ser "gozador". Achava extraordinário aquele tipo de pessoa que conseguia ter presença de espírito e brincar numa situação séria ou embaraçosa – o que ele geralmente não consegue, a não ser quando tem muita intimidade com a pessoa. Riu da ironia contida no sentido dúbio da palavra "gozador": pois, se não virou gozador no sentido que queria, acabou por sê-lo no outro...

O peso da falha na identidade sexual acabou por facilitar a eclosão de tendências histéricas, evidentes através de sua sugestionabilidade e de seu desejo de ser um gozador, de ter prazer também com o sofrimento. "Eu não agüento mais sofrer por causa desse problema da ejaculação precoce: sofro muito antes, na hora e depois!" A ejaculação precoce sempre foi um sintoma torturante em sua vida, colocando-o geralmente em situações embaraçosas. Nos primeiros tempos, ela acontecia diante de qualquer afago ou beijo. Uma vez, só de a namorada dar uma mordida de leve no seu dedo, ele imediatamente ficou com as calças molhadas. Daí em diante passou a se prevenir, e, quando chega em casa de alguém, sempre trata de ter uma almofada por perto. O interessante é que fazia o mesmo no meu consultório: após assentar-se, levantava-se para pegar uma almofada, colocando-a em seguida sobre seu colo. Atitude que me levou a perguntar-lhe se achava que ali também precisava desse recurso defensivo. "Não! Eu não estou mais assim! Mas vai ver que faço isso porque aqui eu só falo de sexo. Você já reparou?"

No passado, teve algumas namoradas de que gostou e com quem ficou por muitos anos, mas confessa nunca ter amado ninguém. Com uma delas, chegou a terminar por causa da expectativa familiar de um noivado. Atualmente sua vida afetiva praticamente inexiste, já que todas as mulheres ao seu redor lhe despertam apenas interesses sexuais. Recentemente encontrou-se com a tal viúva e acabaram tendo uma relação sexual. Ela logo notou que ele estava com a performance sexual comprometida, pois comentou: "Puxa, como você gastou o seu pênis nesse tempo em que a gente não se viu... ele era tão grosso!" P1 ficou incomodado com o comentário e, um dia desses, pegou-se pensando que "realmente" seu pênis havia diminuído de tamanho. Aproveitei para pedir-lhe lembranças, da época em que seu pênis, realmente, era menor.

De sua infância, pouco se lembra, só sabe que, por volta dos dez anos de idade, um colega lhe falou que mexer no pênis era muito bom, que até saía um "caldinho" branco. E que, para ajudar, era bom pegar uma calcinha da irmã e ficar olhando. Da primeira vez que tentou, não estava conseguindo gozar, e o tal colega teve que ajudá-lo. Daí por diante, passou a se masturbar umas quatro vezes ao dia. Pouco tempo depois, já com uns onze anos, foi abordado por um rapaz, que o convidou para tomar um refrigerante e depois o levou para seu apartamento. "Você sabe, o cara era veado, e eu comi ele! Eu não entendia nada disso, só na hora foi que entendi!" Passado um tempo, teve relações com outro homem. "Será que esses veados me atrapalharam? Só se foi da terceira vez, com um outro... eu lembro que era uma sexta-feira da Paixão, e eu só lembrei disso, na hora que estava comendo o veado, então eu pensei: eu não vou gozar, para ver se Deus me perdoa. Parei, corri para me lavar, e não gozei! Será que foi isso?" Hipótese que abre uma questão a ser considerada: até onde sei, a proibição da religião católica é de que, na sexta feira da Paixão, não se coma carne vermelha ou de aves, e que não se procure prazer e alegria em qualquer atividade, pois é o dia da comemoração simbólica da morte de Jesus. Teria essa idéia de não gozar com a morte força suficiente para o instalar da ejaculação precoce como representante da idéia de gozar com a morte? E, se assim fosse, estaria a ejaculação precoce representando a fusão das pulsões de vida e de morte?

P1 passou a sentir-se bem mais leve, atribuindo tal estado psíquico ao fato de ter-lhe sido possível falar dos "veados" – assunto que nunca tinha comentado com ninguém. Pensativo, comentou: "Tive uma relação sexual com minha namorada e demorei bastante tempo para gozar. Será que uma coisa tem algo a ver com a outra? Não sei o que acontece comigo, mas, aonde vou, tem um veado me paquerando. Todas as vezes em que transei com eles, eu fiquei sempre no papel ativo... mas é estranha essa coincidência, não é? Será que eu virei ejaculador precoce por causa dos veados?"

Em grande parte do tempo, seu discurso era apenas factual, uma narrativa das façanhas da semana: fazendo sexo oral com uma garota, logo depois com outra... mas afirmando não ter tido relação sexual com nenhuma delas. Relação sexual para ele é apenas quando há penetração, o que me levou a perguntar-lhe se a felação era apenas uma brincadeira. "Você está me perguntando se eu brinco com os sentimentos dos outros? Vivo escutando isto! Eu não sou egoísta, gosto de ajudar as pessoas... é, mas talvez você tenha razão, quando faço sexo, eu fico brincando, só penso em mim!" Fica em silêncio por um tempo, e passa a falar de seus pais. Não se lembra de tê-los visto se abraçando ou beijando... são sérios, não demonstram sentimentos. Estaria registrada nessa queixa a denúncia de carência no contato afetivo e físico com o par parental, carência que teria se prestado a reforçar a fixação na fase oral?

A temática da felação é tratada na psicanálise em um artigo precioso de Freud, no qual, ele discute a homossexualidade do grande artista Leonardo da Vinci, e centra-se ao redor de uma reminiscência de sua infância, qual seja: "...estando em meu berço, um abutre desceu sobre mim, abriu-me a boca com sua cauda e com ela fustigou-me repetidas vezes os lábios."[2] Recordação entendida por Freud como tradução de uma fantasia de felação passiva, relacionada à época da lactância de Da Vinci, mera reminiscência do ato de sugar o seio de sua mãe. Entretanto Freud acrescenta: "...essa recordação, igualmente importante para ambos os sexos, foi transformada, pelo homem Leonardo, numa fantasia homossexual passiva".[3]

A meu ver, a presença, em meu paciente, dos atos e fantasias homossexuais passivas não se deve a uma identificação homossexual, e sim a um aprisionamento narcísico, que não lhe possibilitava uma escolha anaclítica de objeto.[4] Em 1911, Freud nos disse que

> "[...] chega uma ocasião, no desenvolvimento do indivíduo, em que ele reúne seus instintos sexuais (que até aqui

2. FREUD. *Leonardo da Vinci e uma lembrança de sua infância*, p. 76.

3. Ibidem, p. 81.

4. Segundo o *Vocabulário da Psicanálise*, a expressão "tipo de escolha de objeto anaclítica" deveria ser substituída por "tipo de escolha de objeto por apoio", que pertence à linguagem comum, sendo mais facilmente correlacionada à definição conceitual: tipo de escolha de objeto em que o objeto de amor é eleito a partir do modelo das figuras parentais enquanto asseguradoras de alimento, cuidados e proteção à criança.

> haviam estado empenhados em atividades auto-eróticas) a fim de conseguir um objeto amoroso; e começa por tomar a si próprio, seu próprio corpo, como objeto amoroso, sendo apenas subseqüentemente que passa daí para a escolha de alguma outra pessoa, que não ele mesmo, como objeto. Essa fase eqüidistante entre o auto-erotismo e o amor objetal pode, talvez, ser indispensável normalmente, mas parece que muitas pessoas demoram-se por tempo inusitadamente longo nesse estado e que várias de suas características são por elas transportadas para os estádios posteriores de seu desenvolvimento. De importância principal no eu (self) do sujeito assim escolhido como objeto amoroso já podem ser os órgãos genitais".[5]

Segundo Freud, quem não se libertar completamente desse estádio de narcisismo terá nesse ponto uma fixação que poderá funcionar como disposição para enfermidades posteriores, pois, diante de frustrações nas relações objetais, ou no caso de intensificação geral da libido, ela irá refluir regressivamente e irromper no ponto mais fraco.

A narrativa das cenas sexuais feitas por P1, serviam para ilustrar a compulsão a deixar-se ficar numa posição de passividade, até ser exaurido pelo outro – qualquer um que aparecesse para cumprir esta função: quer fosse homem ou mulher. Ser convidado a praticar tal ato era para ele da ordem do irrecusável, algo como se tivesse que obedecer cegamente à demanda do outro, fazendo sexo oral em qualquer lugar, como, por exemplo, com as namoradas, em cabines de lojas do *shopping*. Ou, então, no meio de ruas escuras, como no caso em que, fazendo um percurso a pé, um rapaz, de dentro de um carro, propôs: "Posso chupar seu pinto?" Ele em pé ficou, abriu a braguilha e o rapaz praticou a felação.

Poderíamos pensar que o risco da chegada de alguém serviria até para aumentar ainda mais o nível de excitação da cena, porém a

5. FREUD. *Notas psicanalíticas sobre um relato autobiográfico de um caso de paranóia*, p. 82-83.

impressão que eu tinha, ao escutá-lo descrevendo esses atos de felação, sugeria muito mais a entrada no estado alucinatório que acompanha a amamentação. Lanço, portanto, a hipótese de que essas duas circunstâncias (o estado emocional alucinatório e a cena em locais públicos) acabavam por arranjar-se como uma montagem de segurança que impedia o mergulho profundo num estado alucinatório. Um dado corrobora essa hipótese: P1 disse não saber exatamente qual a diferença entre ejacular e gozar. "Será que no homem é diferente da mulher?" Uma namorada contou-lhe o que sente quando goza: um calafrio que sobe, desce, faz curvas... Ele nunca sentiu algo parecido, a não ser algumas vezes durante sonhos – teve até tremores pelo corpo. Mas, quando está de fato copulando, sente apenas o esperma saindo. "Será que nós, ejaculadores, só ejaculamos, e não gozamos nunca?" A afirmação de meu cliente de que na vida de vigília seu orgasmo não acontece concomitantemente à ejaculação é um dado que nos causa certa estranheza, uma vez que é uma queixa muito rara. No entanto soou como verdadeira, vindo a constituir um fato novo, que pode nos ajudar a investigar o mecanismo patológico que faz com que, nele, o orgasmo esteja totalmente bloqueado, acontecendo apenas quando há rebaixamento da censura. Embora a ausência do orgasmo possa justificar o fato de ele jamais se sentir sexualmente saciado, por ora, ficaremos com mais uma interrogação: o por quê da proibição orgástica.

Com a entrada na vida adulta, a ejaculação precoce de P1 passou a ocorrer após a penetração, o que acabou lhe trazendo incômodos ainda maiores, pois, por duas vezes, levou à gravidez, que ele não sabia se queria ou não assumir. Mas, como as namoradas quiseram abortar, ele tomou as providências necessárias. A partir de então, passou a criar estratégias para ejacular antes do ato sexual. Hoje em dia, fica aliviado em saber que os abortos não deixaram seqüelas nas namoradas, que, posteriormente, conseguiram ser mães. Subjaz, nesse alívio, o temor de ter causado danos irreparáveis à capacidade reprodutora feminina devido ao ataque de seu pênis. Fantasias como essas, segundo Klein,[6] representam a onipotência

6. KLEIN. *Os efeitos das situações de ansiedade arcaicas sobre o desenvolvimento sexual do menino.*

sádica do pênis, dotado de poderes destrutivos que são postos em ação pela inveja do menino aos conteúdos do corpo da mãe.

Nesse sentido, é cabível acrescentar que eu não percebia em meu paciente qualquer tipo de ansiedade persecutória que pudesse mobilizar desconfiança nas pessoas com quem convivia, ou qualquer tipo de exercício sádico nessas relações. Muito pelo contrário, às vezes enxergava em seus atos de "dar" o pênis uma movimentação em que este, simbolicamente, assumia o papel do seio da mãe, e o sêmen, o de leite. É quase como se ele não tivesse descrevendo uma felação, e sim uma amamentação: "tenho, e dou a quem precisa". Para Freud, as fantasias posteriores de felação parecem indicar que a criança acaba se aficcionando ao prazer de órgão, em troca da perda recente do mamilo da mãe, comprovando, assim, a assertiva feita pelo "antigo pediatra Lindner [1879] que certa vez observou que a criança descobre as zonas genitais (o pênis ou o clitóris) como fonte de prazer enquanto se entrega ao sugar sensual (sugar do polegar)".[7]

É inegável que ouvimos, agora, ecos da sexualidade infantil e de sua perversidade polimorfa, de que nos falou Freud em seus *Três ensaios*.[8] Suas aventuras ilustram bem a aptidão da pulsão sexual a se prestar a desvios em relação ao seu fim e ao seu objeto. Entretanto, apesar de o material reunido nessa escuta clínica apontar para muitas atuações perversas, que aparentemente parecem querer transgredir a lei, não creio que esse cliente tenha uma estrutura perversa, como seria de se supor pela plasticidade do mecanismo pulsional vigente. O que de fato chama minha atenção nessas atuações "genitais" é o colorido autodestrutivo nelas contido – que pode muito bem ser exemplificado na maneira como ele colocava seu pênis em qualquer boca. Ponto a que retornaremos mais adiante, mas que, no momento, explica a suspensão de sua virilidade, provocada pela possibilidade de uma contaminação aidética, que teria mobilizado a angústia proveniente do desejo temido: o da morte vinda das "aprontações" do pênis. Angústia e culpa que promoviam paralisações: da ejaculação, naquela sexta-

7. FREUD. *Algumas conseqüências psíquicas da distinção anatômica entre os sexos*, p. 313.

8. FREUD. *Três ensaios sobre a teoria da sexualidade*, v. VII.

feira da Paixão; e, então, das ereções. Vemos, novamente, reabrir-se a questão enunciada: se o que o seu órgão procura é a autodestruição, estaria a ejaculação precoce representando uma formação de compromisso entre as pulsões de vida e de morte?

Outras cenas também ilustram a sua disposição perverso-polimorfa: sempre teve o hábito de parar seu carro para perguntar às prostitutas qual o preço de uma "punhetada" (mesmo quando não pretendia contratar o serviço), e, de certa feita, quando estava negociando o preço, chegou um homem e convidou-o para sair. Ele respondeu que só iria se ele pagasse (para ver se o homem desistia), e que só deixaria sexo oral. Essa cena, que reflete uma fantasia irreal de pseudo-prostituição – pois ele não precisa de dinheiro vindo dessa fonte (tanto é que nem o recebeu) –, parece apenas ter emoldurado o que Freud disse: "as prostitutas exploram a mesma disposição polimorfa, isto é, infantil, para as finalidades de sua profissão".[9] Além do mais, P1 nem precisa pagar para conseguir parceiros sexuais, uma vez que, além de bonito, trata de garantir um visual sedutor: bem-trajado e extremamente perfumado (de modo a deixar o ambiente recendendo à sua passagem).

Ainda discutindo a tal cena, lembrei-lhe que havia a opção de simplesmente dizer "não", ao que ele retrucou: "É, você tem razão, eu nunca disse não para qualquer proposta. E tenho mesmo a mania de ficar fantasiando... a pessoa vem falar de um assunto sério comigo, eu fico fantasiando uma outra cena: ela dizendo ou fazendo algo de erótico comigo. E nem presto atenção no que está sendo dito... depois, preciso despistar e fazer alguma pergunta, para ver do que realmente se tratava". Está, portanto, descrita a maneira como seus desejos eróticos invadem todas as relações objetais, prestando-se a distorcê-las e a afastá-lo do contato com a realidade presente. Ao meu comentário de que ele nunca vivia o momento, ele tristemente concluiu: "É... eu antecipo tudo! Será por isto que gozo rápido?" Como mola propulsora para o desmanche do ato sexual, a ansiedade é aceitável; entretanto não nos dispensa da investigação das fantasias que a acompanham.

---

9. FREUD. *Três ensaios sobre a teoria da sexualidade*, p. 196.

Durante uma sessão em que tentava descobrir as razões pelas quais o sexo oral era tão importante para ele, P1 repentinamente lembrou-se de uma cena de sua infância. Começou a contá-la com grande dificuldade, interrompendo sua fala algumas vezes por estar tendo tremores e fortes dores na cabeça (temos aqui a prova de como seu corpo aceita a conversão). "Eu não estou conseguindo, mas tenho de contar, pois estou vendo a cena: eu no quintal de minha casa, brincando com um menino de dois ou três anos... abaixo o meu *short*, pego a mãozinha dele, ponho no meu pinto e peço para ele dar um beijinho. É horrível, era uma criancinha, mas eu fiz isto! Ele não sabia de nada, tinha dois anos, e eu uns nove, dez, não sei!" Ao terminar a narrativa, P1 estava meio tonto e, com os olhos revirando, repetia: "Eu não podia ter feito isto! Ele era só uma criança!" A reação dele durante a narrativa foi tão intensa que tive a impressão de assistir ao momento exato do retorno do recalcado, acompanhado do desprazer que levou à ação, ao recalcamento. Tudo leva a crer que se trata de uma cena em que se induz alguém a prestar um tributo a um órgão que deve ser venerado, cena que ilustra a vivência psíquica típica da fase fálica e que serve como parâmetro para afirmarmos que P1 tem fixações nessa etapa do desenvolvimento libidinal. Contudo, haveria algum motivo especial para se escolher um menino (alguém não-castrado) para prestar essa reverência?

A fixação na fase fálica é ilustrada também por uma frase emblemática, que ele usava para justificar o quanto era dolorido ter o seu sintoma: "Toda a força do homem está no seu pênis!" Afirmação acompanhada da vivência psíquica de realmente não ter outros pontos de força. Conseqüência: o pênis ereto mostrava a sua força de homem para os outros. Ocorre-lhe a lembrança de uma outra cena, vivida por volta dos dezoito anos, em que ele e o primo saíram com umas meninas para fazer sexo no mato, tendo ele, na hora, ficado tão excitado que pegou a mão do primo e pôs no seu pênis, para que sentisse o quanto estava ereto. Digo-lhe, então, que colocar o pênis em qualquer boca, ou em qualquer lugar, respondendo imediatamente às demandas alheias, pode ter também o sentido de mostrar a sua "força" – algo como faz o super-herói infantil He-man, ao erguer a espada e gritar: "Eu tenho a força!" Ele riu, confirmando essa alusão, porém repentinamente perguntou: "Mas e a ejaculação? O que ela tem a ver com isso? Eu me sinto fraco quando ela acontece!" Portanto, uma outra função da ejaculação precoce está aqui delineada – é um desmentido: ele querendo, todo o tempo, mostrar sua força (ficando com o pênis ereto diante de qualquer demanda), e a ejaculação precoce denunciando a sua fraqueza.

Outra lembrança que lhe ocorreu era de uma época em que contava uns quinze ou dezesseis anos, e seu primo lançou-lhe um desafio, uma aposta para ver quem conseguiria chegar ao orgasmo mais rapidamente com a masturbação. Não se lembra quem ganhou a tal aposta, mas achou significativo que ele tenha se tornado "o ejaculador". Pergunto-lhe se na aposta estava embutida a idéia de que quem gozasse primeiro seria "o melhor". Ele apenas comenta: "Pode até ser... mas eu me sinto o pior dos homens por ser um ejaculador..."

A lembrança acima enfatiza a importância da comprovação, pelos homens, de sua virilidade, quer seja através de apostas, de exibição, ou de apalpações em seu órgão, para comprovar a força erétil. A importância do olhar dos homens, da opinião deles sobre sua performance sexual, está presente também no episódio que se segue, e que confirma a retroação do sintoma cada vez mais para o passado, derrubando, assim, a certeza que ele tinha de que tudo havia começado aos dezoito anos.

Quando contava quinze anos, ele e um primo saíram em seu carro com dois travestis. Ele deixou o primo no carro com um deles, e foi para longe com o outro, já preocupado com o problema da sua ejaculação precoce. De fato, tão logo o travesti pegou em seu órgão, ele ejaculou. O parceiro teve uma reação de espanto: "Que é isso? Nunca vi uma coisa dessas antes!" Ao que P1 me diz: "Tá vendo? Se eu tivesse ficado no carro, os outros dois teriam ouvido essas palavras... E foi melhor assim, porque, depois, quando voltamos para o carro, deu para transar um tempo grande, e eles ficaram achando que eu era normal".

Tempo antes, por volta dos treze ou quatorze anos, época em que se masturbava quatro vezes ao dia, comentou com uns amigos que tinha que ir para casa se masturbar; porque iria ter relações com uma menina à noite. Os amigos ficaram tão intrigados, que o questionaram sobre as razões de ele precisar se masturbar, se, à noite, com certeza, iria fazer sexo. Por que não esperar para "curtir" o momento? Uma resposta talvez fosse a de que não há só prazer no ato sexual, mas prazer com sofrimento e solidão...

Em outras situações, P1 também já se sentira um fraco: no episódio em que ele, seu melhor amigo e a namorada formavam um triângulo amoroso, fazendo com que múltiplas suspeitas de traição se infiltrassem entre eles; uma vez em que teve muito ciúme ao ver uma ex-namorada dançando com outro rapaz; quando perdeu um membro de sua família numa morte estúpida e traumatizante; e quando teve seu primeiro episódio de disfunção erétil. Logo percebemos que são episódios relacionados com vivências de exclusão e de impotência diante da morte e da virilidade, o que nos leva a pensar que sua conduta sexual pode ser um modo muito particular de negar a angústia de castração: ignorando-a. Resta-nos saber, então, se haveria em sua história de vida condições familiares que facilitassem esse posicionamento.

Muitas lembranças do passado se apagaram de sua memória, como, por exemplo, a fisionomia de sua mãe. Recorda-se apenas do vulto dela, com lenço na cabeça, chegando para uma reunião na escola dele. Lembra-se também das palavras do pai: "Quando você crescer, vai passar para a escola técnica do outro lado da rua!" E, de fato, apesar de ser bagunceiro e pouco aplicado nos deveres escolares, entre todos os irmãos, foi o que mais estudou.

O relacionamento do par parental nunca foi bom e, quando ele era pequeno, presenciou brigas sérias. Certa vez, houve até agressão física, fato que o levou a interferir para proteger sua mãe. Engrossando a voz para o pai, P1 afirmou que nunca mais o deixaria bater nela. Ao ouvir essa sentença, o pai respondeu-lhe: "...ela não entende que eu tenho um problema". Essa fala retumbou vários anos nos ouvidos do garoto, e foi interpretada por ele como uma confissão de impotência sexual, uma vez que o casal dormia em quartos separados. Interpretação provavelmente sustentada por outros indícios de uma performance fraca do pai em sua função paterna.

A configuração do par parental mostra-nos que não havia força suficiente para barrar os ímpetos sexuais do garoto, pois P1, com suas tendências perversas, precisava de um limite bem coeso e constante. Como as circunstâncias não favoreciam tal demanda, ele teve de, por conta própria, arranjar algum substituto para barrá-lo. Vem daí o espaço para a entrada da representação de Deus na sua adolescência. No caso da sexta-feira da Paixão, P1 domina sua ejaculação, como um recurso para tentar que Deus o perdoe pelas transgressões morais. Entretanto a presença da morte na família pode ter comprovado que quem desafia acaba tendo a punição merecida.

Após alguns meses de terapia, P1 notou que já não ejaculava com tanta rapidez; entretanto custava a crer que essa diferença pudesse ser efeito do tratamento, e ficava se esforçando por buscar alguma outra razão, principalmente na bebida, que, segundo suas crenças, promovia um bloqueio orgânico que impedia a ejaculação. Mas, se, por um lado, a diminuição de sua ansiedade estava permitindo uma trégua na apresentação sintomática diretamente sexual – a força erétil estava normal, e o tempo de penetração vaginal havia aumentado consideravelmente –, a sua compulsão mortífera manifestava-se em outras cenas, como, por exemplo, ao dirigir em estradas, de madrugada e debaixo de temporal. "Várias pessoas até disseram para eu ficar lá e esperar amanhecer, mas, se uma das meninas tivesse me chamado para dormir com ela, aí sim, eu tinha certeza que ficava!" Afirmação que remete a conteúdos que não causam estranheza: a única coisa que pode detê-lo a não arriscar sua vida é um convite para um ato sexual. Podemos então questionar até que ponto, para P1, o ato sexual era um chamado tranquilizador porque permitia um novo mergulho num estado narcísico, nirvânico?

A ausência de sofrimento por não ter que se lançar nas relações objetais, ficando totalmente mergulhado em si mesmo, era ilustrada também em outros estranhos desafios a que ele se lançava. Um lado de seu corpo apostava com o outro lado, por exemplo: quando jogava cartas sozinho, o lado direito era um jogador e o lado esquerdo era o outro; ao escrever com as duas mãos, uma apostava corrida com a outra. "Engraçado, é quase como se eu fosse dois, um lado meu conversa com o outro: agora quero ver você aí, como vai se sair..." Costumava também conversar com sua imagem no espelho, e um dia levou um grande susto quando percebeu que no elevador do prédio do meu consultório havia uma câmara: o que os porteiros não iriam pensar dele? Vemos, portanto, que a coexistência de um lado perverso com um outro lado, coerente com os padrões morais da sociedade, nada mais era do que um reflexo de uma cisão mais profunda em sua construção egóica.

De tempos em tempos, tinha uma crise de resistência ao tratamento, dizendo não ter mais nada para falar. "Estou aqui só por causa da ejaculação precoce, e já falei tudo! É muito sofrido para mim. Quando saio daqui, você sempre me deixa com uma pergunta para pensar, mas eu não penso, esqueço, só lembro quando chego aqui. Aliás, eu não costumo pensar no que faço ou deixo de fazer, eu só sei contar o que fiz." E, nesse sentido, a segunda sessão da semana era extremamente penosa para ele, pois, ficando sem assunto, ele se via forçado a pensar e produzir. Apesar da queixa de não conseguir pensar ser parcialmente verdadeira, algo estava mudando, e ele vinha se observando melhor: "eu estou frio, não sinto nada... vieram me contar que minha ex-namorada vai se casar, eu não senti nada – de fato, só a usei sexualmente. Um parente veio chorando me contar um sonho e eu não sentia nada, não falava nada... bem que dizem que fiquei estranho... nem sonhei mais!". Daí em diante, além de refletir sobre seus atos, passou a expressar verbalmente suas emoções e a lembrar-se de sonhos, justificando que todos eram muito rápidos.

O roteiro apresentado pela elaboração secundária de seus sonhos mostrava uma nítida semelhança com as suas atuações na vida de vigília. O primeiro sonho, trazido após um ano de tratamento, era uma cena em que ele estava querendo ter relação sexual com uma moça, mas, como o namorado dela estava por perto, eles davam uma saída, iam até um lugar escondido e assim que começavam o ato, ocorria a ejaculação precoce que deixava sua cama literalmente molhada devido à presença de polução noturna, que era freqüente em toda a sua vida – o que demonstra a intensidade da vivência libidinal que, rompendo a satisfação simbólica, não garantia um sono tranqüilo. Porém esse conteúdo de cena triangular, proibida, era presença constante também em suas fantasias diurnas: "Um amigo chamou-me para ficar de intimidades com a esposa dele; mas, quando eu estava fazendo sexo com essa mulher, a filha dela chegou para participar também. É... eu sou meio pervertido!" A diferença é que nessas fantasias diurnas ele tinha certeza que não haveria ejaculação precoce. A semelhança entre os sonhos, as fantasias e a realidade de sua vida sexual fazia com que eu me perguntasse onde estava a censura, a barreira do recalcamento.

P1 tinha graves dificuldades em produzir associações para seus sonhos, e essas ainda ficavam sujeitas a bruscas interrupções que novamente o traziam para o discurso factual. Dois sonhos seguidos, de uma mesma noite, ilustram o gozo vindo de suas tendências voyeuristas e exibicionistas, e que estavam presentes, como já vimos, em todas as atuações que pontilhavam sua vida sexual. "Eu estava sentado numa mesa lendo para um colega, sem roupa e me masturbando. Havia outras pessoas na mesa, lembro-me que uma delas era minha irmã. Aí vem uma mulher, me masturba e faz sexo oral comigo – era como se fosse debaixo da mesa, e as pessoas não viam. Tentei segurar, mas acabei tendo, como é mesmo a palavra? Ah! Polução! No segundo sonho, eu estava num lugar parecido com região de cachoeira. Olhei para o alto e vi um homem de mais idade, com duas meninas bem novas e nuas. Fiquei olhando para a cena, e me vi sendo algemado pela polícia". Em suas associações, lembrou-se inicialmente do primeiro menino que lhe ensinou a se masturbar (e que, para ensinar-lhe, o masturbou). Ele era seu vizinho, mas, quando se mudou de lá, a casa foi ocupada por uns favelados, e ele acabou fazendo-se colega deles. Certa vez, quando contava 15 anos e nem tinha ejaculação precoce, sem que seus pais soubessem, foi nadar num matagal onde havia estourado um cano. Lá só iam os marginais, e havia uma fila de uns 30 para ter relação com uma mulher ou menina que estava lá. Ele queria entrar na fila, mas não deixaram, era só para os meninos das *gangs*. Ele não viu a mulher, mas era tudo ao ar livre. De outra vez, foi lá com um par de tênis novinho, branco, caro, que tinha acabado de ganhar da mãe. Não podia nadar por causa dos tênis, mas tirou-os dos pés, e então alguém empurrou-o na água para poder roubar-lhe o par de tênis. Um pensamento tomou-lhe totalmente a cabeça: "minha mãe vai me matar!" A isso, correu atrás do ladrão, até ele desistir e jogar os tênis de volta!

Freud afirmou que, "no caso de dois sonhos consecutivos, pode amiúde ser observado que um deles toma como ponto central algo que se acha apenas na periferia de outro ou vice-versa, de maneira que suas interpretações são mutuamente complementares [...], devendo [os dois sonhos] ser tratados como um todo único".[10] Será dessa forma que trataremos o material aqui referido: como um conjunto que ilustra dois momentos submetidos a um excesso de tensão libidinal. No primeiro sonho/momento, a cena parecia familiar e transcorria à mesa de refeições da família, sendo assistida pela irmã que é justamente aquela mais velha do que ele. Uma cena de felação ocorre debaixo da mesa e dos olhos da família, e ele lembra-se de sua iniciação sexual. Seria essa uma referência inconsciente à amamentação, aqui substituída pelo prazer de um outro tipo de sucção erótica? No segundo sonho/momento, apenas outros homens têm o direito a relações com outras mulheres, ele se excita em ver a cena, mas é algemado pela polícia no sonho e, na realidade, roubam-lhe os tênis novinhos. Estaria, aqui, presente uma alusão mais nítida à lei da castração?

Eu começava a considerar que ele estava entrando em análise, mudando o seu discurso factual, implicando-se cada vez mais nos seus descontroles, quando lhe ocorreu um significativo descontrole na área financeira, que o levou a ter de mudar de serviço e de cidade e provocou a interrupção do tratamento. Entretanto ele pouco se esforçou na busca de uma solução para dar continuidade ao processo psicoterápico, o que até era previsível, pois ele havia feito a ressalva bem no começo dos atendimentos: "se eu resolver o problema da ereção, nem vou mais me preocupar com a ejaculação".

Tenho de reconhecer, porém, que abrir questões foi um grande desenvolvimento no modo de funcionamento psíquico desse rapaz, que nunca havia parado para pensar que sua vida sexual estava toda errada (como ele mesmo dizia), a começar pelo fato de que lidava com seu órgão genital como se este fosse um objeto qualquer, uma mercadoria. A trama tecida ao longo de seu discurso mostrou-nos como ele estava empenhado em dar um sentido ao seu sintoma. Um apanhado seqüencial desses sentidos levantados

10. FREUD. A *Interpretação de sonhos*, p. 560.

pelo cliente pode ajudar-nos a acompanhar a evolução a que me refiro. A primeira hipótese lançada por P1 para explicar seu sintoma refere-se à possibilidade de uma contaminação aidética; a segunda diz respeito à sua sugestionabilidade, que o deixava vulnerável a cenas e comentários de outras pessoas. O temor de um castigo divino, por estar fazendo sexo com um *gay* num dia santo, é a terceira hipótese de que ele se serve. A partir daí, seguem-se as outras possibilidades: a de ter o problema por causa de seu envolvimento constante com "veados"; a da invasão mental pelas fantasias eróticas; a da ansiedade excessiva que o leva a antecipar tudo, e a de seu desejo de estar constantemente numa disputa fálica com outros homens.

Para mim, no entanto, todas essas possibilidades são desdobramentos de algumas questões básicas. A primeira que se apresentou foi a de que há um conflito em torno da escolha de objeto, o que provocaria a invasão das fantasias eróticas e as atuações sexuais ora com parceiros de um sexo, ora com parceiros de outro sexo – o que é possível graças ao fato de ele não ter ainda construído uma identidade sexual e uma escolha objetal plena. Entretanto a falta de um parceiro sexual constante possibilita as múltiplas atuações em que sua auto-destrutividade o lança. Constatação que abre uma questão mais profunda, que teremos de deixar em aberto, até estudarmos a movimentação mortífera do narcisimo no capítulo 4: por que estaria a pulsão de morte na proa de suas façanhas sexuais?

Caso 2

As reminiscências da infância de um caso clínico em que a ejaculação precoce sempre esteve presente parecem jogar alguma luz sobre a instalação sintomática em suas conexões com a culpa enquanto poderosa força motivadora para a autopunição, fazendo com que o ego esteja em luta constante para desviar os ataques do Superego. Sabemos que, a princípio, a culpa é persecutória e punitiva, mas que o acúmulo de experiências boas com o objeto total faz com que ela passe a ser modificada pelo impulso a reparar o objeto bom e contribuir para a sua sobrevivência, ficando, então, permeada por desejos reparadores. O recorte do caso que apresentarei a seguir inclui apenas alguns elementos que serão úteis nas reflexões que serão tecidas nos capítulos 4 e 5.

P2 relata ter sido uma criança que tinha pavor *noturnus* e, por isso, era o filho com quem sua mãe mais se preocupava, pois, às vezes, de madrugada, era encontrado numa perigosa marquise da casa, cumprindo ordens do capeta, para que não morresse alguém de sua família. As ordens eram do tipo: "Xinga Deus de filho-da-puta!" e ele, após xingar, precisava dar três pulinhos para a frente ou andar na tal marquise, para que não acontecesse nada de ruim com os irmãos. Quando passava na porta da Igreja, o capeta o mandava xingar palavrão e ele, para afastar essas idéias, tinha de catar pedras ou cacos de vidro que estivessem espalhados pelo chão. Às vezes respondia "não" em voz alta, e as pessoas nada entendiam, pois não sabiam que ele ouvia o capeta – vivência que durou até que completasse vinte anos. Muitos anos depois, observou o irmão caçula dizendo "não" em voz alta, julgou que devia ser o mesmo problema, mas um conhecido comum deu outra interpretação: "Vocês têm essas esquisitices porque se masturbam demais!" Ele chegou a concordar: "Eu preciso mesmo é parar de me masturbar, pois tenho prazer um minuto e fico mal o dia todo, super irritado." Masturbar-se e agir com falta de honestidade despertam-lhe muita culpa, entretanto a relação sexual em si não produz tal efeito.

Do seu sintoma de ejaculação precoce já reparou algo bastante interessante: se, na hora da intimidade com a mulher, ele encostar-se na calcinha dela, ejacula imediatamente. Pensa que isso deve ocorrer por causa das brincadeiras sexuais da infância: quando tinha dez anos, ou até menos, uns oito, costumava dormir com a irmã, encostar-se nela por trás e ficar com o pênis ereto roçando sua calcinha; aos onze anos, descobriu que, quando fazia isso, saía um "caldinho" de seu membro, momento em que, segundo ele, instalou-se a ejaculação precoce.

O temor de altura e de velocidade esteve presente em sua vida desde criança, e, quando brincava em balanços, sentia um frio no estômago e uma fisgada na cabeça do pênis. Sensações parecidas com as que ele experimenta quando tem um sonho repetitivo que o atormenta: está dirigindo numa curva, mas o carro vai reto e cai num buraco. Sente que está caindo, fica em pânico, porém, antes de chegar ao fundo do buraco, acorda assustado. Por causa desses medos, não tem coragem de entrar em elevadores, pois o balanço deles faz com que pense que o cabo de segurança vai se arrebentar, e o elevador despencar, que nem o carro do sonho.

Sempre foi impressionado com morte e, na pequena cidade em que morava, quando a Igreja anunciava pelo alto-falante o nome de quem havia morrido, ele imediatamente ia para o velório, e ficava um tempo enorme olhando para o defunto, mesmo que não fosse conhecido. As pessoas ficavam intrigadas com o fato de uma criança ter esse tipo de interesse, e também com seu costume de passar o dia zelando pela vida dos irmãos, correndo atrás deles nos lugares mais distantes, com receio de que estivessem metido em alguma situação que envolvesse riscos. Segundo P2, ele sentia-se tão responsável pelos irmãos porque achava seus pais distraídos e tinha medo de que algo de ruim pudesse acontecer-lhes, por causa dos pensamentos que passavam por sua cabeça. Mesmo com tanto zelo, acabou perdendo a mãe, que era a pessoa de quem mais gostava. Apesar das explicações médicas sobre a gravidade do quadro orgânico que acometeu sua mãe, por muitos anos uma dúvida, entre duas versões da morte, corroeu seu sossego: a mãe teria morrido porque uma coruja pousara no jardim da casa,[11] ou por causa do nervosismo e exigências de seu pai?

Caso 3

O caso clínico que ora discutiremos é interessante pela possibilidade de servir como um modelo caricatural para exemplificação de que nem todos os ejaculadores precoces funcionam predominantemente na posição esquizo-paranóide – conforme eu pensara a princípio.

11. Na crendice popular, quando uma coruja entra na casa é porque alguém vai morrer.

Apesar de encontrar-se às vezes invadido por ansiedade persecutória, esse rapaz possui um modelo de relação objetal mais evoluído: não seria equivocado dizer que seu psiquismo encontra-se evoluindo para um funcionamento na posição depressiva. Ele já está percebendo os objetos com características e motivações mistas, boas e más. Só que ainda se encontra invadido pela inveja, distanciando-se do objeto para não destruí-lo.

Penso que o detalhamento clínico desse caso poderá colocar em discussão o questionamento com que ora me ocupo: seria a metapsicologia kleiniana suficiente para descrever o funcionamento psíquico dos ejaculadores, ou essa discussão poderia ser enriquecida se elegêssemos como foco de investigação a observação cuidadosa da posição do sujeito diante do objeto mulher?

Deixarei, por ora, essa questão formulada aguardando uma resposta, e cuidarei do caso de P3, que, agindo como todo ejaculador precoce, ligou pedindo uma consulta com urgência. Abriu seu discurso contando que seus pais se separaram quando ele tinha 10 anos, e que ele ficou morando com o pai, com quem tem muita afinidade. Não se dá bem com a mãe, raramente vai visitá-la e, quando o faz, não consegue conversar. Acrescentou que foi ela quem quis a separação, mas que depois se arrependeu, só que não havia mais jeito para uma reconciliação. Durante toda narrativa esteve presente um riso sofrido, que dava à sua fisionomia um ar de medo.

A ejaculação precoce fez-se presente desde que iniciou sua vida sexual. Incomodado com o problema, foi a um urologista, que lhe indicou dois profissionais. Optou por procurar inicialmente aquele que tinha o consultório em local mais próximo, mas não se deu bem com a técnica empregada: viu filmes, leu livros... mas, por achar que o terapeuta não estava prestando atenção no que ele falava, acabou interrompendo o tratamento. Essa versão poderia ser questionada em pelo menos um ponto: não teria a escolha inicial sido feita devido ao fato de o terapeuta ser homem? Penso que sim e que, somente quando se deu conta de que não estava recebendo atenção suficiente de um homem, decidiu enfrentar a situação constrangedora de ter de ficar trancado, numa sala, falando com uma mulher. Caso essa hipótese tenha algum sentido, seria essa a razão para o ar de pânico e a fala embolada que P3 apresentou em nossos primeiros contatos?

Diz estar buscando ajuda não por ele, mas pelo descontentamento que percebe nas mulheres diante da ejaculação precoce. Declaração um tanto ambígua, pois faz alusão a uma preocupação com o objeto e, ao mesmo tempo, ao incômodo sentido por ele, diante do descontentamento da mulher.

Sai com as moças só para fazer sexo, pois não consegue sentir nada por elas: "não tenho tesão mental". No entanto tem ereções normais e freqüentes, só precisando utilizar alguns truques para despistar um pouco o problema da ejaculação precoce. O truque mais usual é assim descrito: "...excito bastante a menina, dou uma penetrada, gozo imediatamente, e aí então me concentro terrivelmente para conseguir ter outra ereção. Costuma dar certo... Engraçado isto... porque com sexo oral, eu não gozo, mas se penetrar a vagina, ou se a mulher falar algo do tipo 'não pára, continua', acabou, gozo na hora!"[12]

T.: "Então você frustra as mulheres, fazendo exatamente o contrário do que querem?"

P3: "É, eu sei que elas querem que eu continue, e sei também que não vou conseguir continuar, então fico aflito quando falam 'não pára!'" (Silêncio)

P3: "Elas me ajudariam tanto, se ficassem caladas!"

A confirmação, pela mulher, de seu desejo na manutenção da penetração parece incrementar a ansiedade persecutória e despertar uma reação fóbica que precipita o fim da relação sexual, coroada pelo gozo masculino. Neste caso, parece ser esse o círculo vicioso que se instala a cada ato sexual. No entanto falta-nos entender quais as fantasias de P3 acompanham a reação fóbica durante a penetração. Com esse fim, detivemo-nos um pouco mais no relacionamento do rapaz com as mulheres.

Em síntese, P3 se ralaciona com três tipos diferentes de mulher, assim denominadas por ele: as "chiclets", as "disponíveis", e as que "têm nome". As meninas "chiclets" são aquelas que "grudam

---

12. Temos aqui o depoimento mais comum entre os ejaculadores: não consigo deixar meu órgão dentro da vagina da mulher.

no pé" dele, insistindo para sair de qualquer jeito. Quanto mais insistem, maior é o seu conflito, porque, apesar de saber que não quer nada com elas, às vezes pensa: "Vou te comer, só para você parar de me encher o saco". Sabe que isso não é correto, e, na maioria das vezes, se arrepende por ter feito sexo pensando desse modo. Temos aqui um colorido sádico no uso defensivo da sexualidade diante da sedução feminina, que ele sente como um ataque. As meninas "disponíveis" são aquelas que sabem que ele não gosta delas, não quer namorá-las, mas que querem fazer sexo mesmo assim! Com essas o jogo é aberto, e ele não tem grandes conflitos, sabe que também está sendo usado. Entretanto, diante das meninas que "têm nome", ele fica totalmente constrangido: se fica apaixonado, não consegue perceber se é correspondido, e não se declara com receio de afugentar a garota.

A configuração desse quadro abre alguns canais para explorarmos a sua posição diante da mulher. Com as meninas "chiclets", que desejam seduzi-lo sexualmente para tentar obter o seu amor, ele transforma o ato sexual numa agressão, o que provavelmente inviabiliza a relação. Com as "disponíveis" ele estabelece uma relação utilitarista: "toma lá, dá cá". Ao passo que, com aquelas que teriam chance de receber o seu amor, ele dá um jeito de amortecer as possibilidades de relação, dando a elas um tom platônico. Ou seja, ele possui vários artifícios para impedir um estreitamento de vínculo afetivo com as mulheres, o que nos possibilita pensar na ejaculação precoce como mais um desses artifícios. Na situação analítica, ele costuma deixar em suspenso se virá ou não na próxima sessão, pedindo para ligar confirmando, mas raramente falta. É como se ele tivesse um receio de mobilizar na terapeuta uma expectativa de continuidade da relação.

Façamos, agora, uma avaliação do seu nível de ansiedade em distintas situações vitais. Quando precisa ouvir um caso longo ou esperar a decisão de alguém, ele fica extremamente ansioso e impaciente. Mas em outras situações de ordem prática, que naturalmente causam grandes transtornos nas pessoas, tais como batidas de carro e assaltos, ele costuma ficar com a cabeça fria e tomar decisões sensatas. Tomemos como exemplo dessa reação um assalto que houve alguns meses atrás em sua casa. Ele estava entrando de carro na garagem, quando um homem armado pulou na frente do carro, ordenando que ele entrasse e fechasse a garagem. Teve o ímpeto de atropelar o ladrão, mas viu a porta da sala entreaberta, e temeu que houvesse outros ladrões e que partissem para uma vingança contra sua família. Felizmente controlou seus impulsos agressivos (pois a quadrilha era numerosa),[13] e conseguiu vislumbrar que o mais seguro era cooperar com o grupo, convencendo os familiares a ficar presos no banheiro, e indicando onde estavam os objetos de valor da família. Foi o único a ter condições de fazer isso, pois todos da casa entraram em pânico. Se na hora não se desespera, depois, em compensação, fica totalmente irritado, e querendo vingança. Nos dias subseqüentes ao assalto, ia diariamente à delegacia para fazer o reconhecimento dos ladrões e, enquanto não identificou a quadrilha, não sossegou.

Sabemos que o incremento da ansiedade persecutória vem sempre acompanhado pela presença de idéias fixas. Uma outra situação também é ilustrativa desse mesmo quadro. P3 foi convocado a trabalhar no combate à dengue, em sua cidade. A contra-gosto, engajou-se na campanha, mas acabou ficando totalmente obcecado com a idéia do perigo de ser picado pelo mosquito "Aedes aegypti". Tomou como missão própria combater todos os focos de água parada (local de proliferação do mosquito), quer na sua casa, quer na vizinhança, empreitada que lhe tomou tempo e exigiu providências enérgicas. O assunto ocupou várias sessões, mostrando que a angústia diante do risco real de ser picado pelo mosquito era apenas uma das inúmeras ilustrações de seu estado mental, vulnerável à ansiedade persecutória.

De tempos em tempos, falava um pouco de seu pai, enfatizando sempre o seu jeito amargo de se relacionar com a vida, após terse recuperado de uma época em que vivia bêbado. Da mãe nada mais tinha falado, até que, em uma sessão, traz de uma só vez um conteúdo que me ajuda a correlacionar o amargor do pai, a indiferença com a mãe e a sua falta de "tesão mental" com as mulheres. Escutemos suas palavras.

13. O controle dos impulsos agressivos é raro nos típicos ejaculadores precoces. Cenas de insensatez também são uma constante nos diversos relatos.

P3: "Ele é seco, calado, um grosso! Não me ajuda em nada, podia estar ajudando. Acho que se cansou, de tanto bancar o idiota! Deu grana até para genro, que hoje em dia nem vai lá em casa! Ele já foi bem demais de situação, e é por isso também que eu não perdôo a minha mãe".

T.: "Não perdoa?"

P3: "Eu odeio ela. Meus irmãos não entendem por que, eu não falo... deixa para lá... só eu sei porque eu odeio".

T.: Por quê?"

P3: "Eu tinha cinco anos, ela saía comigo para passear, me levava para a casa de uns meninos para brincar, e entrava no quarto com o pai deles. Ela achava que eu não entendia nada, e não entendia mesmo! Mas eu via, eu via o cara saindo de lá, fechando as calças. Eu não entendia na época, mas depois eu entendi tudo. Ela ainda fez o meu pai ficar amigo dele, e até montar um negócio para ela, colocando ele como gerente. Tudo armação! Depois largou do meu pai, para ficar com ele. Mas se deu mal, porque ele meteu o pé nela, ficou com a grana e sumiu. Meus irmãos eram todos casados, só tinha eu, com dez anos. Ela não quis nem saber, foi embora! Agora fica só olhando para mim, e chorando! Não perdôo mesmo! E eu ainda tive de agüentar as conseqüências, tudo aquilo que já te contei, do meu pai ter se afundado na bebida. Pô, cara! Ele gostava dela! A minha adolescência eu passei me preocupando com ele, arrastando-o de um lado para o outro, morrendo de medo dele conseguir morrer".

A revelação desse segredo na análise possibilita-me antever questionamentos que possivelmente fermentam na cabeça de P3. O primeiro deles, e que se desdobra em vários, circularia em torno da seguinte questão: teria sua mãe tido necessidade de um amante por seu pai não conseguir satisfazê-la como mulher? Versão que traz em si o poder de impedi-lo de satisfazer sexualmente as mulheres, e superar assim a performance do pai.

Usado como pretexto para os encontros amorosos da mãe, teria P3 se tornado conivente com essa traição, silenciando-se para encobrir um certo gozo pelo fato de o pai estar sendo traído? Na rivalidade edípica, tal situação poderia até lhe parecer um consolo: ela não é minha, mas também não é sua! Idéia que representaria uma diminuição da angústia de castração, uma vez que o pai era "enganável". Essa configuração edípica estava fadada a resultar numa culpa enorme à medida que o pai se tornava um fracassado e entregava-se ao alcoolismo, deixando-o desesperado. Viria dessa culpa a sua iniciativa de dedicar sua adolescência à missão de recuperar o pai, não deixando-o morrer?

Sabemos que, na vivência edípica, a criança abre mão de seu objeto de amor, não só pela pressão da angústia de castração, mas também pela ambivalência das emoções para com o rival. O ódio terá que se arrefecer, para que o amor ao genitor do mesmo sexo permita a completude do processo identificatório. No entanto permanece uma ilusão: tenho o direito a ser o próximo da fila. Ilusão que atormenta o homem *ad aeternum,* e que o faz ter que se haver constantemente com a angústia de castração. Mas como será que fica essa ilusão, quando a criança percebe que o olhar de desejo da mãe não recai no pai, nem em si própria, mas sim num terceiro, estranho, que não tem o seu amor?[14] O ódio pelo rival, ao não ser suavizado pelo amor, levaria necessariamente a uma suspensão na construção de uma identidade masculina? Seria esse ódio parcialmente defletido para quem foi o autor da rejeição, no caso, a mãe?

Creio que seja um processo multideterminado o criador de uma representação da figura feminina como perigosa: alguém que seduz, atrai para o amor, domina, mas não se envolve. Apenas usa o homem para conseguir o que quer, e depois o deixa, P3 o percebe. Trata-se de uma mulher-aranha, uma viúva-negra, de quem devemos ficar o mais longe possível! Fantasia que se emparelha com a das meninas/chiclets, e que lhe provoca tanta repulsa.

Retornemos às formas usuais de P3 se envolver com a figura feminina: tenso e indisposto, geralmente se arrependendo dos programas que faz com elas. Após ter saído três vezes seguidas com uma colega de sala, e que é até muito boa moça, comenta: "Acontece

14. Um outro cliente meu, de sete anos, ilustrou bem essa situação: desenhava e contava que tinha ido ao clube sozinho com a mãe, e que fizera de tudo para ela não sentir a falta do pai dele, buscando suco, refrigerantes e salgados para ela. Mas, para seu desespero, chegou um homem e ofereceu um *drink* à mãe. Como ele não sabia o que era um *drink*, percebeu tristemente que não tinha como competir com o rapaz. Acrescentou ainda que, se seu pai estivesse por perto, ele diria: "Você bem que podia me ensinar o que é um *drink*!"

que estas meninas são fogosas, vão beijando, chamando a gente para ficar a sós com elas... e precipitam tudo! Com esta, eu só não gostei foi dela ficar contando vantagem: o que vai fazer quando formar, concurso que quer prestar... Acabou falando que eu sou um cara fácil de alguém se apaixonar por mim... pô cara! Ela não sabe nada de mim, como é que fala uma coisa dessas? Alguém, para dizer isto, tem que saber da minha história, da minha família, ir na minha casa, conhecer meus amigos... nada a ver!" Temos aqui a desconfiança implantada, acusando a menina de estar mentindo ao dizer que facilmente vai gostar dele.

A esse depoimento, alinhavou outro caso, em que uma ex-namorada o interpela na rua. Ele fica assustado em ver como ela estava: mais bonita, cabelo maravilhoso... e, sobretudo, diferente! "Ela estava morando em outra cidade, e começou a me contar o que havia conhecido de novo por lá, eu estava percebendo como ela estava diferente, mais... Eu me senti subjugado!"

T. : "Tal como foi com a outra, quando ela falou dos seus planos?"

P3: "Isto , foi isto mesmo, eu me senti subjugado!"

T.: "Diminuído..."

P3: "Você acertou... exatamente, diminuído! Fiquei deste tamaninho, e elas nem perceberam, querem ficar comigo de todo jeito!"

Vemos, portanto, que a idéia da mulher estar crescida, cheia de planos, de experiências, automaticamente o faz se sentir dominado, moralmente vencido. Seria essa a sua fantasia constante diante da mulher?

Quando, porém, algum sentido do material trazido por P3 estava começando a se formar, surgiu um impasse: disse, ao telefone, que talvez tivesse que interromper o tratamento por um certo tempo, pois estava sem condições financeiras para prosseguir. Sua voz estava tensa, parecendo-me chorosa. Consegui convence-lo a vir discutir o problema pessoalmente, para tentarmos encontrar uma solução. A dificuldade surgiu porque seu pai lhe comunicou que não mais pagaria sua faculdade, desestabilizando, assim, o seu orçamento. P3 não conseguiu argumentar com o pai acerca das restrições que essa decisão lhe trará. A dois meses da formatura, a decisão nos pareceu um tanto ou quanto descabida: ele não sabe se o pai vai cumprir a ameaça, mas ficou apavorado.

P3: "Isto deve ser por causa do tratamento... meu pai há alguns anos apareceu com uma doença rara. No começo eu pensei que era por causa da bebida, mas depois nós descobrimos que não era. Eu comecei a lutar para ele se tratar nos E.U.A. duas vezes ao ano. Lutei para conseguir uma vaga para ele e você acredita que ele não foi? Era só entrar no avião e descer lá, eu tinha feito tudo, comprado passagens, reservado hotel... Mas eu não desisti, marquei de novo, e aí forcei tanto a barra que ele foi. Voltou bem, mas tinha de continuar com o tratamento, e já tem um ano que ele está enrolando... O tratamento está perdendo o efeito... Eu tive que apelar e dar um golpe nele: procurei uma clínica, dei uma desculpa que tinha de passar naquele bairro, parei na porta, insisti para ele descer comigo e, quando desceu, já tinha uma consulta marcada em seu nome. Ele ficou bravo, dizendo que não tinha dinheiro, e que, se eu tinha inventado aquilo, era porque estava com dinheiro sobrando, e que para ele fazer o tratamento não poderia mais pagar a faculdade para mim. Foi isto, e aí eu não pude falar nada, ele não entende o que faço com meu dinheiro, não sabe que faço terapia... Por isto é que eu acho que vou ter de parar por uns tempos..."

Sua fala evidencia aquela preocupação antiga em manter o pai vivo e saudável, e retrata também o quanto esse pai continua não fazendo muita questão de viver. Percepção que angustia demais o rapaz e que o faz estabelecer estratégias para boicotar a tendência "suicida" do pai. O corte na verba representa, sem dúvida alguma, a resposta ao boicote: você precisa ser castigado porque não me deixa entregar os pontos.

Não teve coragem de falar com o pai que faz terapia, pois sente-se constrangido de tocar em assuntos sexuais. Acha até que, se falasse, o pai iria dizer que ele não tinha nada que estar fazendo sexo antes de se casar. Discutimos, então, se havia realmente uma demanda sua por um trabalho psicoterápico que justificasse uma continuidade.

P3: "Na verdade, não é só o problema da ejaculação, o que eu quero mesmo é ter uma família, coisa que eu nunca tive! Meus irmãos não gostam de mim, têm raiva mesmo, só porque eu fiquei sozinho com meu pai, eles acham que ele faz tudo para mim. Não vêem o tanto que ele exige de mim! Eu não tenho ninguém, só tenho meu pai, que não me escuta... e agora tenho a senhora!"

O interessante é que ele percebe que seu problema vai mais além da ejaculação precoce, e que tem a ver com impedimentos mais amplos: de ter uma namorada, uma mulher, filhos... E, quem sabe se, afinal de contas, o fato de ele estar estabelecendo um vínculo transferencial, em apenas oito sessões, já não seja um indício de que esse seu desejo é tão intenso que será capaz de levá-lo a transpor todos os obstáculos gerados pela sua ansiedade?

Levando em conta esta possibilidade, concluímos que valeria a pena tentarmos dar prosseguimento ao trabalho; fizemos um acordo deixando em suspenso por algum tempo a questão do pagamento, até que ele conseguisse conversar com o pai e explicar a sua necessidade de fazer terapia.

Alguns dias depois, seu pai me telefonou, dizendo que o filho havia conversado com ele acerca da terapia, do quanto gostaria de mantê-la e pedido sua ajuda para pagar. "Não quero nem perguntar por que, mas ele deve ter suas razões... é muito responsável e sério, e eu só estou ligando para negociar um preço que eu tenha condições de assumir!" Questionado pelas razões que lhe fizeram ter necessidade de levar seu pai a assumir o pagamento da terapia, P3 se confundiu e nada esclareceu. De minha parte, penso que isso traduz uma forma de implicar seu pai na responsabilidade por sua problemática identificatória.

Em suas produções seqüenciais, contudo, falou exaustivamente do quanto as funções de seu cargo na empresa o colocam em situações conflituosas: é obrigado a vigiar as transgressões alheias, julgá-las e, conforme o caso, puni-las. Seu estilo é sempre o de dialogar com os transgressores, só imputando uma sanção quando não há outro jeito. Entretanto os conflitos internos surgem, devido ao fato de os transgressores nada mais serem do que vítimas do sistema social vigente no país, constatação que o faz questionar a propriedade das sanções. Seu discurso trouxe-me à lembrança o rancor cultural de que nos falou Pellegrino em "Pacto Edípico e pacto social":[15]

15. Pronunciamento feito pelo psicanalista Hélio Pellegrino no Teatro Ruth Escobar, em 8 de julho de 1983, em um debate ocorrido após a apresentação da peça "Édipo-Rei", de Sófocles.

> "A ruptura com o pacto social [...] pode implicar a ruptura, ao nível do inconsciente, com o pacto edípico. Não nos esqueçamos de que o pai é o primeiro e fundamental representante, junto à criança, da Lei da Cultura. Se ocorre, por retroação, uma tal ruptura, fica destruído no mundo interno o significante paterno, o Nome-do-Pai, e, em consequência, o lugar da Lei. Um tal desastre psíquico vai implicar o rompimento da barreira que impedia – em nome da Lei – a emergência dos impulsos delinquenciais pré-edípicos, predatórios, parricidas, homicidas e incestuosos. Assistimos a uma verdadeira volta do recalcado".

A meu ver, a correspondência entre as idéias expostas por meu cliente e as de Pellegrino recaem num ponto básico: a necessidade do desmanche pleno de um pacto, caso ele esteja sendo sustentado apenas de um dos lados. Não posso deixar de pensar na história de vida de P3 e de correlacioná-la com o discurso do autor citado. A decepção dupla provocada pela mãe (pela traição ao marido e pela traição ao filho) poderia ter abalado o lugar da Lei, provocando em seu mundo interno um risco de quebra do pacto edípico? Caso essa seja uma hipótese admissível, teria a ejaculação precoce um sentido defensivo, de proteção contra os impulsos pré-edípicos incestuosos e parricidas?

Na sessão seguinte, suas lembranças recaíram sobre as namoradas de quem já gostou bastante, mas cujo namoro não foi adiante porque ele não tinha o que oferecer a elas. O sentido a que ele se referia era o familiar. "Não adianta, é só elas irem lá em casa e verem o jeitão do meu pai, para sacar como a minha família é! Eu não convido para ir nunca, porque já sei... Mas, aquelas que insistem muito, eu deixo. É dito e feito... logo elas esfriam, e o namoro acaba. Com os meus amigos é totalmente diferente, as namoradas vão almoçar na casa deles dia de sábado e domingo, ficam à vontade... Pô, cara! Qualquer um que entra lá em casa percebe que eu não tenho estrutura familiar".

Aos 18 anos, passou pelo período mais feliz da vida, pois conviveu diariamente com a menina de quem mais gostou até hoje. Ela era linda, uma das mais lindas que já viu, e gostava muito dele, apesar de ninguém entender o que via nele. Ficaram de "rolo" (sic)[16] firme um ano e ele não quis transformar a relação em namoro, por causa do medo que tinha de ser traído, já que todos os rapazes a queriam. Então eles só ficavam juntos quando estavam a sós. A convivência era perfeita, mas de vez em quando ficavam com outros pares. "Eu tinha tanto medo de perdê-la, e terminei por causa de vagabundice dela... eu sou tão azarado, que ela foi num *show* de uma banda famosa e o guitarrista a viu na multidão, mandou chamá-la para ir ao camarim dele, e eles ficaram numa boa. Eu chorei tanto quando soube que até hoje meus amigos me chamam de laranja. Mas fui decidido, não tem perdão! Aí foi ela que desesperou, sofreu mesmo, mas eu não quis mais saber dela!"

Vemos nesse relato resíduos da situação traumática vivida em sua infância, e que o impedem de mergulhar fundo em qualquer relação afetiva promissora: toda vez que gosta de alguém, não consegue transformar a relação em namoro, fica engasgado e não diz nada! Um exemplo disso ocorreu com a menina para quem ele "faz carreto":[17] ficou literalmente duas horas com o telefone e o jornal na mão, criando coragem para convidá-la a ir ao cinema. Tempo gasto decorando toda a programação de cinemas da cidade, preparando-se para qualquer senão... Quando ligou, ela acabara de sair. No dia seguinte, ao se encontrarem, ela o interpelou, perguntando o que ele queria com ela no dia anterior. P3 perdeu a fala. "Não entendo isso em mim! É só quando eu gosto!" Afirmação que corrobora a idéia de que seu problema com as mulheres passa principalmente pela questão da escolha de objeto amoroso.

Essa fragilidade de P3 é totalmente contrastante com a sua postura em outras áreas, como, por exemplo, na profissional. Sua firmeza em atingir determinado posto em sua carreira mostra a necessidade de autonomia, estabilidade e total independência do

16. Gíria utilizada pelos jovens para caracterizar um relacionamento que nunca se define. Tem algumas características de namoro, porém sem maiores compromissos.

17. Gíria que ele inventou para sintetizar o que ele faz para encontrar-se com ela: atravessa a cidade para pegá-la em casa e levá-la para a aula, inventando que a casa dela fica no meio do seu percurso. O significado da palavra "carreto" em português é o de transportar uma determinada mercadoria, cobrando-se uma taxa pelo serviço.

pai. Aliado a esses fatores, encontra-se o fato de querer uma função em razão da qual o pai possa verdadeiramente se orgulhar dele. Nada o desvia dessa meta, e ele diz: "Tenho certeza que vou conseguir, eu sei que posso confiar em mim. É até chato dizer isto, mas eu confio, e sei que meu pai também confia!" Suas palavras não são ocas, e sim repletas de esforço e estudo. Do ponto de vista do seu funcionamento psíquico, essa firmeza ilustra a notória estabilidade de seu objeto interno bom,[18] que lhe deu respaldo em todo o seu desenvolvimento intelectual, e, até certo ponto, emocional, como veremos adiante, quando ele aborda o tema do envolvimento afetivo com os problemas alheios.

Entrando para sua sessão, comenta: "Deve ser difícil atender assim... sem um intervalo".

Faz alguns comentários sobre como deve ser difícil para mim não me envolver com o problema dos clientes... Acrescenta que ele às vezes se envolve muito, como no caso de um colega de serviço para quem acabou de dar carona. O rapaz tem sua idade, era atleta, mas num acidente automobilístico, anos atrás, ficou paraplégico. "O pesar do cara me comove, não há palavras que eu possa usar nessa situação... foi uma fatalidade... Só me resta ser amigo: ouvir e não tratá-lo com discriminação". P3 descreve a angústia de morte que sente no amigo, e a luta dele para não entregar os pontos. "Eu não tenho medo de morrer! Não preocupo com isso... Tenho medo do futuro – sou preocupado. Só não fico preocupado quando estou totalmente à vontade na situação. Por exemplo, vou transpor isso para a minha vida sexual. Eu já reparei que o problema da ejaculação precoce só ocorre quando não tenho confiança na mulher, quando tenho medo dela contar para meus colegas que sou ejaculador precoce. Mas, atualmente, de cada dez relações que tenho, só tenho ejaculação precoce em duas: depende muito da mulher! Quando há compatibilidade sexual, tudo dá certo! Engraçado, tenho notado que nessas duas vezes, a média de que estou falando, geralmente as meninas não são do meu círculo de amigos". Questiono, então, se depende mais da mulher ou do que

18. O verbete que descreve o conceito de "Objeto interno bom" pode ser encontrado no Anexo.

os outros homens vão pensar dele. "Não sei... só sei que tem mulher que me deixa à vontade, e aí não ocorre o problema". Contudo passa a contar o caso de uma menina com quem ele não queria ter relações sexuais porque ela era virgem. Justifica-se assim: "Não ia ser legal para ela, transar pela primeira vez com quem não estava gostando dela nem o suficiente para namorar!" Porém a menina insistiu tanto que ele deixou de lado o referido pudor, fez sexo e foi ótimo. Ficou bem ralaxado, porque, como a moça não tinha experiência alguma, não reconheceria que ele era rápido. Dessa experiência, conclui: "Se eu me preocupo – palavra fantástica: pré-ocupo – aí não dá certo, e eu gozo rápido!" Termina sua sessão estabelecendo uma estatística que julga ser de âmbito geral: a ejaculação precoce deve-se 30% ao local adequado, 50% à mulher, e 20% à ansiedade do homem.

Gostaria de ressaltar, nesse material, que a preocupação constante de P3 com o outro, expressa quer seja na sua sensibilidade na lida com o colega paraplégico, quer na preocupação com o que a moça sentiria por ter perdido a virgindade com um rapaz que não gostava dela, parece-me genuína, e não apenas um discurso vazio. Impressão que derruba de vez a possibilidade de que P3, numa terminologia kleiniana, tenha um funcionamento predominante na posição esquizo-paranóide.[19] Juntando a essa constatação o fato de que ele possui um objeto interno bom, forte e coeso, podemos retomar nossa hipótese de que P3 se atrapalhou, de fato, na construção de sua identidade masculina. A mulher é vista por ele como aquela viúva-negra, que o delatará a outros homens, deixando-o num papel ridículo, tal como seu pai ficou.

Suas falas evidenciavam a descrença nas mulheres: "Não sei... tem horas que eu acho que elas não têm nada para me oferecer..." Reconsidera: "Para falar a verdade, eu é que não sei o que quero delas..." Faço alusão à possibilidade de a experiência negativa com a mãe ter comprometido a imagem que ele tem da mulher. Ao que responde: "Não é só minha mãe não... lá em casa as mulheres são foda! A minha irmã casada, você precisa ver o que ela aprontou com meu pai... pegou o talão dele, e deu um tanto de cheques sem

19. O verbete da Posição esquizo-paranóide pode ser encontrado no Anexo.

fundo, sem avisar para ele. O cara tá lá doido para cobrir a conta. A minha outra irmã, a que mora lá em casa, eu não queria para minha mulher de jeito nenhum! Não sabe ser uma dona-de-casa... lá em casa nem parece que tem mulher!" Ao que eu comento: "Então você não conhece de perto nenhuma mulher que exerça as funções que você acha que são próprias da mulher?" E P3 imediatamente respondeu: "Até que conheço... meus irmãos souberam escolher: as esposas são jóias mesmo!"

P3 sabe muito bem a falta que faz uma mulher na sua função de mãe, pois sempre teve que resolver os próprios problemas: desde pequeno, seu pai lhe dava dinheiro, e ele ia à loja comprar roupas. Quando vê as fotos do casamento de seus irmãos, fica envergonhado do modo como estava vestido – todo "descombinado", pois nunca teve quem olhasse suas roupas.

Admitia sua paixão pela "carreto", e descrevia seus movimentos discretos para abordá-la. No entanto, não ser correspondido, acabou aumentando a sua preguiça de lidar com as mulheres, passando a telefonar só para as "chiclets", que tinham telefone digital e ele não precisava nem virar o dedo. Usava gírias engraçadas para se referir à sua indiferença por elas, tais como: "saí só para cruzar"; "precisava trocar meu óleo". Descrevendo que nada sentia quando estava "cruzando" (sic), apenas um mal-estar tão grande, por estar fazendo sexo sem afeto algum, que, quando terminava, ficava muito deprimido e só se recuperava no dia seguinte. Ficava nauseado quando se lembrava da cena e do quanto as mulheres estavam permissivas, deixando os homens fazerem o que quisessem com elas. Tinha muita preguiça de se masturbar, e quando o fazia, era "a seco"... pois não tinha nenhuma fantasia com mulheres, nenhuma cena especial de que se lembrasse. Aliás, nunca fez sexo com alguém de quem gostasse, pois nessas situações ficava sexualmente inibido. "Mas de uma coisa eu sei: se a "carreto" me ligasse, eu pegava os meus patins, e ia que nem um motoboy!"[20] Expressão rica, pois pode ser uma alusão às fantasias que o assolam quando pensa em ter relações sexuais com as mulheres "carreto".

20. Alusão a um *serial killer* que atuava em São Paulo: assassino que seduzia suas vítimas, levava-as para o mato, estuprava e depois as enforcava com um cadarço.

Em outra sessão, P3 nos conta que, quando sua mãe foi embora de casa, deu todos os móveis e objetos, grande parte para seus irmãos casados. "O pior é que eles aceitaram..." Seu pai nunca mais conseguiu arrumar a casa: "não há um vaso de planta, uma cortina, um tapete, um enfeite..." Comento que então a casa se parece com uma república, ele vibra com o comentário e diz que de fato é uma república em todos os sentidos.

Falando dos valores morais, que tem muito bem estabelecidos, P3 retruca que ele e os irmãos foram criados totalmente largados, sua mãe saía o dia inteiro, apesar de nunca ter trabalhado. Seu pai cumpria seu papel, e muito bem! Sustentava a família, vinha do serviço direto para casa. Os filhos ficavam livres o dia todo, fazendo o que bem queriam: ele era pequeno e os irmãos adolescentes davam cigarros para ele fumar, para que ele não contasse o que via. Fica engasgado e balbucia que viu coisas terríveis... Aos seis anos, ele viu seu irmão fazendo sexo com a irmã – cena que o deixou extremamente chocado!

O relato que ora acabamos de ouvir presta-se a abrir uma nova hipótese de compreensão da sua falta de entusiasmo sexual com as mulheres – dessa vez, poderíamos pensar numa hipótese traumática que teria bloqueado a sua libido devido à libertinagem familiar que convidava a atuações incestuosas. Tal bloqueio seria o responsável pelo impasse sexual que se colocava nas sua relações com as mulheres: se ficava apaixonado, não conseguia levar a relação até um envolvimento sexual; se não estava apaixonado, conseguia imediatamente levar o relacionamento para o campo sexual, sem que tivesse, no entanto, nenhum tipo de prazer.

Concluiu que, apesar de tudo, o pai foi capaz de dar um modelo bom para os filhos homens, que foram os que deram certo na vida. Quanto às irmãs, eram mesmo tão egoístas quanto sua mãe. Dizia não entender amor de pai, sua irmã deu aquele número enorme de cheque sem fundo, e seu pai, apesar de ter assumido a dívida, não podia nem pegar talão de cheque no banco. "Imagina, com aquela idade, passar um vexame desses! E ele só está emburrado; se fosse eu, arrebentava a cara dela! E ela é tão egoísta, que não enxerga que o prejudicou, acha que o problema é só dela!" Palavras que ecoam suas razões históricas, para não acreditar que um homem possa conter os impulsos de uma mulher, nem com amor.

Após um ano de tratamento, P3 afirmava que seu problema sexual havia desaparecido completamente, não tinha mais ejaculação precoce. "Mesmo assim, preciso continuar a terapia, para que eu não transfira para as mulheres as minhas carências". Um tempo depois, chegando atrasado à sessão, porque havia perdido um documento, disse esbaforido: "Você acredita que eu estava até agora, igual um louco, procurando a minha carteira de identidade? E que um colega totalmente míope, chegou na minha mesa, pegou nela e me entregou? Ela estava na minha frente, e eu não reconheci!"

3.1.2. Secundária Permanente

O material reunido inclui um número significativo de primeiras entrevistas, que não serão relatadas devido ao fato, já citado, de que a maioria dos pacientes não dava continuidade ao tratamento. No entanto alguns empreenderam o processo psicoterápico e, coincidentemente, eram casos em que a ejaculação precoce havia se instalado junto a uma sintomatologia obsessiva, o que me levou a pensar que esses pacientes se dispuseram a enfrentar o tratamento mais pelos transtornos causados pelo conjunto dos sintomas, do que propriamente pela ejaculação precoce.

Apesar da neurose, tiveram, por muitos anos, uma vida sexual relativamente tranqüila, mas um incremento abrupto no nível de ansiedade, que impedia o relaxamento durante o ato sexual, provocara o surgimento da ejaculação precoce – que, uma vez instalada, estabelecera um círculo vicioso, passando a ser, ela também, geradora de ansiedade.

O material que possuo é escasso, pois, sem dúvida alguma, as dificuldades transferencias do neurótico obsessivo interferiram no tratamento, fazendo com que freqüentassem o processo por poucos meses; mesmo assim, julgo ser válida a apresentação de pelo menos um desses casos.

Caso 4

P4 pediu a seu médico para encaminhá-lo a um psicólogo, pois tinha de falar sobre a angústia que o arrebatava em situações inespecíficas, e cuja agonia, acompanhada de pensamentos ruins, desencadeava nele um medo tão intenso de água que o obrigava a sair do lugar. Em casa, quieto, debaixo dos lençóis da cama, os pensamentos ruins não paravam de atormentá-lo: um cano da Copasa poderia arrebentar, o registro da torneira poderia se estragar e a água não parar mais de sair. Levantava-se e conferia todo equipamento hidráulico da casa e, uma vez mais calmo, novamente era tomado pelo pânico: poderia chover. Esse medo transtornava totalmente a sua vida: às vezes tinha que sair da casa de um irmão porque ouvira o chuveiro pingando, outras vezes não dormia porque escutava o barulho da caixa d'água enchendo. Havia até mesmo ficado impedido de permanecer na festa de aniversário de sua mãe, pois estavam enchendo a piscina. Sem que percebessem, fechou o registro, mas alguém o reabriu, e ele foi forçado a ir embora às pressas. "Engraçado, de rio eu não tenho medo, tenho medo é de piscina! Quando eu morava no Norte, não tinha esse medo, também pudera, lá não tinha água encanada! Eu não posso é ver a água saindo de dentro do cano! Também não posso ver água represada. O que será isso? Será que as outras pessoas têm isso?"[1]

Ao perguntar-lhe sobre a primeira vez em que experimentara medo de água, ele prontamente respondeu: "Aos dez anos fui buscar uns animais para meu pai em outra fazenda, e, na volta, apesar de o rio estar cheio por causa de um temporal, atravessei-o montado num cavalo. A sela arrebentou, fui para o fundo e me afoguei". Teria sido essa a marca inaugural do "perigo das águas"? Ocorrida justamente aos dez anos, quando o início da puberdade revigora a violência pulsional? Episódio interessante por estar associado a um dever de obediência ao pai: "Vi que o rio estava perigoso, mas, como meu pai havia dito para eu voltar naquele dia mesmo, eu não quis desobedecer!" Experiência que acabou deixando fortemente marcado o quão difícil era obedecer ao pai, já que este lhe dava tarefas tão árduas. Além do mais, o fracasso da missão, porque a sela se rompeu e ele foi engolfado pelas águas, foi vivenciado como um fracasso na competição identificatória com o pai. Entretanto a raiva que sentiu do pai por tê-lo feito se expor a tamanho perigo, ao que tudo indicava, parecia estar totalmente recalcada. O que poderíamos pensar, contudo, em termos de construção identificatória, que justificasse uma submissão tão cega a essa onipresença da imago paterna? Enfrentar o desafio da força das águas seria uma evidência de um funcionamento superegóico rígido, uma demonstração de culpa por outras desobediências ao pai?

1. No filme *Fantasia*, da Disney, há uma cena que ilustra plasticamente o que ele descreve como o seu medo maior: as águas não paravam de jorrar, o que deixava o personagem Mickey totalmente desarvorado.

Ou seria apenas uma "performance" que deixava claro o seu desconhecimento da experiência da castração?

Outra associação para o medo das águas foi a lembrança de um fato ocorrido na sua segunda década de vida: certa vez, cavara um poço de dois metros de profundidade e vira a água nascendo da terra; impressionado pelo fenômeno, passou a ter medo de fazer buracos. A experiência de ter estado dentro de um buraco de onde jorrava água sugere que penetrar um buraco talvez não seja algo tão inocente, e pode, inclusive, ter-se vinculado às fantasias acerca dos perigos da vagina.

Outro medo que o atormentava era o de vento, pois, certa vez, uma ventania destelhou parte de sua casa, fazendo com que as águas entrassem. E foi justamente um temporal que desabou no horário de sua sessão que fez com que o seu funcionamento obsessivo, que estava sendo narrado paulatinamente, acabasse por ser narrado aos borbotões. A minha certeza de que ele não viria foi dissipada pela visão repentina de sua figura: rosto pálido, suado e totalmente transtornado. Estava a meio caminho quando a chuva o pegara, e só veio à sessão porque o ambulatório era exatamente o abrigo mais próximo. Não queria aparecer diante de mim naquele estado, mas pensara: "A doutora tem de ver como eu fico". Nesse dia, permitiu-se denunciar a configuração obsessiva que regia sua rotina: o pensamento acelerado, as idéias obsediantes, a irritação com os detalhes, os rituais de verificação de seus atos e, por fim, as infindáveis recriminações. Após ter feito a descrição do sofrimento com seu funcionamento obsessivo, pôde confessar, em tom de segredo, que havia um descontrole em seu próprio corpo: ele não controlava as águas internas e transbordava a qualquer momento – era um ejaculador precoce.

Ao que tudo indicava, o sofrimento obsessivo parecia ter sido adicionado *a posteriori*, para garantir a defesa diante do risco de uma eclosão pulsional (sexual/agressiva). A apresentação do perigo como externo, constituído de canos d'água que podem estourar e inundar a casa, parece ter sido feita sob medida para evocar a imagem de algo infantil e sexual que ameaçava romper a barreira do recalcamento, fazendo com que a identificação com os canos fosse simbolicamente correspondente à identificação com o próprio pênis, por metonímia, "eu mesmo".[2] Vivência psíquica até mais angustiante do que a da própria castração, em que o risco específico é o de perder o órgão fálico, enquanto que, se o sujeito está identificado com o pênis, o risco é de que o Eu se perca.

Em sua versão inicial, a ejaculação precoce o acompanhava havia dez anos, desde o episódio do "acidente do beijo", após o qual, nunca mais fora o mesmo. Tinha ficado "de agarramento" com uma mulher num bar e chegado em casa com cheiro de perfume; apressadamente, foi tomar um banho, mas, para seu azar, a esposa procurou-o para ter sexo. Sentindo o cheiro, desconfiou e foi ver sua camisa, que estava com marca de batom. Ele não conseguiu esconder a verdade, mas ela não acreditou que tinha sido apenas uns beijos. Ser descoberto enquanto traidor, segundo P4, foi a causa do surgimento do sintoma. "Engraçado é que, com a outra, isso não acontecia". A contradição implícita nesse último comentário chamou minha atenção, pois, já que ele havia se apresentado como uma vítima que cometera um pequeno deslize e não conseguira provar sua inocência, como é que ele podia dizer que com a outra não acontecia ejaculação precoce?

Essa apresentação tímida de sua infidelidade, realizada graças à projeção na terapeuta de uma função superegóica, foi cedendo espaço para o desvelamento de um outro homem: um verdadeiro pavão que estava envolvido em traições desde o início de seu relacionamento conjugal. E, se não fez sexo com a moça do beijo, foi porque, na época, estava envolvido com uma outra, que era casada e tinha um filho. Apesar do "acidente do beijo" não ter sido a primeira nem a última vez que P4 foi desmascarado – pois, de outra feita, foi pego pelo filho, dando uma mordida no braço de uma colega –, sem dúvida alguma, deixou nele uma marca significativa: a partir de então, ficara colado naquele papel de traidor, precisando sempre pensar em outras mulheres para ter ereções. Aliás, tudo leva a crer que ele se arranjava para ser pego "com a boca na botija",[3] movimento que nada mais era do que uma repetição de alguma cena traumática.

---

2. O filme de Woody Allen, *Tudo que você gostaria de saber sobre sexo e tem medo de perguntar*, mostra uma cena cômica de uma situação correlata a essa: o personagem aparece vestido de espermatozóide.

3. Expressão popular para se referir ao flagrante.

Ser mulherengo, provavelmente, era também uma das defesas, que se prestava tanto a negar os fantasmas homossexuais que costumam assediar as pessoas cuja identidade sexual não foi bem construída, quanto a barrar os desejos sexuais intensos pela esposa. Sabemos, desde *Sobre a tendência universal à depreciação na esfera do amor* (Freud), como os obsessivos mantêm a cisão do objeto, o que nos permitiria pensar que ele fazia o possível para recanalizar tais desejos para as relações extraconjugais. Seja como for, o que ele não conseguia, mesmo, era se envolver numa relação amorosa com uma mulher, constatação presente, inclusive, ao nível transferencial, como veremos a seguir. Após cinco meses de atendimento, ele surpreendeu-me com a pergunta: "Qual é mesmo o seu nome? A minha mulher chamou minha atenção para isso: eu faço tratamento com a psicóloga e nem sei o nome dela..." –, nome que ele nunca pronunciou, pois tratou de substituí-lo por um outro bem parecido. Estaria expresso, nesse movimento transferencial, a ambivalência entre amor e ódio para com o objeto, e que se expressava num fracasso sexual altamente frustrante para a parceira?

Ser mulherengo, entretanto, era um significante a que se associavam outras preocupações, principalmente com um dos filhos, tão descabeçado quanto o avô paterno, que perdera tudo que tinha por causa de "mulherada", passando de patrão a empregado. "De lá para cá, nunca mais os filhos deixaram de ser empregados dos outros!" Apesar de P4 não assumir que se julgava um descabeçado, contou que, um ano antes, quando estivera internado, por dois meses, para uma cirurgia de grande risco, fez um balanço em sua vida, constatando que não era justo fazer o que ele fazia com a esposa. Naquela época, sentindo necessidade de se aproximar de Deus, começou a freqüentar uma igreja evangélica, ficando impressionado com o poder das orações que mandavam o diabo embora do corpo. Ele, melhor do que ninguém, conhecia bem as tentações diabólicas, e concluiu que esse poderia ser um caminho para deixar de ser um homem descabeçado. Das suas reflexões acerca da história serviçal de seu pai e irmãos, emanou o seu desejo de ser um profissional autônomo, que tivesse direito a uma jornada menor de trabalho e a mais tempo de lazer. Canalizando suas energias para tal meta, passou a ter mais qualidade de vida, lutando com a esposa para que realmente se tornasse uma companheira em tudo: empenho aliado ao ato simbólico de refazer as alianças de ouro do casamento, que ele nunca usara.

Embora afirmando que, naquele momento, seu problema era apenas a ejaculação precoce, e que tivera um quadro severo de impotência por uns três anos, de vez em quando, deixava escapar que tinha falhas eréteis – o que poderia, a meu ver, estar associado ao trauma do buraco/vagina e ao seu temor de ficar dentro dele. Mas P4 não se queixava da impotência, e nem se incomodava com o risco de ela se instalar, temor que costuma ser um dos grandes fantasmas dos ejaculadores – atitude que me levava a questionar o por quê de a descarga agressiva estar ligada apenas à ejaculação precoce.

Creio que esse sintoma tornou-se o foco de suas atenções justamente porque a vivência do descontrole ejaculatório evidenciava a falência dos mecanismos de controle, tanto da realidade externa, quanto da interna, aumentando, assim, o estado de vulnerabilidade diante do imprevisível. Situação psíquica que correspondia à sua angústia básica: o medo do descontrole pulsional, simbolicamente representado pelo medo de água saindo pelo cano de modo descontrolado. Era como se ele dissesse: "Eu não posso ver nada que me lembre o ato sexual". E, como a ejaculação precoce era o retorno do recalcado, era preciso reforçar as defesas fóbicas, e P4 criou o medo de ficar preso em compartimentos fechados, como, por exemplo, em banheiros ou elevadores. Diante disso, não podemos deixar de indagar qual seria a perspectiva de desaparecimento do sintoma da ejaculação precoce: estaria vinculada ao "desmanche" (anulamento) dos sintomas fóbicos?

Ciente de que suas fobias realmente o impediam de ter uma vida normal, passou a tentar enfrentá-las, e uma das primeiras coisas que conseguiu durante o tratamento foi usar sozinho o elevador – o que comprovava como, de fato, o seu grande temor não estava vinculado à penetração vaginal. Embora não falando mais de seu medo de água, tive oportunidade de observar que sua reação aos temporais também estava diferente: num dia de furor da natureza, ele chegou tranqüilo falando de assuntos amenos. Frente a essa observação, ele retrucou: "Que nada! Eu ainda penso nisso! Ontem mesmo foi um custo para dormir, eu não conseguia ...tudo porque fui ver o noticiário. Lá dizia que o gelo do mar está derretendo todo e que está aumentando a água do mar. [...] Daí que o mar vai encher, vai encher os rios e vai chegar tudo aqui pelos canos". Com essa preocupação, ele ficou impossibilitado de dormir até que cessasse o barulho de água entrando na caixa d'água de sua casa.

O tom dessa narrativa, contudo, já não era o mesmo de outras vezes: apesar de ainda conservar o jeito debochado que tinha para com as "bobagens" que pensava, não estava angustiado; pelo contrário, estava empolgado com a decisão de desfrutar de férias que se acumularam por anos a fio. Quando elas chegaram, P4 foi passear na casa de uns parentes, numa cidade costeira, e, retornando totalmente entusiasmado, comunicou-me que havia pedido demissão do emprego e que estava montando um negócio próprio, e, para minha surpresa, defronte o mar. Estranhei essa opção, já que ele, recentemente, estivera tão preocupado com o aumento do nível das águas do mar. Seria, então, uma defesa contrafóbica, uma vez que essas águas, por não terem aprisionamento, não lhe causavam medo e podiam até proporcionar-lhe calma? Parece que sim, pois tranqüilidade lhe sobrava, a ponto de ele dizer: "A sra. não precisa preocupar comigo não, doutora, eu já verifiquei e lá tem Ambulatório e tem psicóloga". Comentário que evidenciava o quão distante ele estava das águas do amor.

3.1.3. Secundária Transitória

Nessa classificação, incluo aqueles casos clínicos em que a ejaculação precoce aparece em homens que têm um funcionamento psíquico totalmente distinto dos outros que citei até o momento. Tendo tido um desenvolvimento emocional adequado, conseguiram ter um início de vida sexual satisfatório, com mulheres que lhes despertavam interesses sexuais e, às vezes, também afetivo. Dentre as relações amorosas que tiveram, acabaram sendo correspondidos de maneira especial por uma mulher, a quem escolheram como companheira. Geralmente são fiéis nesses relacionamentos e conseguem sustentá-los por muitos anos.

A preocupação com a ejaculação precoce é secundária ao temor de que, por sua capacidade de dificultar o orgarmo feminino, ela possa vir a comprometer de modo significativo a união do casal. Há uma preocupação genuína com a mulher, uma decisão de não perdê-la e a necessidade de recompensá-la. Esse vínculo é correspondido, pois as companheiras atendem imediatamente à sugestão de comparecerem para uma entrevista psicológica.

A avaliação do casal mostra que o sintoma da ejaculação precoce surgiu como resposta às dificuldades circunstanciais, ou relacionais, que o casal vem enfrentando na vida cotidiana. Ressentimentos antigos não resolvidos ou desequilíbrios na esfera dos interesses mútuos também são fatores que costumam estar presentes nesses casais. As mulheres, geralmente mais sensíveis às problemáticas emocionais, costumam responder a essas questões com distanciamento e esfriamento sexual; os homens reagirão a esse esfriamento sexual da companheira com a apresentação da ejaculação precoce.

A psicoterapia de casal é indicada para esses casos, e, na minha experiência, promoveu resultados que considero satisfatórios, pois, após a resolução dos problemas conjugais, os casais recuperavam a normalidade de sua vida sexual. A ejaculação precoce não mais perturbava: desaparecia gradualmente, na mesma proporção em que a ansiedade do homem diminuía por ele voltar a sentir-se desejado pela mulher.

O resultado dessas experiências já foram apresentadas, ao público interessado no assunto, no IV Congresso Brasileiro de Impotência sexual,[1] em 1997, e, como os objetivos específicos deste livro visam à descrição das perturbações no funcionamento psíquico dos homens portadores de distúrbios sexuais, julgo não ser necessário reapresentá-lo.

1. O tema livre "A terapia de casal como opção na abordagem de pacientes com ejaculação precoce" encontra-se nos Anais do referido Congresso.

3.2. A Disfunção Erétil

...a gênese de uma neurose invariavelmente remonta
a impressões muito primitivas da infância .
(FREUD: *"Moisés e o monoteísmo: três ensaios"*)

3.2.1. Narcísicos

Há algum tempo venho escutando pacientes com queixas de disfunção erétil. Aos poucos, foi-se formando entre eles um subgrupo que possui características que remetem a um funcionamento psíquico basicamente narcísico. As palavras de um paciente retratam tal situação: "Eu só posso vir aqui de quinze em quinze dias, porque, se eu ficar sabendo que preciso de você, eu não agüento!"

Chegam geralmente desesperados com o choque criado pela falha da potência sexual. Contam e recontam inúmeras vezes o ocorrido, descrevem a ansiedade que acompanhou o trauma narcísico, e que agora os invade todas as vezes que são chamados ao ato, abalando a maior certeza que sempre tiveram: a de serem capazes de resolver qualquer impasse que a vida lhes apresentasse. O pânico surge do confronto de dois significantes: Onipotência e Impotência. A pergunta inscrita debaixo da aflição questiona a inviabilidade da coexistência de dois estados: "Como isso pode acontecer justamente comigo, que sou capaz de resolver tudo?" Do analista, querem apenas uma explicação teórica para a causa do problema, pois, a solução, podem encontrá-la sozinhos. Precisam recuperar imediatamente o sentimento de potência, de domínio sobre as pessoas, no qual baseiam sua auto-estima.

Compreensivelmente, nada mais humilhante do que a disfunção erétil, evidência concreta da denúncia feita pelo pênis, órgão sustentáculo da função narcísica, da falibilidade do sujeito. Falha passível de ser sentida e vista pelo outro, e que joga o sujeito num circuito de fuga fóbica dos contatos sexuais. Para essas pessoas, o estabelecimento de um vínculo transferencial é sofrido e reflete o peso da desconfiança que corrói seus relacionamentos. Depoimentos como o que se segue, ilustram o drama: "Não é só nas mulheres que eu não confio, é em todo mundo! Eu não deixo ninguém penetrar em mim... Não gosto de gente transparente, ficam muito vulneráveis, deixam os outros verem onde podem atingi-las. Eu não deixo, não deixo ninguém saber onde pode me atingir!" Vemos, portanto, como "ser obrigado a falar e se fazer entender é vivido como uma ferida narcísica suplementar no seio de uma transferência arcaica e fusional."[1] Essa impossibilidade de suportar um estado de vulnerabilidade aponta para um represamento libidinal no próprio eu, estado que na metapsicologia freudiana é descrito como narcisismo primário, e, na metapsicologia kleiniana, como posição esquizo-paranóide. Tomo, aqui, a acepção de narcisismo primário adotada por Freud entre 1910 e 1915, que inclui esse estado como uma fase intermediária entre o auto-erotismo e o narcisismo secundário. O conceito proposto indicava, então, que o narcisismo primário não era um estado do qual estivesse ausente toda e qualquer relação intersubjetiva: o que não havia era a interiorização de uma relação.

Para Klein, a posição esquizo-paranóide faz referência a um modo de funcionamento psíquico em que a preocupação do sujeito centra-se nos cuidados com o *self*, estabelecendo relações objetais parciais – ou seja, relacionando-se com aquelas partes do objeto que lhe convêm. Considero esse último conceito amplamente útil para a compreeensão da modalidade de relacionamento objetal enquistada no sistema narcisista intrapsíquico, em que o outro é buscado como elemento comparativo: "...eu me comparo, o tempo todo, com todo mundo!"; ou apenas para uma exaltação do eu: "Só me sinto bem... mais seguro... se tenho certeza de que a outra pessoa é inferior a mim!" No fundo, o que há é uma insegurança tão grande que a inferioridade do outro é um elemento necessário para realimentar o sistema narcísico. Na esfera sexual, tal imposição acarreta fenômenos interessantes: a falha erétil não ocorre diante de mulheres que são consideradas inferiores, seja do ponto de vista cultural ou do social.

1. MCDOUGALL. *Em defesa de uma certa anormalidade*: teoria e clínica psicanalítica, p. 130.

Nos textos de Bleichmar,[2] esse conjunto de preferências ou menosprezo constitui o campo narcisista, compondo um sistema que exige pelo menos três elementos: o que escolhe e dois que possam ser comparados, em suas virtudes e defeitos. Na fala de um paciente, o mundo feminino é dividido entre as "gatas", e as "Z.N." (zona norte – meninas suburbanas, para uso descartável). Os relacionamentos denunciam a função defensiva contra a existência da alteridade: é impraticável aceitar que o outro possa ser diferente, quer em seu modo de ser, quer no de pensar ou de agir. O outro, após ser utilizado como instrumento de gozo narcísico, inflando o eu pela sua pequenez, passa a ser alvo de um ódio intenso. Um paciente pede desculpas pela maneira como vai descrever o que sente, mas a sua vontade é de que, após a relação sexual, a cama fosse como um vaso sanitário, e ele pudesse dar descarga, e mandar aquela mulher esgoto abaixo. "Forma errática de amor ao próprio eu, que tem lugar quando entra numa estrutura do tipo 'eu ou o outro', em que, para amar-se, tem que destroçar o que é captado como rival".[3]

O caso clínico que se segue, de um paciente narcísico, vai elucidar tanto o sofrimento dele, ao estabelecer um tênue vínculo transferencial, quanto sua dificuldade de reconhecer uma identidade para o outro, o que dificultrá bastante o manejo técnico da análise, com sua proposta de fazer o paciente escutar o próprio inconsciente. O tratamento ocorreu antes que o Viagra surgisse e passasse a colaborar sobremaneira com os narcísicos: refiro-me à prática, que tem se tornado usual entre eles, de comprar o Viagra e deixá-lo dentro de suas pastas de trabalho, acalmando-se com a idéia de que, se a função erétil está garantida, mesmo que seja de modo artificial, eles podem reparar e manter sozinhos a ilusão de uma identidade.

---

2. BLEICHMAR. O *narcisismo*: estudo sobre a enunciação e a gramática do inconsciente.

3. Ibidem. p. 11.

Caso 5

P5, um paciente de meia idade, casado, com disfunção erétil intermitente, constitui um caso interessante de amor patológico ao outro pólo da oposição "eu ou o outro". Todos os seus assuntos giravam em torno da esposa e da descrição exageradamente minuciosa da relação sexual deles. Descrição de colorido exibicionista e que pretendia colocar a analista como espectadora da cena. Aparentemente possuído por um ciúmes doentio, ele atormentava a vida dela, proibindo-a de sair à janela, de pegar caronas, de cumprimentar as pessoas. Dizia que ficara inseguro depois que ela começou a fazer faculdade à noite. Fazia questão de levá-la e buscá-la em horários alternados, exatamente para ver se pegava algum flagrante inesperado. Sentindo-se na obrigação de fazer sexo com a esposa a qualquer sinalização que ela fizesse, jamais se permitia dizer que não estava interessado, temendo que ela imediatamente procurasse outro homem.

Poderíamos pensar, então, que o sintoma de falha erétil carregava em sua formação de compromisso fantasias que a liberavam para outro homem? Tudo leva a crer que sim, pois P5 vivia às voltas com problemas de desconfiança relativamente a seus empregados, chegando mesmo a escutar telefonemas na extensão para conferir se estavam ou não falando com sua esposa. A montagem de fantasias acerca do que se passava entre ela e os sujeitos suspeitos acabava limitando a sua convivência social, deixando-o sem nenhum amigo. Por trás dessas cenas enciumadas, o que ele queria mesmo era escutar, assistir ao adultério, fragá-lo. O seu gozo estava justamente nesse jogo fantasmático: "Trepem vocês, que eu não ligo, quero ver!" Desconfiava, mesmo, da melhor amiga dela: "Não entendo o que elas tanto têm para conversar... parecem até duas namoradas... não desgrudam!" Fala que denuncia o conteúdo homossexual de suas fantasias.

O amor à esposa aparecia como um amor escravo: ela era a rainha e ele o súdito. Bleichmar nos diz que, no caso do narcísico, "para salvar o ideal ao qual ama e do qual deseja ver-se como sua encarnação – personificação do ideal – o sujeito sacrifica o seu eu, mas para alcançar outro eu tão imaginário como o primeiro".[4] Em alguns momentos, não sabíamos de que lugar ele estava falando... onde estava o seu eu. Ao chegar à sessão, cumprimentava e dizia algo do tipo: "Nossa! Hoje o tempo esfriou bastante... Fulana não gosta de tempo frio!". Eu o via como um satélite na órbita dela, aprisionando-a numa trajetória fechada. Poderia dizer mais ainda: sua identidade estava misturada à dela, formando um amálgama, em que o feminino obturava o vazio masculino – configuração que me fazia pensar num recalcamento inadequado da sua bissexualidade. Suas descrições detalhadas dos movimentos corporais envolvidos no ato sexual deixavam em aberto a seguinte questão: na fantasia dele, quem penetrava quem? Haveria uma fantasia de ser assexuado, ou de ser tudo, homem e mulher?

McDougall, em suas reflexões sobre a auto-imagem e o sentimento de identidade dos narcísicos, comenta que "somos levados a imaginar que essas crianças nunca tiveram um objeto transicional e nunca puderam interiorizar a imagem da mãe durante as ausências desta [...]num certo sentido, tornam-se o seu próprio objeto transicional", de que, "a representação mais precisa, mais condensada, é a que nos oferece o paciente encurralado no leito, fazendo amor consigo mesmo, para, a seguir, engolir o próprio esperma, objeto transicional curto-circuitado, pênis-seio que permite ao sujeito sozinho ser simultaneamente mãe e lactante."[5] P5, porém, não estava nem um pouco preocupado em mergulhar mais profundamente nas raízes inconscientes de suas dificuldades sexuais, queria apenas entender as circunstâncias em que elas ocorriam.

P5: "É a coisa mais estranha... se eu fico ordenando: levanta, vai, levanta; parece que acontece o oposto da ordem que dei..."

T: "Uma contra-ordem?"

P5: "É! É isto mesmo! Uma contra-ordem. Acho que eu não sei mexer com ordem... eu nem sabia mandar... Você lembra como que antes de começar a terapia eu era confuso... um dono que

---

4. BLEICHMAR. *O narcisismo*: estudo sobre a enunciação e a gramática do inconsciente, p. 124.

5. MCDOUGALL. *Em defesa de uma certa anormalidade*: teoria e clínica psicanalítica, p. 128–129.

nem sabia o seu papel! Mas é isto mesmo, é uma contra-ordem, pois quando ela fala que não quer saber de pinto, que não quer transar, ele fica igual louco... quer de todo jeito!

Nos primeiros tempos de sua terapia, ele se empenhava em comparecer às duas sessões semanais. Estava muito angustiado, pois nunca passara por uma situação em que não conseguisse ver uma saída. À medida que o trabalho avançava, sua angústia diminuía, o sintoma se manifestava mais espaçadamente, e ele passou a apresentar nítidos sinais de resistência. Comentou no trabalho que estava pensando em fazer cortes nas suas despesas, em, mesmo, parar com a terapia, para economizar e dar mais alguns benefícios a seus funcionários. Mas, para seu espanto, aqueles que ouviram disseram que preferiam que ele continuasse com o tratamento. "Puxa! Será que eu mudei tanto assim? E eu que pensava que o meu problema era só sexual!" Vemos aqui, nitidamente, a manipulação que ele fazia com as outras pessoas, para tirar o que pensavam dele, e que ilustrava, num primeiro plano, a esperteza de que tanto se gabava, pois acabava conseguindo tudo do jeito que queria; e, num segundo plano, o que McDougall nos diz: "para certas pessoas, todo o meio ambiente sustém em potencial o espelho narcísico [...]. Ele procurava no mundo externo um suporte narcísico, a fim de reparar o que faltava interiormente ao nível da representação de si mesmo".[6]

Qualquer reflexão mais profunda era veementemente negada, pois ele só queria falar das situações que provocavam a "broxada do Bráulio".[7] E, de tanto falar, acabou percebendo que isso inevitavelmente acontecia quando sua mulher ordenava: "fecha a porta". Essa fala funcionava como uma ducha fria para ele, tal como acontecia quando ele saía mais cedo do serviço e ia para casa, louco para fazer sexo com ela, e a encontrava ao telefone com alguém. Constatar que ele não era o centro do universo dela abalava o seu equilíbrio narcísico. Constatação que se fazia imediatamente presente quando

6. MCDOUGALL. *Em defesa de uma certa anormalidade*: teoria e clínica psicanalítica, p. 126.

7. Vale a pena esclarecer que, na expressão popular, "broxar" significa perder temporária ou definitivamente a potência sexual, e que "Braúlio" foi um apelido usado para o pênis, numa campanha de uso de preservativos.

ela, pensando nos filhos, pedia para ele fechar a porta. É como se ele precisasse que a mulher soprasse o tempo todo a chama de seu narcisismo, e, quando esse sopro diminuía, ele literalmente murchava. Era assim que eu o via: um enorme balão de gás, com a forma de um Super-Homem. No entanto a expressão "fecha a porta" também pode nos remeter a uma outra hipótese: não seria a porta aberta um elemento indispensável para a fantasia de um terceiro assistindo à relação, sendo testemunha da potência dele? Sua movimentação transferencial durante as sessões leva-nos a crer que essa seja uma hipótese plausível: ele precisava ser visto e admirado. Sua preocupação com as triangulações imaginárias abriam uma questão acerca de seu diagnóstico estrutural: seria um caso de histeria? Alguém que passara pela castração, fora o terceiro excluído, mas, por não suportar esse lugar, iria passar a vida buscando relações em que tentasse (sem sucesso) desconsiderar ser esse terceiro excluído? Penso que não; apesar de todos os aspectos histeróides, o "buraco" era mesmo no narcisismo.

Sem dúvida alguma, a angústia dele vinha mesmo diminuindo paulatinamente. Já não perseguia tanto a mulher, nem os seus empregados, e o sintoma da falha erétil acontecia muito esporadicamente. Mas isso não acontecia como resultado de um processo de amadurecimento: a diminuição sintomatológica estava co-relacionada apenas com o fato de ele ter eleito a terapeuta como alvo de sua ansiedade persecutória. Encontrara uma solução pela erotização da relação transferencial, o que custaria muito caro ao processo. Freqüentemente ele comentava algo do gênero: "Eu não acredito, como é que eu posso acreditar que o fulano e a cicrana estão numa sala, de portas fechadas, e não estão transando?" A esses comentários, eu retrucava: "Nós dois estamos aqui, de portas fechadas, e não estamos transando, estamos conversando, tentando pensar em você!" Essas intervenções deixavam-no menos angustiado, e ele respirava aliviado: "É... você tem razão, nem tudo que acontece entre um homem e uma mulher é sexo!"

A trégua, no entanto, era curta, e ele novamente trazia comparações envolvendo a minha pessoa: ora em relação à psicóloga da esposa (quanto à nossa forma de trabalho), ora em relação à própria esposa (como ela imaginava que era o vínculo dele comigo).

Ou seja, nós estávamos sendo vistos por outrem. Mas ele também fazia questão de me ver com outros clientes, e, para tanto, chegava ao consultório com bastante antecedência, fazendo comentários sobre a pessoa que vira, ou sobre o que haviam conversado. Movimento que denotava como ele voltava seus olhos para o objeto, apenas para ver para quem o objeto estava olhando.

Com o tempo, no entanto, P5 passou a chegar constantemente atrasado; entrava e dizia: "Ué, você já acabou de atender o outro paciente? Pensei que você ainda estivesse atendendo outro..." Suas falas evidenciavam uma tensão exacerbada no campo narcisista, algo como se a erotização transferencial tivesse se instalado de vez, e ele não estivesse mais suportando ver um terceiro. O gozo parecia vir, então, de outra configuração: "Oh! Você está sozinha me esperando?"

O tema da traição dos maridos acabou entrando na pauta das sessões por causa de uma entrevista que ele respondeu para uma estudante de Psicologia. Foi tão eloqüente em suas respostas – dizendo que, quando a esposa faz tudo que um homem quer, realiza todas as suas fantasias, o marido não precisa nem sonhar com outra –, que a menina acabou por assediá-lo sexualmente. Situação que volta e meia lhe acontecia, até mesmo quando ele dava um simples telefonema para reservar uma mesa num restaurante ou numa boite; recebia o assédio por telefone, mas alegava fidelidade total à esposa. Álibi que incitava as mulheres ao desafio de conquistá-lo, e que o fazia se sentir valorizado, único, diferente de todos os outros maridos, capaz de dominar os desejos de seu corpo.

Vejamos uma sessão desse paciente, um ano após o início do processo psicoterápico, para que possamos compreender melhor o modo como a erotização do vínculo transferencial acabou corroendo a possibilidade de entrada em análise. Logo que chega à sessão, olha para a parede e pergunta se o quadro é novo. Pergunto se era novo para ele – responde que sim, e fica intrigado por nunca ter reparado nele. Fica olhando para o quadro com um sorriso nos lábios...

P5: "Alguém fez um quadro muito sensual..."

T: "Fez o quê?"

P5: "Fez uma mulher muito sensual com os seios de fora..."

T: "E você não tinha visto?"

P5 começa a rir, uma vez que se delicia com seios e sua sensualidade.

T: "E por que será que você não viu?"

P5: "Não entendo mesmo!"

T: "Você está programado para não ver nada de sensual aqui?"

P5: "Parece que sim, pois eu reparo tudo... dou notícia de todos os detalhes, de móveis, de enfeites, das roupas... Pode ter certeza que sim, pois eu reparo tudo em você... as roupas... então não entendo como eu não vi este quadro..."

T: "Não entende como não viu antes uma mulher sensual aqui..."

P5: "É... mas deixa para lá! Esta semana a minha mulher fez uma coisa totalmente diferente... eu não entendi bem..."

Ele havia se preparado para fazer sexo: perfumando-se todo e esperando-a na cama.

P5: "Mas, só depois de muito tempo, ela falou: 'vem cá, seu cheiroso', e fez sexo oral comigo – fez até se cansar, se virou e deu boa-noite. Aí eu achei ruim mesmo e perguntei: você está achando que eu não vou dar conta do resto?"

Sua esposa lhe explicou que não era nada disso... e ele viu que era mesmo "coisa de inferioridade da cabeça dele".

P5: "Mas isto é novo para mim... te juro que eu não sabia que uma mulher podia me desejar..."

Descreve, então, o ciúmes que sente, quando sua mulher fala de um colega superintendente, cuja mulher não mora em nossa cidade.

P5: "Aí me bate aquela insegurança... aquela coisa de inferioridade em relação a outros homens."

T: "E que eles seriam super...?"

P5: "Mas é bobagem! Profissionalmente eu sou até mais que ele! Mas, se ela falar de novo nele, aí não vai dar para controlar! Imagina só, se você chega em casa e fica falando com seu marido que você tem um cliente assim, assado, e fica falando toda hora de mim, o que seu marido vai pensar?"

O diálogo acima descortina uma questão latente: "Você me deseja?" Questão que me deixou preocupada, receosa da atuação que poderia surgir pela erotização da relação transferencial, principalmente porque se aproximava um período de férias que seria mais longo do que o habitual. Prevendo que ele poderia se ressentir demais com essa separação, eu o havia avisado com bastante antecedência e tentado ficar atenta às manifestões reativas. O conteúdo dessa sessão mostrava a dificuldade dele em suportar a erotização do vínculo com a terapeuta, devido, a um só tempo, ao medo de seus próprios impulsos e de uma possível reação de repúdio da terapeuta. A pressão desses temores, acrescida da angústia de separação por causa das férias, levou a que a fantasia acerca de meu marido enciumado dele fosse coroada ao final da sessão com as seguintes palavras: "Ciúme é fogo! Eu vou te dar um pouco de ciúme para você levar para casa!" Palavras que anunciavam o desfecho do caso, pois ele não mais retornou depois das férias. Tentei contato algumas vezes, e, quando consegui, suas únicas palavras, antes de desligar o telefone de modo irritado, confirmaram o ódio que o invadira.

P5: "Ah! Você chegou? Pois agora sou eu é que vou viajar!"

Tal reação contrastou com a de outro cliente, que também apresentava disfunção erétil, a quem por descuido esqueci de avisar com antecedência sobre as férias. Em virtude de ele ter faltado à última sessão e de seu celular estar fora de área, não tive como avisá-lo. Ele, sim, teria, de fato, todas as razões para estar irritado comigo e não dar continuidade ao tratamento. No entanto, quando eu lhe telefonei, ele prontamente disse: "Eu imaginei mesmo que você devia ter viajado, pois fui duas vezes aí e, como a porta estava fechada, resolvi dar um tempo, e ligar depois. Você recebeu meus recados?" A discrepância entre as duas respostas fez com que novamente reverberasse em meus ouvidos uma pergunta com que nós, analistas, temos que nos haver: *Como fazer para que Narciso, que só ouve através do olhar, possa escutar nossas palavras?*[8]

8. MCDOUGALL. *Em defesa de uma certa anormalidade*: teoria e clínica psicanalítica, p. 130.

3.2.2. Edipianização Parcial

Caso 6

Os primeiros contatos telefônicos foram feitos pela mãe, que justificou estar ligando porque seu filho estudava à noite. Havia recebido a indicação do meu nome através de um urologista, que lhe garantiu que eu tinha experiência com aquele tipo de sintoma: impotência sexual. Causou-me certa estranheza o fato de uma mãe, além de ter conhecimento desse sintoma, tomar a iniciativa de ligar e marcar uma consulta para o filho. Achei, pelo tom da conversa, que ela era superprotetora, e julguei até que viria com ele para a primeira entrevista. Mas isso não ocorreu, e nem ele tinha o aspecto de um adolescente, conforme eu imaginara.

P6 é filho de um casal de idade avançada, de família tradicional em decadência, que reluta em abandonar antigos valores. Ele e os irmãos gostam de discussões intelectuais acerca de política e questões sociais, mas têm uma grande dificuldade em assumir a necessidade de trabalhar para seu sustento, permanecendo numa situação de total dependência financeira dos pais.

Essa não é a primeira vez que procura ajuda psicológica; na verdade, é um peregrino que já fez uma verdadeira via-sacra por várias clínicas de terapia dirigida e recebeu tratamentos que, além de não surtirem efeito algum, causaram-lhe indignação. Apesar desses incidentes, entregou-se inteiramente ao processo, dizendo que era exatamente um tipo de escuta como essa que vinha procurando todos esses anos. Em poucos meses de atendimento, conseguiu reeditar a trama de seu sintoma em sua relação com as mulheres e, também, circunscrever as dificuldades no relacionamento com o pai e com a mãe.

A história sintomatológica inicia-se após um período de intensa atividade sexual. Teve um namoro prolongado com uma garota dominadora, com quem mantinha uma vida sexual que ele considerava "satisfatória". O namoro não era bem visto por seu pai, porque a garota era comerciante e tentava envolver o rapaz em negócios escusos. O pai empenhou-se em provar a inadequação da moça e conseguiu que P6 terminasse o namoro. As narrativas acerca desse desfecho, traumatizante para os jovens, que se gostavam, eram sempre entrecortadas pela fala de P6 de que descobrira que o pai era um "falso moralista" (sic), uma vez que, apesar de ser casado, mantinha uma amante.

O assunto preferido de P6 é o pai, fala dele todo o tempo, das brigas violentas entre eles, de quanto são parecidos no autoritarismo e no orgulho. Não consegue ver no pai um modelo ideal de identificação, acha-o um fraco, pois não sabe dizer não a ninguém. Além dos "defeitos" que vê no pai, ainda tem que se haver com a realidade de que este está conseguindo acabar com a herança da esposa. Alguns parentes aconselharam P6 a interditá-lo juridicamente, mas, como não tem coragem para tanto, o filho prefere fingir que os negócios da família não lhe dizem respeito.

Quanto à mãe, o que o incomoda é sua superproteção com relação aos filhos e a sua "cegueira" diante das traições do marido. "Cegueira" cujos motivos ele questiona: acha que só pode ser por conveniência.

Notei que P6 presta muita atenção às atitudes das pessoas que o rodeiam – inclusive às minhas –, provavelmente, na tentativa de buscar uma composição que sirva como modelo identificatório. Pude notar isso pelas análises descritivas que ele faz de algumas figuras de autoridade, assim como através de um novo papel que ele tem desempenhado com os amigos e irmãos: o de psicólogo.

Voltemos, agora, ao surgimento do sintoma. Logo depois de terminado o namoro, P6 teve relações normais com várias garotas, até que conheceu uma "coroa" – mãe de umas amigas. A atração entre eles foi grande e passaram a ter encontros "perigosos" na casa dela. Durante as relações, ele ficava tenso, sempre com receio de o marido dela aparecer repentinamente. Começou a se sentir perseguido pelos olhares de homens mais velhos com quem cruzava pelas ruas, imaginando que algum deles pudesse ser o marido traído. Após alguns meses, acabaram se afastando e ele voltou para as garotas da sua idade. Só que, para sua surpresa, não mais conseguia ter ereções diante das mulheres.

P6 é um moço bonito, de físico atlético, o que facilitou a sua posição cômoda, passiva, diante das mulheres, uma vez que elas tratavam de assediá-lo. Acomodou-se de tal modo a essa situação que nunca lutou por mulher alguma – nunca escolheu, foi sempre o escolhido. Após o término daquele longo namoro, não mais estabeleceu relações afetivas com as mulheres, "temendo ser novamente dominado por elas". Desde o surgimento de seu distúrbio sexual, há dois anos, passou a fugir das situações em que poderia ser encurralado por uma mulher, julgando que elas sempre querem sexo desde o primeiro encontro, e que ele "com certeza vai falhar". Passou, então, a ter relações superficiais com as meninas, cuidando para não se envolver mais a fundo com nenhuma delas.

A hipótese que eu desenvolvia paulatinamente era que a decepção sofrida, primeiro no namoro e segundo, principalmente, com o pai, fora forte demais para o psiquismo de P6, a ponto de ter desencadeado um processo de introversão libidinal, que o impedia de fazer um novo investimento amoroso. Lembrava-me das palavras de Freud:

> "[...]podemos até nos aventurar a abordar a questão de saber o que torna absolutamente necessário para a nossa vida mental ultrapassar os limites do narcisismo e ligar a libido a objetos. A resposta decorrente de nossa linha de raciocínio , mais uma vez, seria a de que essa necessidade surge quando a catexia do ego com a libido excede certa quantidade. Um egoísmo forte constitui uma proteção contra o adoecer, mas, num ultimo recurso, devemos começar a amar a fim de não adoecermos, e estamos destinados a cair doentes se, em conseqüência da frustração, formos incapazes de amar".[1]

Laplanche & Pontalis[2] registraram que o termo introversão foi criado por Jung para designar, de um modo geral, o desapegar-se da libido dos seus objetos exteriores e sua retração sobre o mundo interior do indivíduo. Freud retomou o termo, limitando sua utilização,

1. FREUD. *Sobre o narcisismo*: uma introdução, v. XIV, p. 101.
2. LAPLANCHE, PONTALIS. *Vocabulário da Psicanálise*, p .326.

no entanto, em descrever os processos em que há uma retração da libido, a qual passa a ser investida apenas nos objetos imaginários ou fantasias, constituindo-se, esse, o momento da formação dos sintomas neuróticos.

Vejamos um trecho de um artigo de Freud, de 1912, *Tipos de desencadeamento da neurose*, em que ele nos explica como uma frustração pode colocar em jogo os fatores disposicionais para uma neurose, que até então haviam sido inoperantes.

> "...[a libido] vira as costas à realidade, que, devido à frustração persistente, perdeu o valor para o indivíduo, e voltando-se [a libido] para a vida da fantasia, na qual cria novas estruturas de desejo e revive os traços de outras anteriores, esquecidas. Em conseqüência da estreita vinculação existente entre a atividade da fantasia e o material presente em todos, o que é infantil e reprimido tornou-se inconsciente, bem como, graças à excepcional posição desfrutada pela vida de fantasia com referência ao teste de realidade, a libido pode, daí por diante, mover-se num curso retroativo, pode seguir o caminho da regressão ao longo de linhas infantis e lutar por objetivos que se coadunem com elas. Se estes esforços, que são incompatíveis com a individualidade atual do paciente, adquirem intensidade suficiente, têm de resultar um conflito entre eles e a outra parte da personalidade, que manteve sua relação com a realidade. O conflito é solucionado pela formação de sintomas e seguido pelo desencadeamento da doença manifesta. O fato de todo o processo ter-se originado da frustração no mundo real reflete-se no resultado: os sintomas, nos quais o terreno da realidade é mais uma vez alcançado, representam satisfações substitutas".[3]

Essa regressão da libido ao longo de linhas infantis, de que nos fala Freud, poderia ter causado o reafloramento de angústias

3. FREUD. *Tipos de desencadeamento da neurose*, p. 292-293.

castrativas conseqüentes das fantasias edipianas vividas pelos meninos no auge do Édipo? É provável que sim, pois sabemos efetivamente que os homens têm de se haver *ad aeternum* com a angústia da castração, e que o fato de P6 ter mantido um *affaire* com uma mulher, que, pela via da equivalência simbólica, correspondia à sua mãe, naturalmente fez com que essa angústia transbordasse. No entanto seria ela suficiente para manter um sintoma tão penoso para um jovem? Penso que não.

Chamava atenção a disponibilidade de P6 em ter mantido um caso com uma mulher tão mais velha do que ele. É como se ele tivesse, temporariamente, perdido o seu juízo crítico, propositalmente transgredindo com uma mulher proibida. Seria isso uma representação de um acerto de contas com o pai? Parecia até que, com suas associações, ele nos respondia: "É... com um pai fraco como esse meu, incapaz de pôr limites, eu transgrido mesmo!" Tal postura, sem dúvida, traz à baila a velha questão: afinal, qual é a posição dele diante da angústia da castração?" Levo em conta duas possibilidades: teria ele já firmado uma posição diante da interdição e estaria havendo agora uma retroação, ou ele não se posicionara em tempo hábil, e agora a regressão da libido descongelara o processo edipiano? A segunda hipótese parece ser a mais provável, pricipalmente se nos ativermos ao alerta de Freud: "Se o ego, na realidade, não conseguiu muito mais que uma regressão do complexo, este persiste em estado inconsciente no id e manifestará mais tarde seu efeito patogênico."[4]

Poderíamos, nesse ponto, até pensar que, após transgredir, P6 se dera conta de que, não tendo freio interno, o melhor seria não se excitar mais com mulher alguma! Concepção simplista, presente em qualquer almanaque psicanalítico, e que não satisfazia nem as minhas investigações nem as do cliente. Além do mais, a postura de P6 diante do ocorrido não era a de assustado, ou de angustiado; ao contrário, ficava muito à vontade para falar do assunto.

Paralelamente a essa trilha associativa, outras compreensões da problemática do paciente se faziam presentes em mim.

4. FREUD. *A dissolução do complexo de Édipo*, p. 222.

Escutando as narrativas subseqüentes dos relacionamentos atuais do paciente com as garotas, parecia-me, também, que a proibição interna que P6 se impusera – de gostar de alguém – estava diretamente correlacionada com o acerto de contas com as mulheres: a sua disfunção erétil era a sua maneira de deixá-las se sentirem mal-amadas, uma vez que ele não se excitava com elas.

A situação de que estamos tratando permitia a P6 até mesmo experimentar um certo triunfo sobre o desejo das mulheres, como se este não o atingisse. O que poderia, também, ser visto como uma forma *sui generis* de experimentar um tosco papel ativo dentro da relação: não dando o que julgava que as mulheres queriam.

Parafraseando a velha questão de Freud, havia uma pergunta que caberia a P6 fazer-se: "O que quer uma mulher de mim?" Entretanto essa pergunta não era feita, porque havia algo que a abortava: a certeza absoluta de que o que as mulheres queriam era o seu pênis imediatamente ereto. Restava saber a que ele atribuía esse desejo das mulheres. O fato é que, à ordem delas, ele respondia com uma contra-ordem. Estaria aí colocada uma questão de afirmação, ou um temor? Não resta dúvida de que a constituição de uma identidade era o pano de fundo de toda a trama, mas a maneira como ele fobicamente passara a evitar as mulheres dava indícios da presença de um temor, tal como nos é apresentado pela mitologia, no "Mito da Deusa da Vagina Dentada". Teria P6 estabelecido relações fantasísticas entre a cópula e algum tipo de desejo das mulheres, de lhe tirarem o seu atributo principal de identidade masculina? Uma fala se repetia constantemente: "Eu não vou sair mais com essas meninas, elas só querem aquilo!" Em função das dificuldades na construção de sua identidade, é bem possível que o pênis, enquanto atributo físico, fosse mesmo a única referência a uma discriminação das mulheres.

A certeza de P6 quanto ao que as mulheres queriam dele poderia ser uma extensão do que ele imaginariamente supunha que sua mãe queria? Tudo indica que ele estava preso a algum desejo parental, e que precisava cortar esse vínculo imaginário. Caso essas fantasias se confirmassem ao longo da análise de P6, poderíamos entender melhor o seu boicote às mulheres, pois este expressaria uma tentativa de realizar uma alteração na sua posição diante do desejo do Outro, ou seja, uma necessidade de trilhar um outro caminho na construção de sua subjetividade.

Sabemos que as formações do inconsciente remetem a uma pluralidade de fatores determinantes, que podem organizar-se em diferentes cadeias significantes, cada uma das quais possuindo, em certo nível de interpretação, a sua coerência própria. Portanto, no caso de P6, havíamos conseguido fazer o mapeamento de algumas cadeias significantes. Mas, se há uma sobredeterminação, podemos afirmar, também, que há um entrecruzamento num mesmo ponto nodal. Julgava que a marcação desse ponto nodal viria através de novas associações do paciente, o que me permitia esperar com tranqüilidade. Entretanto, para meu desconforto, essas "novas associações" foram produzidas por mim!

P6 vem para a sessão incomodado com a falta de perspectiva de compreensão de seu sintoma, dizendo que não agüenta mais pensar na razão de estar desse jeito. Pede que eu o ajude a ver além. Segue-se, então, o seguinte diálogo:

P6: "Já cansei de pensar por que será que estou assim. Será que foi porque transei com mulher casada? Aquela senhora tinha... quer dizer, aquela mulher..."

T: "Você disse senhora".

P6: Riu e concordou: "...é... senhora! Não sei se foi porque era uma senhora, ou se porque eu ficava tenso vendo o marido dela em todo homem que me olhava. Não sei. Isso é muito simples, muito óbvio, não pode ser isso..."

Passa em seguida a descrever como as mulheres são bandidas, como traem os homens, só que fazem tudo tão bem feito que ninguém desconfia: "...tem um lado meu que diz que eu posso comer todas as mulheres que eu quiser... mas tem outro lado que diz..."

T: "Esta é uma senhora!"

P6: " É! Casada!"

T : "Proibida!

P6: "É... a senhora acha que pode ser isto?"

T: "Senhora? Eu também sou uma senhora?"

P6: Começa a rir: "Eu falo assim por respeito, a senhora é uma doutora, é normal falar assim!"

T: "Normal?"

P6: "Normal."

T: "Normal?"

P6: "Não... é muito formalismo, mas eu já tinha isso antes".

T: "Isso o quê? De ficar atento àquelas mulheres que são senhoras?"

P: "É!"

T: "E quem é que você chama de senhora?"

P: "A minha mãe (às vezes)... as minhas avós... as minhas tias (se bem que não sei se com elas eu não transaria)... uma professora que eu tive... e a senhora! (Rí) Isto é, você! É... eu tenho uma formação rígida, minha mãe diz que isso é berço, detesto quando ela fala isso! Aliás, eu agora dei para chamá-la de Dona Zilda, como é chamada minha avó. Todos a chamam de Zildinha".

T: "Por que Dona Zilda? Fica mais senhora?"

P6: "Acho que é para ela parar de me chamar de P6 (no diminutivo), que eu detesto. Quem vê ela chegar em casa e gritar o nome dos filhos (no diminutivo), imagina dois bebês: um no colo da babá e outro andando de velocípede em volta". Rimos um pouco dessa imagem.

T: "Como é que você pode se apresentar como homem para essa mãe?"

P6: "Como homem, eu me apresento, mas ela não vê! Eu aceito que todo mundo me chame de P6 (no diminutivo): minhas amigas, a empregada... mas, quando ela fala, eu vou lá embaixo, diminuo". Passa a contar que seu pai anda muito nervoso, e que, por isso, ele (paciente) pediu para a mãe conversar com o marido e sondar se o filho pode ficar mais esse ano sem trabalhar, até que se forme. Só que o pai não aceitou a mãe como intermediária e quer falar com ele.

P6: "Eu vi que agi errado..."

T: "Agiu como um P6 (no diminutivo)!"

P: "É... tive receio, porque ele se sente acuado, não sabe falar não, se sente na obrigação de dizer sim".

A partir daí, propus uma construção que falava da posição de ele fugir do "não" do pai, submetendo-se à intervenção materna. No meio da minha fala, sem me dar conta, eu o chamei pelo seu nome mas, no feminino. Esse nome saiu num tom baixo e fiquei sem saber se ele teria escutado. Desconcertada e impactada pelo meu ato falho, nem sabia mais do que P6 falava. A sessão estava terminando e eu, aturdida, não conseguí fazer qualquer intervenção.

É interessante lembrar que esse fato ocorreu justamente na sessão em que ele propôs que seu sintoma fosse incluído num outro tipo de saber, no mais além da castração – o que, com certeza, nos dá margem para acreditar que meu ato falho tenha sido uma resposta a essa demanda. No entanto temos de considerar outra peculiaridade desse ato falho: o fato de ele ter se apresentado num tom de voz mais baixo do que o restante da frase. Seria um solilóquio, interessando só ao analista, ou uma mensagem de denúncia? A quem estava endereçado o ato falho? A que denúncia se prestava: à falha do analista ou ao saber inconsciente do cliente?

Freud declarou que "um lapso de língua tem um efeito mais animador e é muito bem-vindo durante o trabalho psicanalítico, quando serve de meio para confirmar pontos de vista do médico que são contraditos pelo paciente",[5] mas, em verdade, o ato falho se tornou um elemento de desestabilização do processo, criando um espaço de dúvida e questionamento. Teria sido um *insight* do analista? Teria ocorrido como pré-condição para o surgimento de novas cadeias significantes? Não sabia. Aliás, não sabia sequer se o cliente havia escutado. Os únicos indícios positivos eram o fato de que ele havia ficado meio trêmulo na hora de preencher o cheque e ter se despedido com um aperto de mãos desajeitado. Podia até ser que ele tivesse escutado na hora, mas negado defensivamente, e depois ter sentido um certo mal estar. Para tirar essa dúvida, eu teria que esperar a sessão seguinte: caso ele não aparecesse, eu teria um forte indício de que ele havia escutado. De qualquer modo, o mais saudável seria aguardar o momento oportuno para assumir meu engano e perguntar-lhe o que pensava a respeito. Era o mínimo que eu podia fazer.

Conforme eu temia, P6 não compareceu à sessão seguinte, deixando um recado de que não podia vir e que me telefonaria depois para marcar outra consulta. Então, tive quase certeza de que a

5. FREUD. A *psicopatologia da vida cotidiana*, p. 122.

forma abrupta e invasiva de apresentação do meu ato falho impediu que ele se constituísse num elemento de trabalho, tornando-se, ao contrário, um obstáculo para o prosseguimento do tratamento, uma vez que a transferência não estava bem estabelecida.

Esperei alguns dias, ele não telefonou. Uma preocupação tomou conta de mim: estaria conseguindo, com seus recursos internos, elaborar o sentido do que se passara? Na dúvida, liguei para P6, disposta a conseguir trazê-lo de volta. Ofereci um horário na mesma semana, ele não aceitou, dizendo que preferia na semana seguinte. Marcamos. Ao se despedir, disse em tom grave: "Doutora, obrigado por ter me telefonado!" De fato, ele tinha ouvido e se afastara.

De minha parte, o que eu havia pensado é que, como o meu ato falho ocorrera logo após a ilustração plástica que ele havia dado ao desejo da mãe, deveria estar relacionado com o mesmo. Dito de outro modo: o sintoma dele poderia estar realizando um desejo inconsciente da mãe de que ele fosse uma menina. Caso as associações de P6 caminhassem nesse sentido, estaria aberta mais uma cadeia a ser explorada.

No dia marcado, tivemos um *black-out* em várias regiões do país, o que causou certos transtornos na rotina da cidade. Pensei que P6, ao se deparar com a realidade de ter que subir sete andares de escada, desistiria; no entanto ele enfrentou o desafio. Chegou extenuado, mas chegou!

O tema que P6 trouxe para a sessão girava em torno da sua constatação de que, a cada semana, ele escolhia uma causa responsável pelo seu distúrbio. Perguntei-lhe qual era a da semana, e ele prontamente respondeu: "A minha passividade diante da vida". O material que bordejava esse tema mostrava a sua elaboração da escuta do ato falho. Quando eu lhe perguntei se tinha ouvido o que eu havia dito na nossa última sessão, ele desconversou, ficou confuso, alegando não se lembrar direito da sessão, pois ela ocorrera havia muito tempo... Entretanto, quando eu mencionei o fato de tê-lo chamado pelo seu nome no feminino logo após ele ter falado do desejo de sua mãe e convidei-o a expressar o que pensara disso, ele não demonstrou nenhum ar de surpresa. Pelo contrário, passou a falar com tranqüilidade que era bem provável que esse fosse o desejo da mãe e mesmo do pai – desejo de ter mocinhas em casa. Acrescentou: "É, isto mesmo! Eu tô preso nessa de ser passivo!" Depois dessa reação, eu tive a certeza do que procurava: ele tinha ouvido e precisara de um tempo para ter condições de dar continuidade à análise.

Novas cadeias significantes foram sendo exploradas nos meses que se seguiram, e P6 pôde se arriscar a ter um envolvimento afetivo com outra garota e voltar a ter uma vida sexual que o satisfizesse. No entanto, o problema financeiro da família foi se agravando e o tratamento de P6 se tornou um peso para seu pai. Não conseguindo mais suportar essa situação, P6 decidiu interrompê-lo para se obrigar a encontrar um trabalho. Consideramos que tal decisão foi fruto de uma mudança interna de postura diante da castração: no momento, ele precisava lidar com um limite da realidade e assumir as conseqüências de ser economicamente dependente. E, segundo ele, ficar sem terapia seria o maior estímulo para que ele assumisse um emprego. Reconheceu: "Fui criado como um príncipe e sou apenas um plebeu". Despediu-se dizendo: "Volto porque agora eu sei o que é terapia, eu gosto e preciso dela, afinal, ainda tenho que resolver aquele assunto: "Parece que vou ter mesmo que interditar meu pai!"

De fato, daí a três meses ele voltou. Graças a seu empenho, havia conseguido um emprego na sua área de atuação profissional, e agora podia arcar com algumas despesas pessoais, inclusive a terapia. Nesse tempo em que esteve afastado, elaborou muitos pontos de sua análise, principalmente no que dizia respeito à sua postura diante do pai. Compreendera que não escaparia a seu destino: teria mesmo que assumir o lugar do pai nos negócios familiares. Agora a idéia de que ser um adulto produtivo significaria precipitar o seu destino não mais o paralisava! Começara a experienciar sua potência em todas as áreas. Estava chegando o dia em que a sucessão não mais teria sentido parricida, e sim, um sentido identificatório... Entretanto precisava caminhar mais... elaborar o seu complexo de castração... a sua impossibilidade de ser onipotente – objetivo último de qualquer análise: "*admitir com dor que os limites do corpo são mais estreitos do que os limites do desejo.*"[6]

6. NASIO. *Lições sobre os 7 conceitos cruciais da Psicanálise*, p. 13.

Depois de três meses de afastamento de sua análise, P6 voltou muito aflito, angustiado porque estava se envolvendo emocionalmente com uma garota. Seu desempenho sexual estava intermitente: às vezes, conseguia ter ereções satisfatórias, outras vezes, não! Sua angústia devia-se, em grande parte, ao fato de a garota estar deixando um namorado antigo por ele, que não entendia por que ela estava trocando "um homem de verdade por meio homem". De suas associações para a expressão "meio homem", apareceu a revolta com certas atitudes da mãe, como, por exemplo, a do dia em que telefonou para ela avisando que não ia dormir em casa e ela reclamou que não havia ninguém em casa e que não queria dormir sozinha. Ele foi firme, dizendo que não ia mesmo poder voltar.

P6: "Eu me segurei, respirei fundo e fui firme!"

T: "Segurou para não dizer o quê?"

P6: "Eu não sou seu marido, não! Vai atrás dele, vai dormir com ele!"

T: "Você acha, então, que ela o vê e trata como marido?"

P6: "Às vezes, acho! É difícil ver isso! Muito difícil! Mas parece que é! Comigo e com um irmão que também é solteiro".

T: "Então, ela troca um homem inteiro por dois meios homens?"

P6 ficou perturbado com esta fala, repetiu-a muitas vezes para si mesmo.

Na sessão seguinte, ele chegou falando do quanto sua mãe era fraca, frágil, e que ele ficava com pena... e, pronto, ela dava o bote! Naquele dia, mesmo, ela estava deitada na cama e o chamou para conversarem. Ele deu a maior "cortada" nela e saiu de casa.

P6: "Sei que isto é coisa carinhosa de mãe... eu tô cortando até o que não devo... mas só dá para ser assim! Pensando o que tenho pensado, o que a gente tem falado, não dá para encarar uma conversa na cama!"

Levou a moça para dormir em casa e apresentou-a como amiga. Questionei o motivo dessa apresentação, uma vez que de fato ela era sua namorada. Ele imediatamente respondeu que não podia namorar, que não ia levar uma namorada para dentro de casa e apresentar para sua mãe. Percebendo, depois, o que havia dito, comentou: "Loucura! Eu tô preso nisto!", passando então a falar da teia da mãe/mulher-aranha.

Nas férias, assistiu varias vezes a um filme, que considerava péssimo, apenas porque uma frase do filme o tocara. Ele até anotou para mostrar para mim quando voltasse para a terapia. O filme era "Don Juan de Marco", e a frase foi dita na reunião dos psiquiatras que avaliaram o personagem. Concluíram: "Ele usa esta máscara é de vergonha... vergonha de superar seu próprio pai. É o Édipo puro!"

P6: "Eu quero saber de você se é possível viver o Édipo na minha idade. Eu li na *Veja* que isto acontece quando a gente tem cinco anos".

Acabou concluindo que deve estar mesmo vivendo o Édipo, e que a vergonha de superar seu pai acabou fazendo com que ele não aceitasse nenhum tipo de identificação com ele: quando vê em si traços que são do pai, se odeia, tem vontade de entrar pelo esgoto e não mais sair. No entanto foi possível pinçar, dentre estes traços identificatórios, numerosas virtudes. A capacidade de reflexão, autocrítica e reconhecimento dos erros era uma das qualidades mais aguçadas que tinham em comum, aquela que possibilitou que filho e pai se perdoassem após os sucessivos nocautes.

Sobre as costas de P6 pesava o fardo do segredo que ele escondia da mãe e que tanto o atormentava, pois, uma vez consciente do quanto rivalizava com o pai, ter nas mãos um segredo que poderia implodir o casamento aumentava o seu poder bélico. Paralisado diante de tal risco, ele se obrigava a acobertar o pai, traindo assim, a confiança da mãe. Mas vê-la passando por "palhaça" (uma vez que o pai desfilava com a amante por toda a cidade) o transtornava totalmente. A mãe, desconfiada, dirigia-lhe interrogatórios a todo instante, até que ele fraquejou e mandou-a investigar o assunto com uma tia "fofoqueira".

P6: "Eu não devia ter dado esta sugestão. Se ela perguntar, vai saber!"

T: "Então você quer que ela saiba?"

P6: "Ah... quero! Não sei... fico confuso, não sei me posicionar... Na mesma hora, pedi para o meu irmão falar com ele, avisar que ela estava desconfiada, que ia fechar o cerco, que era para ele se cuidar..."

T: "Acendeu uma vela para Deus, e outra para o diabo?"

P6: "Eu sou muito doente. Isto é doença!"

O conflito entre seus pais se arrastou por vários meses, e P6 sofreu, chorou, se desesperou de tão envolvido que estava com a problemática íntima do casal. Passou a ficar fora de casa o máximo de tempo possível, para não se envolver. Mas era só escutar algum comentário que ficava "misturado" com o casal. O pai foi se afundando em dívidas, e a mãe acabou descobrindo o que estava por detrás das confusões. Mas, não conseguindo dar um cheque-mate no marido, passou a cobrar de P6 essa postura: de intermediário entre eles. O filho não aceitava assumir esse lugar, mas ficava enfurecido em ver o pai liqüidando tudo que tinha, e sua mãe avalizando os atos dele. Desorientado, ele não mais dormia. Estava só, não tinha com quem fazer aliança: o pai era um louco; os irmãos, lunáticos; e a mãe, uma boba! A situação financeira familiar chegou a um nível dramático, e o meu cliente debatia-se: "Eu não fui criado para pegar em dinheiro... tenho medo do que está acontecendo".

Conseguindo posicionar-se diante do conflito familiar, assumiu que queria a separação jurídica dos pais, para salvar o patrimônio da família, precisando, para tanto, de enfrentar o pai, exigindo respeito para com a família. Diante da mãe, proferiu a ameaça que tanto o atormentava: a da interdição do pai.

P6: "Eu falei: eu vou interditar vocês dois — ele por ação, você por omissão!"

T: "Você faria isto?"

P6: "Não. Eu sei que é fácil fazer. É fácil provar que ele está fora do juízo. Mas interditá-lo vai ser um trauma para mim. Eu não faço, mas quero que pensem que posso fazer!"

Durante mais de um ano, P6 se debateu para conseguir algum distanciamento do conflito conjugal de seus pais, teve crises intensas de depressão, precisando ser temporariamente medicado. Temia enlouquecer. Não interditou juridicamente seu pai, mas conseguiu sair de cena, deixando sua mãe concluir a separação legal.

Freqüentou algumas reuniões dos neuróticos anônimos, na expectativa de que ouvir o depoimento do sofrimento alheio pudesse ajudá-lo a perceber que seus problemas não eram maiores que os de ninguém. Nessas reuniões, nunca teve coragem de dar o seu depoimento, mas fazia elaborações interessantes acerca do quadro neurótico: a facilidade em distorcer algumas percepções da realidade, a força das fantasias interferindo na capacidade de relacionamento interpessoal, entre outras.

Período difícil, em que se permitia hibernar em um caos interno, repleto de angústias existenciais, que o levavam a distanciar-se da realidade e de todos nela incluídos, inclusive a minha pessoa. Quando saía desse estado, trabalhava, namorava e produzia muito em sua terapia. No entanto o movimento resultante assemelhava-se a um esboço de crescimento que era sucessivamente apagado. Efeito que perdurou, até que por si mesmo se esgotasse, levando meu cliente a se cobrar um verdadeiro crescimento: "Quando eu era menino, era bonitinho fazer terapia, mas passou a crise da infância, da adolescência, da faculdade, do casamento dos meus pais, e eu continuo do mesmo jeito... angustiado. Agora não tem mais o que culpar, a angústia é minha mesmo". Essa implicação era a que esperávamos havia muito tempo, e que lhe permitiu aceitar um aumento no número de sessões semanais. Iniciava-se, então, uma outra etapa, ligada à reconstrução de um processo identificatório.

Caso 7

A fim de lançar mais luz na minha investigação da dinâmica da disfunção sexual nos homens e na expectativa de que a escuta clínica desses casos possa ajudar na organização de uma compreensão metapsicológica do fenômeno, apresento mais um dos pacientes atendidos. Trata-se do caso de um rapaz cuja dificuldade de comunicar suas experiências psíquicas se fazia acompanhar de evitações fóbicas nas relações interpessoais.

P7 nunca conseguira ter uma relação sexual completa e, nas primeiras entrevistas, disse que guardava esse segredo só para si, alegando para as namoradas que o problema era temporário. Apesar de evitar ter encontros mais íntimos com elas, a namorada atual acabou por convencê-lo a levá-la a um motel. Ele resistiu à insistência dela, "avisou" que estava com aquela dificuldade fazia um ano e meio, mas ela não acreditou. Quando ele "provou" que estava mesmo com o problema, ela entendeu que a questão era com ela, e que devia estar acontecendo porque ele ainda gostava da ex-namorada. O paciente esclareceu que teve uma namorada durante cinco anos, mas, como não conseguia ter relaçoes sexuais com ela, achou melhor liberá-la. Gostava muito da moça, mas ela já havia até se casado com outro. Talvez ele tenha que fazer o mesmo com a namorada atual caso ela continue insistindo em ter relações sexuais. Vai tentar amainar o namoro, pois está gostando dela tanto quanto gostou da outra. Essa fala chamou minha atenção para o uso que o paciente poderia estar fazendo da sua disfunção erétil, transformando-a em escudo para salvá-lo do casamento – idéia que vinha embutida em falas tais como: "Mas eu não posso casar com ela, com o problema que eu tenho..."

A apresentação que P7 fazia de si às mulheres – "sou castrado" –, praticamente como se fosse um eunuco, fez-me pensar na existência de tal prática no Oriente: o guarda do harém precisava ser castrado, porque não se podia confiar na resistência dele diante de tamanha tentação. A castração física era necessária para assegurar o comprometimento real tanto da libido quanto da função erétil. É assim que lanço aqui a possibilidade de a castração psíquica que P7 se outorgava ser um artifício estrategicamente construído para represar sua libido, pois ele não confiava na sua capacidade de resistir à tentação. Se, do ponto de vista psicanalítico, a tentação maior de um homem é a mãe, que particularidades das relações familiares teriam levado P7 a ficar enredado na sua trama edípica?

Evitando falar de sua família, o único dado que se deixou oferecer era acerca do rompimento definitivo com o único irmão que possui: na infância, a briga entre eles foi acirrada, na adolescência tomou coloridos mortíferos e, na vida adulta, houve uma separação total. Nunca houve contenção suficiente para a agressividade entre eles, situação que deve ter incrementado o temor de seus impulsos e que pode estar co-relacionada com a sua sexualidade, fazendo com que ele tema perder o controle sobre sua excitação.

Durante as duas primeiras entrevistas, notei o quanto ele era tímido: transpirava intensamente e enxugava as mãos nas calças. Parecia estar derretendo. Na terceira sessão, percebendo seu nervosismo e incômodo por estar assentado diante de mim, pedi que ele se deitasse no divã. Para minha surpresa, ele prontamente aceitou. Deitou-se e passou a contar como foi o início de suas relações com garotas. Quando tinha uns 13 anos, havia uma menina na sua rua que se envolvia com todos os meninos; ele, então, levou-a para o quintal da casa dele. A menina deixou-o fazer de tudo, só não permitiu a penetração. Ele insistiu e ela começou a gritar: "Não! Não! Não! Não põe! Tá doendo!" P7 temendo que sua família escutasse, parou de tentar. Segundo ele, a recusa da garota talvez devesse ao fato de ela ter apenas 10 anos. Perguntei-lhe se as palavras da menina poderiam ter se tornado uma proibição interna de que ele tivesse ereções. P7 respondeu que nunca havia pensado nessa hipótese, mas que fazia sentido, pois nunca mais havia conseguido ter uma boa ereção. Depois disso, na mesma época, houve uma proposta de cópula que ele não pode aceitar, apesar de toda pressão que sofreu. Tratava-se do seguinte: uma outra menina aceitou fazer sexo com todos os meninos da rua, desde que P7 fosse o primeiro. Ele não pode aceitar, porque já não estava tendo ereções. Mas será que a fala daquela menina tomou a força de uma interdição? Isso somente seria possível se tivesse conseguido preencher as lacunas deixadas pela ausência de outras interdições. A voz atravessava o tempo, repercutindo necessidades antigas de encontrar um limite para o desejo.

As associações que se seguiram diziam respeito a outras tentativas de P7 de fazer sexo com meninas em situações semipúblicas – com a turma por perto, no meio do mato, em algum beco escuro –, ficando patente a seguinte repetição: ter relações em locais em que pudesse ser visto pelos outros. Situação ansiógena, que ele não conseguia evitar. Não há dúvida de que tais cenas lhe proporcionavam um certo gozo, algo do tipo: vou transar com essa mulher e eles vão ver! No entanto o que eles viam era o fracasso dele! Afinal de contas, para que servia essa exposição pública? Para que ele precisava do olhar alheio? Para fazer um congelamento da cena? Parece que sim, pois o olhar se prestava a duas funções: a de deixá-lo paralisado e a de testemunhar essa paralisação.

Cabe aqui uma alusão à Mitologia Grega, pois a situação nos permite estabelecer uma analogia oposta com o Mito de Perseu e Medusa. Enquanto, no mito, o olhar da Medusa provocava um enrijecimento, nesse caso que estamos discutindo, provoca anteriormente um "amolecimento", um "derretimento" do órgão, que, conseqüentemente, promove a paralisação da cena sexual.

Em sua quarta sessão, enquanto falava sobre a namorada, perguntei-lhe o nome dela. P7 ficou em silêncio por um longo tempo. Disse, desconcertadamente, que não conseguia responder, que estava tendo um branco e não se lembrava do nome da moça. Ficou excessivamente nervoso, intrigado com o que estava acontecendo. Lembrou-se de que, quando chegou ao meu prédio, naquele mesmo dia, havia sido interpelado pelo porteiro, que queria saber a qual sala iria. Ele ficou muito aflito, pois não conseguiu lembrar meu nome. Precisou recorrer à leitura das placas do painel. Não conseguindo produzir um sentido para sua amnésia temporária, passou a sessão confundindo os nomes: falando o nome da ex-namorada todas as vezes que citava a namorada atual. Foi ficando cada vez mais tenso, suando nas mãos, dizendo não estar entendendo o que se passava, uma vez que ele nem pensava mais na ex-namorada. Chegara a vê-la com o marido e não sentira nada!

Os episódios da sessão acima descrita evidenciam uma questão acerca da dificuldade de P7 em nomear a mulher com quem vive uma experiência amorosa. O episódio da portaria mostra a situação transferencial estabelecida: ao deparar-se com a pergunta do porteiro, vislumbrou-o como figura interditora, que lhe cobrava o nome da mulher com quem ele iria estar. Eu, enquanto mulher proibida pelo porteiro, não tinha nome, apenas um número na série de mulheres proibidas. Coincidentemente, a pergunta se repetiu: "Qual o nome da sua namorada?" P7, estando tão misturado na relação incestuosa, não pode responder: o *black-out* foi uma medida emergencial para que o nome verdadeiro não saísse. As trocas sucessivas dos nomes, além de comprovarem a insistência do recalcado em ressurgir, mostravam a indiscriminação entre as mulheres com as quais se relacionava. Ao acrescentar o fato de que ver a ex-namorada com outro não lhe provocara nada, foi como se confessasse que essa situação até o tranqüilizava: agora ela é de outro!

P7 prosseguiu sua análise apresentando condutas muito significativas. Dentre elas, ressalta uma certa surbserviência às minhas marcações ou trocas de horários, causando-me a impressão de que ele não podia me fazer qualquer tipo de questionamento. Outras condutas que pude observar faziam parte de um manejo obsessivo de controle de situações em que olhares poderiam se cruzar. Assim, de modo estereotipado, levantava a revista para não ser olhado por outro cliente, trazia o dinheiro da sessão separado e dobrado, de modo que pudesse entregá-lo o mais rápido possível, evitando ficar frente a frente comigo.

O material que foi sendo produzido mostrava a interligação que havia em sua mente entre penetração e casamento. Algumas vezes chegou a ter ereções completas durante alguma intimidade com namoradas; entretanto, ao lembrar-se de que elas estavam se lançando como candidatas a noivas, e que ele estava pensando em terminar o namoro, imediatamente perdia a ereção. Podemos imaginar que a fantasia que acompanhava a desativação do dispositivo sexual era a de que penetrar uma mulher tinha o sentido de escolher uma noiva. Escolha que ele não podia fazer, pois qualquer uma que ele escolhesse não estava disponível. O que nos remete à questão: de quem são as mulheres? Podemos, então, responder com Freud: são todas do pai.

Seis meses depois, P7 retomou associações que correlacionavam a pulsão de ver à sua necessidade de limite e punição e às suas dificuldades sexuais. Vem à tona o temor do boné branco: quando via algum guarda, procurava evitá-lo fazendo algum trajeto diferente, mas acabava passando exatamente ao lado do mesmo. Não entendia como isso acontecia. Durante vinte anos dirigiu sem ter carteira de habilitação e achava que veio daí o seu temor. Durante esse período, várias vezes teve seu carro apreendido e precisou pagar multa para liberá-lo. Preferia essa situação a ter que se submeter aos exames necessários para habilitar-se no trânsito. Recentemente, comprou uma carteira de habilitação para "legalizar" sua situação, mas continua tendo medo do boné branco.

Vemos, portanto, que há um elemento novo: a burla para com as figuras de autoridade, entremeada por um jogo de gato e rato em que meu paciente se deixava capturar para, em seguida, fugir apavorado. Brincando com o risco, faz o que não deve para não fazer o que deve: assumir uma castração definitiva. Ao invés desta, preferia uma castração temporária, tal como ocorria quando tinha o carro apreendido – esboço de triangulação em que ele e o carro burlavam a lei. Coloco o boné branco na mesma série de arranjos externos que permitiu que a fala da menina se tornasse um elemento interditório. Podemos pensar que P7 precisava da fobia do olhar, tal como Hans[7] precisava da fobia do cavalo para fazer suplência à autoridade paterna.

Era tempo de falar da fobia, e P7 foi desfiando todo o seu rosário: temia o olhar dos vizinhos, dos transeuntes e até da namorada. Quando ela o encarava, ficava irritado e perguntava se ela tinha perdido alguma coisa ali. Pura projeção do medo de castração dele pela namorada, algo como se ele temesse perder alguma coisa nela: se penetrar, perde.

O olhar dos outros vinha revestido de toda ansiedade persecutória possível, como se o olhar que tanto o assombrasse estivesse projetado nos olhos da multidão. E ele temia ser visto entrando num motel, ou fazendo papel de noivo, papel daquele que podia ter relações sexuais. Entretanto, encurralado entre o boné branco e o véu de noiva, Pedro fez uma opção sexual e ousou penetrar a mulher amada.

Interessante é que a penetração só foi possível depois de ele ter colocado seus temores em palavras. Apesar de ser a primeira vez na vida, narrou o acontecido sem grande entusiasmo. Estranhei. Era como se ele dissesse: "É... aconteceu, mas não resolveu o meu problema..." O que não deixava de ter um certo sentido, pois, se a disfunção erétil era o seu escudo protetor contra possíveis escolhas, o que aconteceria se o seu órgão não se prestasse mais a essa função?

Escolha feita, ele pode falar mais diretamente do olhar que o assombrava: o olhar do pai. Descreveu o seu incômodo quando o pai aparecia em seu local de trabalho. É como se ele fosse lhe cobrar algo, o que decididamente não era do seu feitio. P7 ficava

7. Hans foi a primeira criança a receber interpretações psicanalíticas, em 1908, devido à instalação de um quadro de fobia a cavalos.

tenso, não conseguia conversar e precisava inventar alguma desculpa para sair da cena. Comentei que sua reação era igual à dos lojistas que recebem a visita dos fiscais da Receita Federal. Ele achou muita graça nessa analogia, pois realmente é assim que ele vivia a visita do pai. Sempre esperou repreensões dele – só que ele nunca as fez, mesmo em situações em que teria todo o direito de fazê-las. Saber que o pai nunca iria assumir o lugar do interditor fazia com que ele tivesse de trabalhar dobrado, transgredindo acintosamente para chamar alguém para contê-lo: passar na frente do guarda sem ter carteira seria um bom exemplo desse trabalho. O que mostrava que ele tanto temia quanto desejava a castração.

Sabemos que a função paterna pode ser desempenhada por qualquer um dos pais, e, se o pai nunca exerceu essa função, caberia perguntar o que teria impedido a mãe de exercê-la. Prestando mais atenção ao conteúdo discursivo de P7 ao longo de um ano de trabalho, pude perceber que a mãe nunca foi citada. A princípio, acreditei que isso se devia ao fato de, graças ao recalque, ela estar ausente. Falar nela poderia ser o equivalente a fazer sexo com ela. Logo ficou claro que, por estar refratada em diferentes figuras – nas namoradas, na terapeuta –, ela na verdade estava onipresente. Aos poucos, a mãe começou a aparecer no seu discurso, mas apenas como figurante, desempenhando um papel secundário na novela familiar, trama descrita sem nenhuma modulação afetiva. Com o tempo, as condutas de P7 foram ficando um pouco diferentes: olhava para mim quando chegava e saía, respondia ao cumprimento de outros clientes, cancelava uma sessão ou outra. Fui sentindo que ele estava se desgrudando de mim.

"A namorada quer casar este ano de qualquer jeito". Com essas palavras, P7 introduziu a pressão que estava sofrendo dela e que o levou a se mexer: saiu para olhar as alianças, mas, com receio de que o vissem, acabou não conseguindo entrar na loja. Após ter elaborado a sua dificuldade em ser visto como noivo, "aquele" que fez uma escolha, comunicou-me, sem grande entusiasmo, sua decisão de se casar. Seu pai imediatamente começou a construir uma casa para ele, deixando P7 intrigado com a rapidez que imprimia à obra. Não tinha coragem de dar qualquer palpite na construção, pensava que isso poderia parecer uma exigência: "Na minha casa ninguém nunca exigiu nada de ninguém!" Vemos, portanto, que ele ainda tinha dificuldade em deixar o pai enxergá-lo como noivo. Sorrateiramente, espiava a obra, tentando adivinhar o que o pai estava planejando. A única providência que P7 tomou foi comprar todos os objetos para montar a cozinha a seu gosto, sem permitir que a noiva desse qualquer palpite. Acrescentou que essa era a sua parte da casa, pois sempre assumiu o lugar da mãe na cozinha, quando ela se ausentava. Aproveitei a oportunidade para convidá-lo a falar de sua mãe. Comentou rapidamente a minha pergunta, acrescentando que era alegre, bonita, conservada e até carinhosa, mas que os filhos eram muito secos com ela. Sabe que, da parte dele, o assunto não flui, pois tudo que ela escuta sai contando para todo mundo, como se fosse assunto dela. A dedução óbvia é a de que ele julgava que a mãe era invasiva, próxima demais, fato que provocava uma reação defensiva. Tal vivência permitiu-nos retomar o seu temor de se perder na mulher. Podemos, aqui, levantar a hipótese de que P7 escondeu-se do olhar do pai ficando parcialmente colado à mãe. Perspectiva que abre outros campos em sua análise, que deverá prosseguir até que o noivo eunuco tenha e use o seu próprio boné branco.

3.2.3. Identificação Histérica

Na praça, há o murinho dos velhos que vêem a juventude passar;

ele está sentado ao lado deles. Os desejos agora são recordações.

(ÍTALO CALVINO: "*As cidades invisíveis*")

Coincidentemente, os primeiros casos que atendi no ambulatório eram de pacientes que aguardavam havia anos por uma ajuda psicológica. Entre eles, muitos estavam afastados do serviço por licença médica, ou tinham sido aposentados por invalidez. A disfunção erétil havia se instalado de modo progressivo em suas vidas, paralelamente à sensação de não terem mais uma função específica, um jeito de ser útil à família ou à comunidade. Descreviam em tom deprimido as impossibilidades de provocarem qualquer alteração no meio em que viviam: eram a própria encarnação da impotência, e o seu órgão sexual, ao converter-se na representação concreta desse estado de alma, insuflava ainda mais a desvalorização pessoal: "Eu não sou mais nem um homem!" Palavras amargas, brotadas da aridez afetiva que assola os marginalizados pela sociedade. Atendimentos pesados, angustiantes, em que a projeção dessa impotência sobre a figura do terapeuta almejava selar, de uma vez por todas, um pacto para a libido continuar adormecida.

A presença silenciosa e infiltrante da pulsão de morte conduzia apenas a desinvestimentos objetais. Mas, afinal, o que faziam ali? Chegavam horas antes do combinado e, quietos, a tudo olhavam: os companheiros do banco de espera, os pacientes que entravam e saíam... Eu me apegava à idéia de que vir à consulta era a expressão de uma função objetalizante, um dos fios que os prendiam à vida. Cabe esclarecer que a função objetalizante é descrita por André Green como o mecanismo que faz a ligação da pulsão de vida, ou de amor, ao objeto:

> "[...] as pulsões de vida, que Freud denomina também de pulsões de vida ou de amor, são um conjunto mais amplo do que o da sexualidade, mas é pela sexualidade que podemos ter idéia do que seja a pulsão de amor ou de vida. É por essa

razão que, passando através da sexualidade, o grande mecanismo que serve para definir a ação dessa pulsão é a *ligação*, porque sexualidade é ligação... Além do mais, vocês não podem pensar a sexualidade sem o objeto. Mesmo que estivessem no auto-erotismo ou no narcisismo. Ainda seriam obrigados a se servirem do objeto. Chego então à conclusão de que o papel da pulsão de vida é assegurar uma função objetalizante, isto é, ligar a pulsão de amor ao objeto."[1]

À medida que resgatavam o prazer da narrativa de seu passado, iam ressurgindo interesses que a rotina agitada de outras épocas tratou de abortar. Voltavam, então, na sessão seguinte, contando algo que haviam feito durante a semana relacionado àquela área de interesses de que havíamos falado: "Eu estava doido para contar para a dra. que eu consertei aquela vitrola antiga, para escutar uns discos de 78 rotações, que nunca mais pude ouvir. Sabia que a sra. ia gostar de saber disso!" Falas que refletem como lançavam uma âncora para a vida, graças à escuta terapêutica, resgatando do passado desejos singelos que podiam ser realizados. A depressão aos poucos cedia espaço para pequenos, mas importantes projetos, e, se continuavam chegando cedo ao ambulatório, era para conversar com outro cliente, com quem haviam feito amizade, a ponto de trocar confidências sobre as dificuldades sexuais e os progressos que vinham obtendo com o tratamento. Situação que indicava que um trabalho de terapia em grupo com pacientes selecionados previamente através de atendimentos individuais poderia vir a ser uma opção viável no atendimento ambulatorial nos grandes centros de saúde, em que o volume de pacientes é por demais expressivo. Entretanto não ousei arriscar uma experiência desse porte, temendo que a delicadeza do assunto fizesse meus pacientes sentirem-se expostos ao ridículo. Mas ainda não descartei essa possibilidade e, ao final deste estudo, pretendo ter elementos para definir as condições recomendáveis para a inclusão de um paciente num trabalho grupal.

---

1. GREEN. *Conferências brasileiras de André Green*: metapsicologia dos limites, p. 74-75.

Paralelamente ao investimento libidinal em atividades que os faziam sentirem-se úteis, quer fosse para vizinhos ou parentes, o interesse sexual ressurgia, acompanhado de força erétil que aumentava progressivamente e, passo a passo, acompanhava o incremento da sensação de potência existencial. Quando a função sexual estava normalizada, alguns homens optavam por não virem mais. Outros, no entanto, continuavam o processo para falar principalmente das esposas, que, após tantos anos de abstinência sexual, não mais se interessavam por sexo. Insistiam para que elas fizessem um tratamento, e aquelas que aceitaram foram encaminhadas para o setor de Psicologia do HC/UFMG.

Portanto, vemos que o pênis – como órgão anatômico – e sua função no ato sexual são vulneráveis e podem mimetizar tanto conflitos existenciais genéricos, como acabamos de ver, quanto conflitos mais específicos na esfera amorosa ou moral. Exemplo disso é o caso de um paciente que havia se casado com o grande amor de sua vida, com quem vivia feliz por muitos anos, até que os episódios de impotência sexual vieram conturbar-lhes a convivência. Essa era a versão oficial, que o deixava atônito, pois não entendia por que havia ficado impotente. Num ato de desespero, envolvera-se com outra mulher, para descobrir se o quadro da impotência era extensivo a todas as relações sexuais. Todavia, para sua surpresa, tivera ereções normais e percebera que a tal mulher era muito parecida com a sua esposa; o que lhe deu um "nó na cabeça", pois teve de reconhecer a necessidade de fazer uma terapia para entender o que se passava. Em pouco tempo de trabalho, evidenciou-se que a mulher amada não correspondia mais ao seu ideal de esposa: traços de autonomia e independência haviam desaparecido. Ela havia "grudado" (sic) nele, e a patologia tomara conta da relação, uma vez que os dois haviam entrado num estado especular, inclusive fisicamente: ambos haviam dobrado de peso. Nunca admitira a idéia de rejeitar uma companheira porque seu corpo não estava como era antes e, para asseverar tal posição, passara a engordar. Afinal de contas, podia dizer para si mesmo: "Não posso achar ruim, eu também estou gordo!". O processo psicoterápico permitiu que seu desejo de cortar essa relação simbiótica emergisse com tal intensidade que ele, submetendo-se a um tratamento radical de acupuntura, voltou a ter, em poucos meses, seu antigo peso. Lutou, até onde pode, para que ela também emagrecesse e se tornasse independente profissionalmente, mas, como não havia reação alguma da parte dela, o casamento começou a agonizar. Aterrorizava-o a idéia de que sua esposa descobrisse que suas aventuras extraconjugais haviam sido com alguém parecido com ela, porém bem mais magra. Julgava que seria uma quebra definitiva na autoestima dela, e não achava justo deixá-la para trás nesse estado. Apesar de toda sua maturidade emocional, que se presentificava em todos os contextos de sua vida, no aspecto amoroso ele estava inteiramente preso na disposição singular de abrir mão de todos seus impulsos pessoais, com o único fim de reforçar os impulsos, mesmo que patológicos, de sua companheira. Chegou a ficar tão desorientado com o conflito que "voava" com o carro pelas estradas. Finalmente admitiu para si mesmo que se não rompesse, acabaria morrendo. Optou pela vida e pela dor do luto daquela relação.

A impotência sexual surgiu também de modo abrupto na vida de um "solteirão inveterado", que tinha parceiras sexuais estáveis, com quem se relacionava satisfatoriamente havia anos. Após algumas sessões, a questão foi se delineando em torno de um ponto central: apesar de não querer assumir nem para si próprio, estava preso num amor platônico por uma adolescente. Suas associações evidenciaram que, aos pensamentos apaixonados, agregaram-se fantasias sexuais que eliminaram de vez as possibilidades de qualquer aproximação. "Se um dia eu me encontrar com ela e acontecer alguma coisa, todos vão dizer que sou papa-anjo, e eu não suportaria essa vergonha!" Pensamentos como esse organizaram uma medida defensiva: a potência sexual foi desativada.

Um outro paciente serve perfeitamente de protótipo caricatural da sugestionabilidade histérica. Lembrava-se nitidamente da época em que a falha erétil ocorrera pela primeira vez: havia dois anos, segundo os médicos, vinha enfrentando um problema de estresse, mas, como não acreditava nesse diagnóstico, a esposa convidou-o a assistir a um programa de televisão em que o assunto seria debatido. Ficou impressionado, pois, dentro do quadro do estresse, o médico descreveu exatamente todos os sintomas que ele vinha tendo, inclusive perda de peso e visão. Porém, no final do programa, o médico fez um alerta: "Em alguns casos, há o risco de ocorrer perda de ereção!" O paciente levou um susto e, dias depois, apresentou o sintoma, ficando totalmente desesperado.

A vulnerabilidade ao desejo do outro explica também alguns outros quadros de impotência: a presença de um conflito ou temor da mulher de se entregar ao ato sexual é suficiente para provocar uma identificação ao não-desejo, impedindo o homem de ter força erétil para a penetração. Um exemplo interessante são as falhas eréteis que ocorrem antes do desvirginamento da mulher.

Caso 8

A identificação histérica foi também a mola propulsora para a instalação de um quadro de disfunção erétil num jovem, casado havia poucos anos. Em seu telefonema solicitando uma consulta, o paciente disse nunca ter imaginado que fosse parar num psicólogo e que isso para ele "era o fim do mundo!" De fato, estava tão transtornado que foi preciso atendê-lo duas vezes no mesmo dia. Havia uns dois meses vinha tendo episódios de impotência e, após ter tido exatamente três fracassos, passou a fugir das relações sexuais com a esposa. Olhava para ela, sentia carinho, mas ficava totalmente inseguro, com medo de não ter ereção.

Em sua opinião, tudo havia começado depois que ela colocou a imagem de Nossa Senhora no criado-mudo. Ele bem que avisara: "Esta imagem aqui, com certeza vai me atrapalhar!" Na mesma semana, quando estava tendo relações sexuais, viu que a N. Sra. estava olhando e ficou incomodado, perdendo logo a ereção. Muito religioso, desde criança sempre se envergonhou "dessas coisas": ao se masturbar, virava para trás uma pequena imagem que tinha em seu quarto, e, quando adolescente, ao levar alguma garota para lá, a primeira coisa que fazia era virar o crucifixo de madeira que ficava na cabeceira de sua cama.

Costumava, também, ficar impressionado com gente diferente na rua e nem conseguir olhar para essas pessoas, por exemplo, um aleijado ou alguém muito feio. Só quando dava de frente com elas é que as via e, assim mesmo, tratava de virar o rosto imediatamente! Movimento que ilustrava o seu posicionamento diante da angústia de castração. Lembrava-se de que, quando pequeno, vira um daqueles pedintes com a perna toda cheia de feridas, em carne viva, e ficara tão impressionado que nunca mais quis ver nada feio. Quando lhe contavam uma fatalidade, ele, mais que depressa, precisava sair de perto da pessoa e fazer três vezes o sinal da cruz para se proteger.

Aos poucos, foi ficando menos ansioso, passando a tentar novamente ter relações sexuais; entretanto precisava tomar 20 mg. de Viagra – dosagem que, segundo seu médico, nada representava, mas que lhe dava confiança. Somente quando reduziu a dosagem para 10 mg. permitiu-se questionar o efeito placebo: "Pode até ser que o efeito seja psicológico, mas, que está resolvendo, eu não tenho dúvidas! Vou continuar tomando, porque perdi a auto-confiança!" Porém, apesar dessa afirmativa, passou a não tomar o "pedacinho" do comprimido, deixando-o de reserva em seu bolso e voltando a ter relações sexuais com a esposa – desde que a santa estivesse dentro do guarda-roupa.

Capítulo 4

O Narcisismo Como Conceito Norteador

Deus não me dá sossego. É meu aguilhão.
Morde meu calcanhar como serpente,
faz-se verbo, carne, caco de vidro,
pedra contra a qual sangra minha cabeça.
Eu não tenho descanso neste amor.
Eu não posso dormir sob a luz do seu olho que me fixa.
Quero de novo o ventre de minha mãe,
sua mão espalmada contra o umbigo estufado,
me escondendo de Deus.
(ADÉLIA PRADO: "A *filha da antiga lei*")

Ao longo da escrita deste livro, o conceito de narcisismo insinuou-se como o mais promissor para a continuidade do meu estudo sobre os distúrbios sexuais. Brotando espontaneamente a partir do vértice narcisista da movimentação transferencial – que, com os ejaculadores precoces que não entravam em transferência se apresentava através do contato pouco afetivo e até mesmo hostil, e, com os homens com disfunção erétil, pela indiferença para com os objetos –, a necessidade de rever esse conceito foi tomando corpo e levou-me a essa empreitada tão fascinante. Uma revisão geral da abundante literatura psicanalítica acerca do conceito de narcisismo, apesar de útil, fugiria aos propósitos desta pesquisa, uma vez que a minha pretensão consiste apenas em apontar quais os pontos da teoria, a meu ver, podem iluminar meu campo de investigação. Entretanto remeto o leitor interessado no assunto às obras de Jean Laplanche, André Green, Guy Rosolato, Hugo Bleichmar e Zeferino Rocha,[1] que, de maneira didática, apresentam uma revisão temática; e às de Joyce McDougall,[2] que trazem uma descrição

1. LAPLANCHE. *Vida e morte em Psicanálise*, p. 71-88; GREEN. *Narcisismo de vida, narcisismo de morte*, p. 44-73; ROSOLATO. *Nouvelle Revue de Psychanalyse*, p. 8-36; BLEICHMAR. O *Narcisismo:* estudo sobre enunciação e a gramática do inconsciente; ROCHA. *Narcisismo*: abordagem freudiana.

2. MCDOUGALL. *Em defesa de uma certa anormalidade:* teoria e clínica psicanalítica, p. 115-132. MCDOUGALL. *Teatros do eu:* ilusão e verdade no palco psicanalítico, p. 168-178.

elucidativa da configuração das problemáticas clínicas em que o narcisismo está no cerne do conflito.

Essas leituras levaram-me a concluir que, apesar de ninguém estar protegido contra ataques ao seu equilíbrio narcísico, os distúrbios sexuais a que me dediquei denunciam, sem dúvida alguma, dificuldades de ordem narcísica. A dor psíquica de todos esses pacientes sobrevém do fato de que o equilíbrio entre as representações de si mesmo e do mundo objetal está abalado. Pude constatar, também, que a minha experiência clínica me faz comungar uma posição teórica junto a Otto Kernberg e Joyce McDougall, que acreditam que a sintomatologia narcísica coloca-nos em confronto com manifestações de castração sutilmente disfarçadas, pelo fato de se tratar de sexualidade primitiva, arcaica, muito mais próxima da ameaça de castração primitiva, em que o espedaçamento é projetado no sentimento de perda da identidade psíquica, e muito mais distante das interdições edipianas.

Interessada na oscilação dos investimentos narcísicos e objetais, McDougall refuta a noção de uma perturbação unicamente narcísica, sem nenhum vínculo com a libido objetal e a problemática neurótica, ou seja, não aceita uma distinção traçada entre uma "estrutura" narcísica e uma "estrutura" neurótica num dado indivíduo, apesar de defender uma intrincação entre as duas configurações, uma vez que uma falha importante no pólo narcísico não tem como deixar de provocar uma distorção no pólo dos investimentos libidinais objetais.[3] "Narciso desempenha um papel mais importante do que Édipo na elucidação das perturbações profundas da psique humana; a sobrevivência ocupa no inconsciente um espaço mais amplo do que o conflito edipiano, a ponto de, para alguns indivíduos, a problemática do desejo parecer um luxo."[4]

Os estudos de McDougall enfocam diretamente o funcionamento psíquico nos estados "limites", nem neurótico e nem psicótico, onde as manifestações clínicas estão ligadas a atuações que tendem à descarga, e não à elaboração mental, e tratam também,

---

3. Posição teórica convergente com o que experienciei na clínica por muitos anos, e que elucidei no capítulo 1.

4. MCDOUGALL. *Em defesa de uma certa anormalidade: teoria e clínica psicanalítica*, p. 116-117.

das adicções, das perversões, das neuroses e psicoses ditas de "caráter" e das eclosões psicossomáticas. Em todos esses casos se revela uma fragilidade na economia narcísica daquele indivíduo em que a presença do outro e as exigências da própria realidade externa são experimentadas como uma ameaça contínua potencialmente traumática. Vejo, com muita clareza, que a problemática original dessas manifestações clínicas é a mesma de vários casos de distúrbios sexuais que venho estudando.

O primeiro ponto que chama atenção para o comprometimento narcísico, presente tanto na ejaculação precoce, quanto na disfunção erétil, é a vulnerabilidade do Eu – sujeito a um verdadeiro "desmanche" a qualquer momento. Freud, de fato, já havia reconhecido, em *Mal-estar na civilização*, que o sentimento da unidade do Eu era mesmo muito frágil, "senão falacioso", mostrando ao longo de sua obra como a natureza traumática da sexualidade invadia o Eu. "Na verdade, a sexualidade é a única função do organismo vivo que se estende além do indivíduo e se refere à relação deste com sua espécie"[5] – o que a torna, sem dúvida alguma, ponto privilegiado para observarmos tanto o vértice narcisista da construção identificatória, quanto o vértice objetal das relações do sujeito. Porém não podemos nos esquecer de que a sexualidade também nutre o narcisismo do sujeito (pois gozar é uma prova de integridade narcisista preservada) e, assim, podemos julgar, a princípio, que a fragilidade do Eu, no material clínico apresentado, é apenas um efeito do fracasso sexual e do risco de abandono ou rejeição pelo objeto. Explicação que seria perfeitamente aceitável nas disfunções sexuais causadas por problemas orgânicos, pois, nos outros casos, o que veio primeiro obviamente foi a vulnerabilidade do Eu.

Vejamos, então, como se dá, nesses casos, a dependência do sujeito ao objeto. Em *Pulsões e destino das pulsões*, Freud afirma que o objeto é conhecido no ódio. Nos narcísicos, será a percepção da existência independente do objeto que o fará ser odiado. De fato, em ambos os quadros de disfunção sexual, os pacientes têm um

5. FREUD. *Conferências introdutórias sobre Psicanálise*, p. 481.

inimigo comum: a realidade do objeto. Entretanto a relação com a realidade do objeto é distinta: os homens com disfunção erétil reconhecem a realidade do objeto, mas costumam vivenciar um "estranhamento" quando esta se presentifica. Já nos ejaculadores precoces, há uma falha total no reconhecimento da alteridade do objeto que os obriga a estabelecer apenas relações objetais narcísicas, em que emanações do próprio Eu pairam sobre o objeto. Essa irrealidade do objeto acaba por induzir, em ambos os quadros, uma regressão à sexualidade pré-genital, em que apenas as pulsões parciais, sobretudo sado-masoquistas, são satisfeitas – retornando a sexualidade à sua condição inicial auto-erótica, em que a função do objeto é apenas a de satisfazer este auto-erotismo "objetal", uma vez que qualquer movimento diferente do objeto fatalmente provocará uma decepção no Eu, pois renovará o fracasso inicial das relações objetais primárias.

"É preciso aqui recuperar as evidências: os narcisistas são pessoas feridas – de fato, carentes do ponto de vista do narcisismo. Freqüentemente a decepção, cujas feridas ainda estão em carne viva, não se limitou a um dos pais, mas a ambos. Que objeto lhes resta para amar senão eles mesmos?"[6] – argumenta Green. E será justamente a fragilidade da estrutura psíquica do narcísico o ponto que marcará o seu destino amoroso: a solidão, pois o outro pode existir sob condição de se conformar com o papel de Eco no registro do desejo, e nunca para ser amado. Ou seja, não haverá para eles a possibilidade de se revitalizarem no amor.

Apesar desses três pontos comuns (vulnerabilidade do Eu, regressão à sexualidade pré-genital e incapacidade de amar), há diferenças significativas entre o quadro de ejaculação precoce e o da disfunção erétil. É assim que o silêncio dos desejos, que apenas o objeto pode satisfazer, acaba provocando atuações significativas nos ejaculadores precoces, dentre elas, a busca sub-repetícia de relações sexuais que evidenciam o fato de eles estarem sempre em estado de desejo, pois, paradoxalmente, seu sintoma barra a satisfação e, uma vez que apenas ela é que pode liberar o sujeito do

---

6. GREEN. *Narcisismo de vida, narcisismo de morte*, p. 20.

desejo, eles ficam transbordantes de desejos insatisfeitos, e cada vez mais ansiosos. Também, mais conscientes da dependência aos objetos para satisfazer suas pulsões, e, assim, com mais ódio deles. Poderíamos dizer com isso que a raiva narcísica dos objetos é apenas um efeito, ou ela já estaria presente *a priori* no Eu, sendo inclusive, uma das responsáveis pelo distúrbio?

Nos ejaculadores precoces, fica evidente a constância da raiva e da desconfiança em relação aos objetos – lembremo-nos de que o objeto-espelho pode ser também um objeto de ódio; porém, nos homens com disfunção erétil, o predomínio é da ambivalência de sentimentos, num quadro irreversível de impotência diante do objeto morto – algo que nos lembra a hipótese freudiana de 1915, em *Reflexões para os tempos de guerra e morte*, acerca de como o homem primitivo liberou o espírito de indagação através do "conflito de sentimento quando da morte de pessoas amadas e, contudo, estranhas e odiadas."[7] Porém, nos casos de disfunção erétil, a ambivalência diante do objeto irá provocar um luto que desencadeará um processo de retração libidinal para o Eu, acompanhado pelo adormecimento do desejo. A sexualidade passará a ser vista como um desperdício de reservas, pois a libido terá de ser poupada ao menos para a sobrevivência psíquica. "Aqui, sexo e desejo, longe de confirmar a identidade subjetiva, correm o risco de ter um efeito arruinador. A mão de outrem faz tremer o espelho de Narciso..."[8]

Um outro referente diferencial pode ser visto em relação ao nível de tensão entre o Eu e o Supereu. Nos ejaculadores precoces, o Supereu é pouco desenvolvido e, portanto, há uma ausência de tensão com o Eu, o que permite, inclusive, que eles se lembrem com clareza das brincadeiras sexuais da infância.[9] Entretanto, apesar de serem eternos prisioneiros das pulsões parciais que querem se satisfazer a qualquer preço, os fragmentos superegóicos não deixam de admoestá-los com reverberações pulsantes: "Será que eu

---

7. FREUD. *Reflexões para os tempos de guerra e morte*, p. 332.

8. MCDOUGALL. *Em defesa de uma certa anormalidade*: teoria e clínica psicanalítica, p. 121.

9. Exemplos de tais lembranças encontramos nas cenas em que P1 se masturbava olhando para a calcinha da irmã; P2 encostando-se por trás da irmã e P3 lembrando-se do ato sexual dos irmãos.

fiquei assim por causa do jeito como tudo começou?" Por outro lado, na disfunção erétil, a presença da culpa e da vergonha denunciam um narcisismo moral evidente.

Freud, em *Tipos libidinais* (1931), ao fazer as descrições de distintos tipos de personalidade, descreve um tipo – o "narcísico" – que de fato é uma verdadeira caricatura do ejaculador precoce:

> "Não existe tensão entre o ego e o superego, não há preponderância de necessidades eróticas. O principal interesse do indivíduo se dirige à autopreservação; é independente e não se abre à intimidação. Seu ego possui uma grande quantidade de agressividade à sua disposição, a qual também se manifesta na presteza à atividade. Em sua vida erótica, o amar é preferível ao ser amado. As pessoas pertencentes a esse tipo impressionam os outros como 'personalidades', são especialmente apropriadas a atuarem como apoio para outros, para assumirem o papel de líderes e a darem um novo estímulo ao desenvolvimento cultural ou a danificarem o estado de coisas estabelecido."[10]

Freud acrescenta, ainda, que essas personalidades quando expostas às frustrações do mundo externo, "estão particularmente dispostas à psicose, e também apresentam precondições essenciais para a criminalidade",[11] disposições facilmente observáveis na atuação dos ejaculadores precoces, tanto pelo modo como lidam com situações de perigo, quanto pela facilidade com que recorrem a armas de fogo. Ainda segundo Freud, a configuração da personalidade do ejaculador precoce que tem uma estrutura neurótica obsessiva corresponde mais à descrição do "tipo erótico-obsessivo", em que a preponderância da vida instintual é restringida pela influência do superego, e a dependência simultânea de objetos humanos contemporâneos e de resíduos dos pais e educadores é levada ao mais alto grau.

10. FREUD. *Tipos libidinais*, p. 252.

11. Idem.

Essa tipificação de traços de caráter feita por Freud, sem dúvida, sofre o mesmo risco que corri neste livro: o de generalizar os indivíduos, privá-los de sua individualidade e complexidade. Contudo não deixa de nos mostrar que tal empreitada tem uma utilidade provisória, fundamental na condução de uma investigação nosográfica, que nos leva a enfocar, temporariamente, os aspectos de caráter que são mais acentuados em certos pacientes. Mas voltemos aos nossos sujeitos, e tentemos resumir a comparação dos aspectos narcísicos até aqui examinados, e que formam uma configuração que poderá servir de elemento basilar para que possamos avançar na investigação teórica (Quadro 15 e 16). Cabe, aqui, ressaltar um caso à parte, o dos ejaculadores precoces que têm uma estrutura obsessiva e que não se encaixam nesses quadros, que acabo de citar, por possuírem aspectos narcísicos tanto de um quadro, quanto de outro, compondo a configuração do Quadro 17. Vejamos:

QUADRO 15
Aspectos narcísicos comuns nos casos de EP e de DE

Aspectos Narcísicos Comuns nos Casos de Ejaculação Precoce de Disfunção Erétil
- Vulnerabilidade do Eu; - Incapacidade de amar; - Regressão à sexualidade pré-genital.

QUADRO 16
Aspectos narcísicos distintos na EP e na DE

Aspectos Narcísicos Distintos na EP e na DE	
Ejaculação Precoce	**Disfunção Erétil**
Desconhecimento da alteridade do objeto Relações objetais narcísicas Agressividade egóica Expansão libidinal	Estranhamento da alteridade do objeto Ambivalência nas relações objetais Tensão nas relações do Eu com o Supereu Retração libidinal para o Eu

QUADRO 17
Aspectos narcísicos distintos nos casos de ejaculadores precoces neurótico–obsessivos

Aspectos narcísicos distintos nos casos de ejaculadores precoces neurótico–obsessivos
- Desconhecimento da alteridade do objeto; - Relações objetais narcísicas; - Tensão nas relações do Eu com o Supereu; - Retração libidinal para a vida fantasmática.

De posse dessas constatações de um funcionamento narcísico diferente para cada um dos "tipos libidinais", portadores dos sintomas que estamos estudando, recorro à obra de McDougall, que chama atenção para aquelas pessoas para quem a manutenção da homeostase e da imagem narcísica requer um arranjo particular em sua relação com o outro: através de uma sede de objeto(s) que possam refletir a auto-imagem fugaz (a relação sexual pode desempenhar esse papel), ou através da utilização de defesas que o afastam do mundo dos outros. Faz-se necessário, portanto, distinguir e comparar, dentro da sintomatologia narcísica, esses dois modos diferentes de funcionamento narcísico: a dos que fazem uso de relações objetais narcísicas e a dos indivíduos que usam defesas narcísicas. Distinção preciosa para o raciocínio que vinha sendo tecido, e que pode ajudar-me a avançar dentro do meu argumento de que existe, de fato, um funcionamento psíquico distinto entre sujeitos que apresentam os dois distúrbios sexuais estudados. Como veremos a seguir, os aspectos narcísicos encontrados nos ejaculadores precoces coincidem com os dos indivíduos que estabelecem relações objetais narcísicas; e os aspectos narcísicos encontrados nos portadores de disfunção erétil coincidem, por sua vez, com os dos indivíduos que estabelecem defesas narcísicas. Para fins elucidativos, tomei a liberdade de colocar as palavras de McDougall em um diagrama no Quadro 18.

QUADRO 18
Distintas configurações narcísicas

Relações Objetais Narcísicas	Defesa Narcísica
Indivíduos que criam relações objetais narcísicas que indicam uma relação com o outro (*self*objeto), que representa para o Inconsciente uma parte dele mesmo que deve ser amada, odiada, controlada ou destruída. O objeto narcísico dá ao sujeito a impressão de estar "vivo", de ser "real".	Indivíduos que se defendem contra esse tipo de vivência (*self*objeto) através de uma retirada narcísica para se prevenirem contra o perigo de perder os limites do *self*.
A sexualidade genital serve principalmente a fins narcísicos: utilizada para escorar um sentimento fragmentário, frágil, de identidade subjetiva, ou seja, para preencher vazios de uma imagem danificada, resultante de problemática sexual arcaica.	O fenômeno da defesa narcísica se ergue contra o outro e se traduz por um ensimesmamento auto-suficiente, secreto, uma recusa das necessidades, uma fuga diante do desejo como ameaça de escravidão que esfacela e mata. Uma fuga de exigências de colorido superegóico, ideal, às quais sempre será impossível responder.
Um objeto vivo é utilizado como algo que toma o lugar do objeto transicional, exercendo, assim, uma função "maternante carencial" (expressão usada pela Autora).	Essa barreira defensiva serve para proteger o indivíduo contra os objetivos libidinais objetais, arcaicos, objetivos que estão associados a esses objetos parciais, primitivos, encaixados uns por dentro dos outros e, às vezes confundidos com o próprio indivíduo.

FONTE – McDOUGALL, 1982.

McDougall alerta-nos para o fato de que, apesar de ter separado tão nitidamente as duas organizações da economia narcísica aparentemente opostas, é possível encontrarmos num mesmo indivíduo os dois tipos de relação com o outro, geralmente calcados nos problemas de auto-imagem e de sentimento de identidade, para os quais ela aponta como causa uma incapacidade de representar, psiquicamente, uma situação de falta ou de ausência (o que poderia ser chamado de objetos internos frágeis, falha simbólica...) devido à inexistência, quando bebês, de um objeto transicional que os ajudasse a interiorizar a imagem da mãe durante a ausência desta.

Do ponto de vista transferencial, as vivências são arcaicas e, em determinados momentos, fusionais, de modo que não haverá duas pessoas no consultório, e sim uma só: o analista será vivido como uma extensão narcísica do analisando (fora da sessão, o analista desaparece totalmente do mundo psíquico do sujeito, que tem a convicção de que o oposto também acontece)[12] ou o analisando será uma extensão do analista (e qualquer separação estará impregnada de angústia mortífera).[13] Seja como for, o fantasma fundamental é o mesmo: numa relação entre duas pessoas, uma delas deve morrer.

Para Melanie Klein a análise de pacientes "esquizóides" era uma empreitada árdua, pois "sua atitude retraída e não emocional, os elementos narcísicos nas suas relações de objeto, certa hostilidade distanciada que permeia toda a relação com o analista criam um tipo de resistência muito difícil [...], esses pacientes não sabem o que fazer com a interpretação; eles não podem nem aceitá-la e nem rejeitá-la."[14] Para essa Autora, os processos de cisão eram responsáveis, por um lado, pelo fracasso do paciente em entrar em contato com o analista e pela sua falta de respostas às interpretações, e, por outro, pela impressão do analista de que partes consideráveis do paciente e de suas emoções não estão acessíveis.

Vejamos, agora, outra contribuição teórica que julgo ter tido serventia para minha pesquisa: trata-se das concepções de André Green acerca das relações entre as pulsões e o objeto. Tomando como disparador de seu raciocínio o fato de que, no conceito de narcisismo na obra de Freud, o ego pode tornar-se objeto do id, oferendo-se a este como objeto de amor, Green irá tecer considerações acerca das maneiras como o deslocamento faz com que qualquer coisa possa vir a tornar-se um objeto substituto para satisfação das pulsões, mesmo que não tenha mais nenhuma das características e das qualidades primitivas do Objeto (do primeiro objeto, do seio). E que, no limite extremo desses deslocamentos,

---

12. É freqüente que os ejaculadores precoces sequer comentem porque faltaram a alguma sessão, pois, mentalmente, é como se a falta não tivesse ocorrido.

13. Conforme vimos no Caso 5.

14. KLEIN. *Notas sobre alguns mecanismos esquizóides*, p. 38-39.

basta que uma só dessas características seja salva para que haja um investimento significativo, acrescentando que o próprio investimento pode vir a tornar-se objeto, como ocorre com um dos destinos da pulsão, a sublimação.

Levando em conta que para Freud as pulsões de vida ou de amor são um conjunto mais amplo do que a sexualidade, que não podemos pensar nesta sem o objeto, e que o grande mecanismo que serve para definir a ação dessas pulsões é a ligação, Green irá propor que o papel da pulsão de vida seja o de assegurar uma *função objetalizante*, isto é, ligar a pulsão de amor ao objeto. E, por outro lado,o de que a *função desobjetalizante* seria a correspondente de um trabalho de desligamento, em que a pulsão de morte entraria em ação, levando o sujeito a realizar uma desqualificação da singularidade e dos atributos do objeto. Há casos extremos, como o da perversão, em que o objeto pode vir a tornar-se anônimo; ou então, em práticas de tortura, em que o objeto é despojado de suas características de ser que sente e pensa. Mas, nos casos atenuados, e são estes que nos interessam, os objetos amados deixam de ser enxergados, uma vez que sua especificidade e singularidade, que antes ligavam o amor do sujeito àquela pessoa, não são mais apreendidas.

Portanto, uma situação paradoxal é instalada pelo objeto, fazendo com que ele seja ao mesmo tempo o que nos faz sair de nossos limites e o que nos obriga a ter limites, se não quisermos perdê-lo: "... por termos o objeto, saímos de nossos limites para entrar em contato com ele, para restabelecer uma espécie de unidade primitiva mítica; mas precisamente por termos objetos devemos colocar limites em nossa possessividade, em nossa crueldade, em nosso desejo de gozar desse objeto sem consideração para com ele."[15]

Em seu livro *Narcisimo de vida, narcisismo de morte*, Green apontará outras saídas para essa situação paradoxal. Numa linguagem um pouco hermética, ele apresentará suas concepções do narcisismo como o "cimento" que mantém a unidade constituída do Eu. Porém o funcionamento narcísico, na opinião de Green, pode ter graduações e possibilidades que ele nomeia seguindo uma graduação

15. GREEN. *Conferências brasileiras de André Green*: metapsicologia dos limites, p. 77.

que começa no *Narcisismo Positivo* e, no seu oposto, o *Narcisismo Negativo*, que pode desembocar no *Neutro* ou no ponto *Zero*. Dois modos fracassados de estabelecer contatos com o outro seriam os estados de *Fusão* e os investimentos nos objetos trans-narcisistas, tais como a criação artística, o álcool, a droga e o fetiche. Nessa balança narcísica, temos, puxando de um lado extremo, a tendência à morte psíquica, representada pela redução das tensões ao nível Zero; e, por outro lado, o objeto, o Outro, convidando as pulsões de vida a se ligarem através do amor.

Nesse sistema, entretanto, a plenitude narcísica será encontrada no ponto *Neutro*, em que há o desaparecimento do objeto e do Eu, ou então na *Fusão*, onde também há o desaparecimento do Um, do Outro, pela devoração do Outro, fazendo com que o mundo desapareça: "eu sou o mundo, o mundo é uma extensão de mim."[16] É exatamente nesses dois pontos que podemos localizar alguns casos de disfunção sexual.

A busca da unificação da psiquê fragmentada e das pulsões sexuais no narcisismo positivo é representada, nesse sistema, pela busca do Um, tentativa de Eros, mas que poderá resultar numa das seguintes vicissitudes: o estancamento numa utopia unitária, o mergulho num estado de *Fusão*; a queda ao ponto *Zero*; ou então, a melhor das possibilidades: viver em união e/ou separação do Outro. Destinos que para André Green, tal como para Winnicott, estarão selados pelo espelho do rosto da mãe e de seu olhar: pois será necessário que primeiro a criança possa se ver nele, formando seus objetos narcisistas com que irá construir sua identidade, para depois ver a mãe. Numa tentativa de clarear a proposta apresentada por Green, passei suas idéias para um diagrama contido no Quadro 19, a seguir.

16. KEHL. A Psicanálise e o domínio das paixões, p. 475.

QUADRO 19

Um, outro, neutro: valores narcisistas do mesmo (GREEN, 1988)

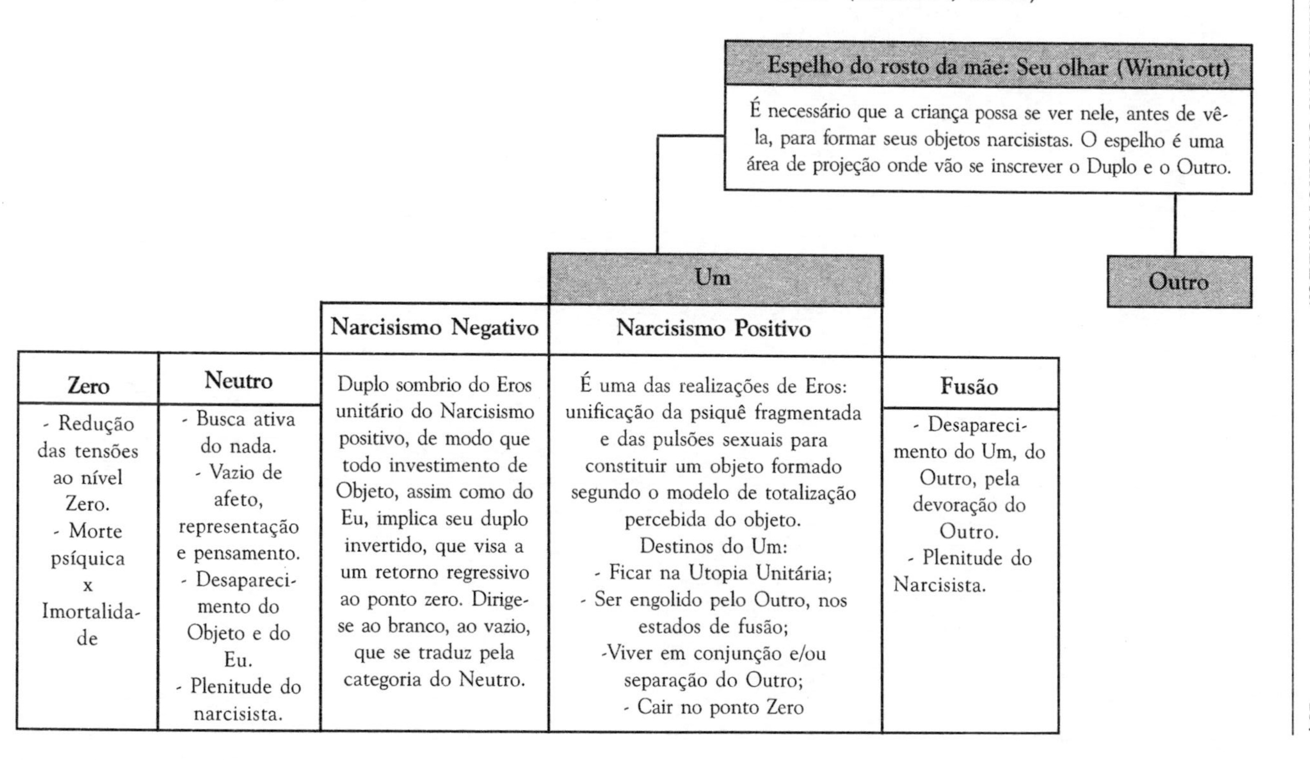

QUADRO 19

Uma outra [illegible] valores narcisistas do mesmo (GREEN, 1988)

[illegible]	Narcisismo Positivo	Narcisismo Negativo	Neutro	[illegible]
[illegible]	[illegible]	[illegible]	[illegible]	[illegible]

Capítulo 5

Reconsiderando nossa Proposta Nosográfica

Em água e vinho se definem os homens.
Homem água. É aquele fácil e comunicativo.
Corrente, abordável, servidor e humano.
Aberto a um pedido, a um favor.
Ajuda em hora difícil de um amigo, mesmo estranho.
Dá o que tem
– boa-vontade constante, mesmo dinheiro, se o tem.
Não espera restituição nem recompensa.
[...]
Há também, lado-a-lado, o homem vinho.
Fechado nos seus valores inegáveis e nobreza reconhecida.
Arrolhado seu espírito de conteúdo excelente em todos os sentidos.
Resguardados seus méritos indiscutíveis.
Oferecido em pequenos cálices de cristal a amigos
e visitantes excelsos, privilegiados.
Não abordável, nem fácil sua confiança.
Correto. Lacrado.
Tem lugar marcado na sociedade humana.
Rigoroso.
Não se deixa conduzir – conduz.
Não improvisa – estuda, comprova.
Não aceita que o golpeiam,
defende-se antecipadamente.
Metódico, estudioso, ciente.
Há de permeio o homem vinagre,
uma réstia deles,
mas com esses não vamos perder espaço.
Há lugar na vida para todos.
Em qual dos grupos se julga situado você, leitor amigo?
(CORA CORALINA: "*Os homens*")

Após uma atenta investigação teórica do conceito de narcisismo, julgo ser possível dispensar o andaime de que me utilizei, provisoriamente, para sistematizar o material que pude deduzir da forma e do conteúdo do discurso analítico dos meus pacientes. Tal medida é possível, nesse momento, porque estou convencida de que o adoecimento simbólico dos genitais masculinos é a mais pura expressão de uma ferida narcísica que se reabre porque a demanda de penetração no corpo do outro instiga a fragilidade dos limites corporais e psíquicos. Esses sintomas são, portanto, tentativas às avessas de dar expressão ao que não pode ser dito: é impossível ficar dentro de você, porque não suporto a desilusão de não formarmos um todo. O desejo/temor recalcado de ficar contido no outro, ao ser frustrado pela realidade, faz com que o narcisismo refloresça com vigor e cobre do sujeito um distanciamento defensivo do objeto que lhe inflige descentramentos e desmentidos sobre sua onipotência. Exige, ainda, que se fixe apenas em suas demandas eróticas primitivas, fazendo com que o imperativo categórico seja novamente o de girar em torno de si mesmo, reconstruindo, de maneira alucinatória, o todo perfeito que o nascimento desfez.

Submetidos a tal imperativo ficarão principalmente os ejaculadores precoces, pois, aos impotentes, a possibilidade de fusão ao objeto acenará como a opção mais fascinante. Fascínio encoberto pela extensão da fixação do sujeito ao objeto primário. Apesar de termos ciência de que tanto a falta de amor quanto o excesso podem provocar essa fixação, as reminiscências dos pacientes com disfunção erétil evidenciam que a grande maioria deles recebeu um olhar materno que os ajudou a se reconhecer como sujeito com um lugar e um valor próprios, desenvolvendo, parcialmente, uma identidade psíquica diferenciada do outro, capaz de fazê-lo respeitar essa alteridade em todas as interações humanas – menos no campo sexual. Território onde a sedução parental que permeou o excesso de amor elevou à quinta potência a angústia proveniente dos riscos decorrentes do fascínio da trama edípica, levando o sujeito a dessexualizar as relações homem/mulher e mergulhar numa fusão primitiva com o objeto. E, para se resguardar desse processo regressivo, o sujeito terá de recorrer à utilização de uma barreira defensiva erigida através de fortes defesas narcísicas (citadas por

McDougall). O Quadro 20, a seguir, procura ilustrar essa movimentação que acabamos de descrever.

QUADRO 20
Movimentos constitutivos das defesas narcísicas nas disfunções sexuais masculinas

Na Infância	
EU OUTRO	O Outro recobre o Eu de amor e sedução.
EU OUTRO	O Eu recobre o Outro dos desejos edipianos, incrementados pelo jogo de sedução primitivo.

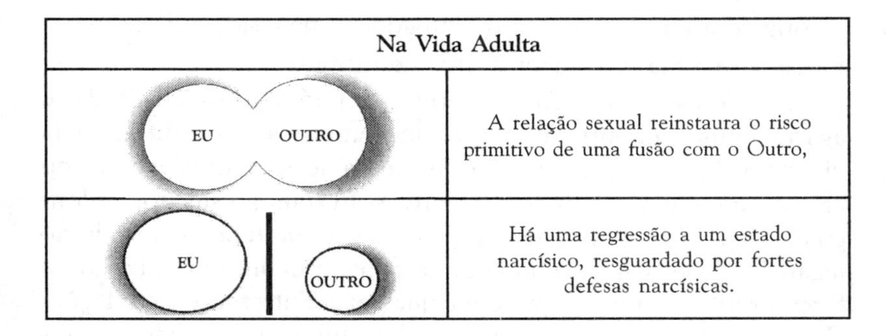

Na Vida Adulta	
EU OUTRO	A relação sexual reinstaura o risco primitivo de uma fusão com o Outro,
EU OUTRO	Há uma regressão a um estado narcísico, resguardado por fortes defesas narcísicas.

Aos ejaculadores precoces parece ter faltado um processo de "narcisação" suficiente para torná-los capazes de constituir uma auto-imagem coesa e uma identidade que reconheça a alteridade do outro. Por "narcisação", entendemos (com Bleichmar)[1] aquele processo em que o outro significativo vivencia a relação com prazer, fazendo uma valoração positiva do sujeito, que, por sua parte, irá se identificar com essa valoração e com esse prazer. A ausência

1. BLEICHMAR. O *narcisismo*: estudo sobre a enunciação e a gramática inconsciente, p. 92.

de narcisação e a respectiva falta de libidinização corporal costumam ser acompanhadas por uma falha no papel materno, seja como continente (Bion) ou como intérprete (Aulagnier). Superpostas, essas falhas podem gerar no sujeito uma fragilidade potencial frente aos traumatismos inerentes à vida psíquica, expressa pela sensibilidade extrema diante da frustração.

McDougall, perguntando-se sobre que causas primordiais impediram a criança de construir sua imagem, lança a seguinte indagação:

> "Mas, e se acontecer de o olhar materno velar-se, desviar-se para uma dor que exclui a criança? Neste caso, o olhar não reflete mais nada, tal um espelho sem aço. Pode acontecer também de a mãe procurar o seu próprio reflexo na criança, uma confirmação de sua própria existência. Se a auto-imagem, de natureza essencialmente narcísica, captada pela criança na aurora da vida psíquica for tíbia e fugidia, dará origem a um sentimento de integridade narcísica e de auto-estima na mesma proporção tíbio e fugidio."[2]

A esse psiquismo sem contornos, restará a possibilidade de se agarrar, ilusoriamente, à completude narcísica possibilitada pela vivência da fase fálica. Ilusão que, para se sustentar, exigirá do objeto que tenha adjetivos superlativos. Restará ao sujeito, ao longo da vida, vigiar para que não perca nada que tenha colocado no lugar do objeto fálico: o dinheiro, a fama, a mulher mais bonita, a força erétil – enfim, o que quer que seja. Entretanto as relações objetais poderão ter apenas um cunho utilitarista, e terão que ser superficiais e fugidias, para que não haja tempo de o objeto acenar com sua alteridade. O quadro 21 procura apresentar visualmente essas movimentações que acabo de descrever.

2. MCDOUGALL. *Em defesa de uma certa anormalidade*: teoria e clínica psicanalítica, p. 116.

QUADRO 21
Movimentos constitutivos das relações objetais narcísicas nas disfunções sexuais masculinas

Na Infância	
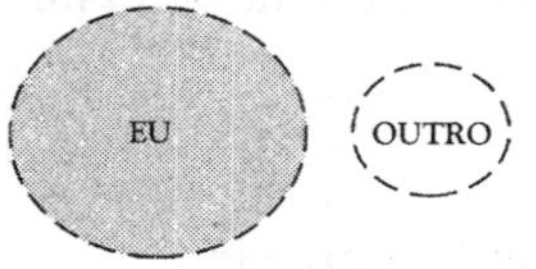 EU / OUTRO	Uma falha no papel materno e a falta de narcisação e libidinização corporal geram uma auto-imagem fragmentária, um não reconhecimento da alteridade do outro e uma fragilidade potencial diante de traumatismos psíquicos.
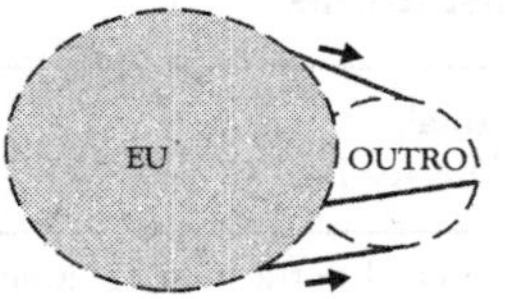 EU / OUTRO	O outro é considerado um apêndice, uma extenção do Eu, com quem se pode estabelecer relações objetais narcísicas e utilitaristas.
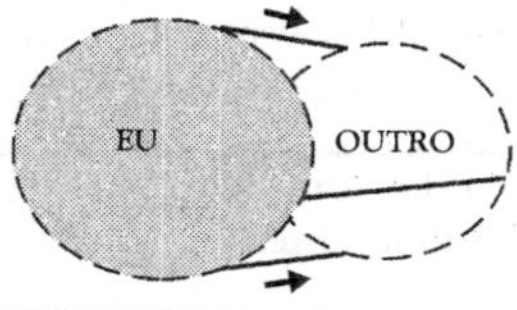 EU / OUTRO	Após as fixações fálicas, as relações objetais narcísicas serão preferencialmente estabelecidas com objetos que aparentem ser grandiosos, e terão de ser superficiais e fugidias – antes que haja tempo de o objeto acenar com sua alteridade.

Um primeiro olhar para os Quadros 20 e 21 apontaria uma correlação direta, por um lado, entre os ejaculadores precoces e os narcísicos que estabelecem relações objetais narcísicas; por outro, entre os homens com disfunção erétil e os narcísicos que se utilizam, predominantemente, de defesas narcísicas. Todavia o estabelecimento de uma correlação que abranja toda a amostragem clínica apresentada neste estudo exige cautela e reflexão mais detida. Com tal finalidade, convido o leitor a retomar os Quadros 12 (p. 128) e 13 (p. 132), em que expus a minha proposta nosográfica inicial, e o capítulo 3, onde se encontram os casos clínicos.

Dessa análise, podemos deduzir que as duas categorizações de funcionamento narcísico não são suficientes para conter todos os casos, e que é necessário ampliar as opções, contando, inclusive, com aquelas duas categorias propostas por Green: *Neutro* e *Fusão com o Objeto*. No estado narcísico *Neutro*, encaixam-se aqueles casos extremos de depressão, ou até os casos de pacientes *borderline* que perderam a vontade de viver. No estado narcísico de *Fusão com o Objeto*, encontram-se os casais que entraram numa relação simbiótica. E há, também, os casos compostos, em que os homens usam tanto de relaçãoes objetais narcísicas, quanto de defesas narcísicas. Para ilustrar a classificação que tenho em mente nesse momento, eu me utilizarei dos próprios casos já citados. Assim, teremos:

QUADRO 22
Possibilidades de funcionamento narcísico nas disfunções sexuais masculinas

Neutro	– Casos de impotência total. Ex: Pacientes borderline (p. 116).
Fusão com o objeto	– Casos de DE em que o casal entra numa relação simbiótica. Ex: Caso 5 (p. 188) e o casal que entra numa relação especular (p. 219).
Relações Objetais Narcísicas	– Casos de EP (Primária). Ex: Caso 1 (p. 140). – Casos de DE (Identificação histérica). Ex: Caso 8 (p. 221).
Defesas Narcísicas	– Casos de DE (Edipianização parcial) Ex: Caso 6 (p. 195) e Caso 7 (p. 209).
Relações Objetais e Defesas Narcísicas	– Casos de EP (Primária) Ex: Caso 2 (p. 156) e Caso 3 (p. 158). – Casos de EP (Secundária permanente). Ex: Caso 4 (p. 175).

Além dessas categorias narcísicas, há também aqueles casos em que as disfunções sexuais não tiveram como causas qualquer tipo de comprometimento, seja em termos de funcionamento narcísico, de relações objetais ou, ainda, da elaboração das angústias castrativas. Sujeitos que, apesar da constituição psíquica madura, foram afetados por circunstâncias externas que abalaram seu amor próprio e provocaram a queda da libido. Dentre essas situações, existem aquelas mais definitivas e deprimentes que têm o poder de ativar a função desobjetalizante (termo cunhado por Green), o desligamento pulsional, tais como a aposentadoria e a viuvez, que podem levar um homem a perder a vontade de viver. A psicoterapia, nesses casos, terá como uma de suas principais metas a elaboração do luto pelo objeto perdido e o religamento pulsional. Outras circunstâncias externas provisórias podem levar a quadros temporários de disfunção erétil ou de ejaculação precoce; dentre elas, temos a tensão nas relações conjugais, o desinteresse por parte de um dos parceiros sexuais, os problemas familiares, os fracassos profissionais, as dificuldades financeiras. O QUADRO 23 apresenta a configuração das situações citadas, onde estão incluídos aqueles sujeitos que, provavelmente, têm condições psíquicas de se integrarem a um trabalho de psicoterapia grupal, após um período de psicoterapia individual.

QUADRO 23
As disfunções sexuais masculinas reativas a circunstâncias externas

Disfunção Erétil Causada pela Função Desobjetalizante	Casos em que circunstâncias externas definitivas, tais como viuvez e aposentadoria, promovem um desligamento das pulsões de vida ao objeto, fazendo com que as funções sexuais fiquem paralisadas pela angústia existencial. Ex: Casos de DE (Identificação histérica), (p. 217).
Disfunção Erétil e Ejaculação Precoce Transitórias	Casos em que circunstâncias externas passageiras, tais como tensão na relação conjugal, desinteresse por parte de um dos parceiros sexuais, problemas familiares ou fracassos profissionais levam a quadros transitórios de DE e EP. Ex: Casos de EP Secundária Transitória (p. 183)

Para finalizar essas considerações, gostaria apenas de enfatizar que as propostas nosográficas aqui expostas não pretendem enquadrar todas as configurações psíquicas possíveis nessas disfunções sexuais, pois, como sabemos, todas elas têm sua "franja neurótica" (McDougall) com suas defesas obsessivas, histéricas e até mesmo psicóticas. Empenhei-me, apenas, em apontar a sobrecarga de uma linhagem de defesas narcísicas no funcionamento desses pacientes, impedindo que o desejo se liberte de suas fixações primárias.

Palavras Finais

Tanto papel escrito [...] o que terá valor?

O que ficou sem escrever.

(CORA CORALINA: "*Meu amigo*")

A experiência vivida com esta pesquisa sedimentou a determinação maior da minha escolha temática: a questão a ser investigada nasceria da prática clínica e a ela retornaria, enlaçada por outras indagações brotadas dentre as fendas que se abririam. A pergunta inaugural, centrada nos obstáculos que impediam um homem de amar, ainda ecoa. Embalam-na, suavemente, a gratidão de ter sido ouvida e a expectativa de relançar-se a quem, como Silvia Bleichmar, incomoda-se ao observar que, "enquanto o material recolhido em análise de mulheres é imediatamente generalizado e trabalhado em relação à tentativa de constituir uma teoria da feminilidade", as produções psicanalíticas acerca da sexualidade masculina são inconclusivas, pois grande parte delas toma os resultados de suas análises como "singularidade de uma subjetividade em processo, sem que sejam postas em relevo nem generalizações nem revisões teóricas".[1]

Exatamente por ser fruto de um esforço em adaptar a prática psicanalítica à demanda de um ambulatório de especialidade médica, esta pesquisa pôde, a um só tempo, fortalecer as palavras de Freud relativas ao fato de que a angústia de castração jamais libera o homem para uma vivência tranqüila de sua sexualidade, e denunciar a necessidade de uma revisão das lacunas interrogantes, abertas pela teoria sexual da masculinidade.

1. BLEICHMAR. *Nas origens do sujeito psíquico*: do mito à história, p. 186.

Embora, neste texto, o percurso em busca dos sentidos para as disfunções sexuais tenha sido longo, nem por isso explorou-lhe todas as facetas: algumas foram trabalhadas em profundidade, outras, apenas mencionadas. Tranqüilizam-me, contudo, a certeza de que esse foi o caminho que desejei (e pude) trilhar, e a esperança de que, a partir de "Tanto papel escrito", alguém possa dedicar-se àquilo que "ficou sem escrever". Ao leitor, portanto, passo a minha velha *Remington*...

Referências Bibliográficas

Os livros e artigos que serviram como referências bibliográficas nesta tese serão apresentados em três partes. Na primeira estão incluídos todos os textos de Freud de que me utilizei, cujos títulos serão apresentados em ordem cronológica, tendo sido extraídos da *Edição Standard Brasileira das Obras Psicológicas Completas de Sigmund Freud (SE)*, traduzida do alemão e do inglês, sob a direção geral de Jayme Salomão, Rio de Janeiro, Imago Ed., 1980 (primeira edição 1974). Na segunda parte encontra-se a relação dos textos de Melanie Klein, em ordem cronológica, e que estão compilados nas Obras completas de Melanie Klein (OC), traduzida do inglês, sob a direção de Elias Mallet da Rocha Barros, Rio de Janeiro, Imago Ed., 1975. Os demais livros e artigos de outros autores serão citados separadamente.

A. OBRAS DE FREUD

1892-9 *Extratos dos documentos dirigidos a Fliess:* SE,I.

1893-5 *Estudos sobre a histeria*: SE, II.

1894 *Sobre os critérios para destacar da neurastenia uma síndrome particular intitulada neurose de angústia*: SE,III.

1895 *Obsessões e fobias:* seu mecanismo psíquico e sua etiologia: SE, III.

1896 A *etiologia da histeria*: SE, III.

1900 A *interpretação de sonhos*: SE, IV-V.

1901 A *psicopatologia da vida cotidiana*: SE, VI.

1905 *Três ensaios sobre a teoria da sexualidade*: SE,VII.

1908 *Fantasias histéricas e sua relação com a bissexualidade*: SE, IX..

1908 *Moral sexual "civilizada" e doença nervosa moderna*: SE, IX..

1910 *Leonardo da Vinci e uma lembrança de sua infância*: SE, XI.

1910 *Um tipo especial de escolha de objeto feita pelos homens* (Contribuições à psicologia do amor I): SE, XI.

1911 *Notas psicanalíticas sobre um relato autobiográfico de um caso de paranóia* (Dementia paranoides): SE, XII.

1912 Sobre a tendência universal à depreciação na esfera do amor (Contribuições à psicologia do amor II): SE, XI.

1912 *Tipos de desencadeamento da neurose*: SE, XII.

1912 *Contribuições a um debate sobre a masturbação*: SE,XII.

1913 *A disposição à neurose obsessiva*: SE, XII.

1913 *Totem e tabu*: SE, XIII.

1914 *Sobre o narcisismo:* uma introdução: SE, XIV.

1915 *Os instintos e suas vicissitudes*: SE, XIV.

1915 *Reflexões para os tempos de guerra e morte*: SE, XIV.

1916-17 *Conferências introdutórias sobre Psicanálise*: S.E., XVI.

1918 *O tabu da virgindade* (Contribuições à psicologia do amor III): SE, XI.

1919 *Uma criança é 'espancada'*: uma contribuição ao estudo da origem das perversões sexuais: SE, XVII.

1923 A *organização genital infantil:* uma interpolação na teoria da sexualidade: SE, XIX.

1924 A *dissolução do complexo de Édipo*: SE, XIX.

1925 *Algumas conseqüências psíquicas da distinção anatômica entre os sexos*: SE, XIX.

1930 *O mal-estar na civilização*: SE, XXI.

1931 *Tipos libidinais*: SE, XXI.

1939 *Moisés e o monoteísmo:* três ensaios: SE, XXII.

B. OBRAS DE MELANIE KLEIN

1927 *Tendências criminosas em crianças normais*: OC, I.

1930 *A importância da formação de símbolos:* OC, I.

1931 *Uma contribuição à teoria da inibição intelectual*: OC, I.

1932 *Estágios iniciais do conflito edipiano*: OC, I.

1932 *Os efeitos das situações de ansiedade arcaicas sobre o desenvolvimento sexual do menino*: OC, II.

1945 *O complexo de Édipo à luz das ansiedades arcaicas*: OC, I.

1946 *Notas sobre alguns mecanismos esquizóides*: OC, III.

1950 *Sobre os critérios para o término de uma psicanálise*: OC, III.

1953 *A técnica psicanalítica através do brincar:* sua história e significado: OC, III.

1957 *Inveja e gratidão*: OC, III.

C. OUTROS AUTORES

ABRAHAM, Karl (1966) Contribution à la psychanalyse de guerre. In: *Oeuvres complétes*. Paris: Payot.

——. (1973) Ejaculatio Praecox. In: *Psicopatologia y sexualidad*. Buenos Aires: Ed. Hormé. p. 178-203.

BESTANE, W. et al. (1998) Avaliação e tratamento da ejaculação Precoce. *J. Bras. Urol.*, 24 (2): 48-55.

BION, W. (1987) Supervisão com Dr. Bion. In: *IDE*, 14: 2-5.

BLEICHMAR, Hugo (1985) *O narcisismo:* estudo sobre a enunciação e a gramática inconsciente. Trad. de Emilia de Oliveira Diehl e Paulo Flávio Ledur. Porto Alegre: Artes Médicas.

BLEICHMAR, Silvia (1993 [1984]) *Nas origens do sujeito psíquico:* do mito à história. Trad. Kenia M. Ballvé Berh. Porto Alegre: Artes Médicas.

CALVINO, Ítalo (1990) *As cidades invisíveis*. Trad. de Diogo Mainard. São Paulo: Companhia das Letras.

CORALINA, Cora (1997) *Vintém de cobre:* meias confissões de Aninha. São Paulo: Global.

COSTA, Moacir (1986) Disfunções sexuais masculinas. In: Netto Jr., N.R. *Urologia*. São Paulo: Roca. p. 789-809.

COSTA, Moacir, RODRIGUES Jr., Oswaldo (1986). *O urologista brasileiro e a sexualidade*. Belo Horizonte,1986. (Trabalho apresentado no XX Congresso Brasileiro de Urologia).

COSTA, Moacir (1997) *Sexo*: minutos que valem ouro. São Paulo: Mandarim.

D'ANDREA, Flávio (1976) *Abordagem psicossocial da impotência masculina*. Rio de Janeiro: Ed. Bertrand Brasil.

DOR, Jöel (1993 [1991]) *Estruturas e clínica psicanalítica*. Trad. Jorge Bastos e André Telles. Rio de Janeiro: Taurus Ed.

EARDLEY, Ian et al.(1999) *Disfunção erétil:* um guia para o atendimento a nível primário. Thetford: Jarrold Book Printing. 2 Parte.

ESPINOZA B.(1991) Ética. In: *Pensamentos metafísicos:* tratado da correção do Intelecto: ética. São Paulo: Nova Cultural.

FENICHEL, O. (1973) Los sintomas clínicos directos del conflito neurótico. In: *Teoria psicoanalítica de las neurosis*. 5. ed. Buenos Aires: Paidós. p. 197-224.

FERENCZI, S. (1992 [1908]) Do alcance da ejaculação precoce. In: *Obras completas*. Trad. Álvaro Cabral. São Paulo: Martins Fontes. v. 1.

——. (1992[1908]) Interpretação e tratamento psicanalíticos da impotência psicossexual. In: *Obras completas*. Trad. Álvaro Cabral. São Paulo: Martins Fontes. v. 1.

——. (1992 [1913]) Parestesias da região genital em certos casos de impotência. In: *Obras completas*. Trad. Álvaro Cabral. São Paulo: Martins Fontes. v. 2.

GREEN, André (1988) *Narcisismo de vida, narcisismo de morte*. São Paulo: Ed. Escuta.

—— (1990) *Conferências brasileiras de André Green:* metapsicologia dos limites. Rio de Janeiro: Imago Ed.

HANS, Luiz A. (1996) *Dicionário comentado do alemão de Freud*. Rio de Janeiro: Imago.

HELD, René-R. (1975) Impotência sexual neurótica e agressividade. In: *Problemas actuales de la cura psicoanalítica:* usos y abusos del psicoanálisis. Trad. Matilde Horne. Buenos Aires: Amorrortu Editores.

HINSHELWOOD, Robert (1992) *Dicionário do pensamento kleiniano*. Trad. de José Octávio de Aguiar Abreu. Porto Alegre: Artes Médicas.

KAPLAN, Helen (1975) *The new sex therapy*. London: Bailliere Tindall.

KEHL , Maria Rita (1987) A Psicanálise e o domínio das paixões. In: CARDOSO, S. et al. *Os sentidos das paixões*. São Paulo: Companhia das Letras. p. 469-496.

LAPLANCHE, PONTALIS (1986[1967]) *Vocabulário da Psicanálise*. Trad. Pedro Tamen. São Paulo: Martins Fontes Ed.

LAPLANCHE, Jean (1985) *Vida e morte em psicanálise*. Trad. de Cleonice Paes Barreto Mourão e Consuelo Fortes Santiago. Porto Alegre: Artes Médicas.

LA PORTA, Ernesto (1987) *Ejaculação precoce e outros ensaios psicanalíticos*. Rio de Janeiro: Imago Ed.

LAWRENCE, J.S., MADAKASIRA, S. (1992) Evaluation and Treatment of Premature Ejaculation: A Critical Review. *Int. J. Psych. Med.*, 22: 77-97.

LISPECTOR, Clarice (1998) *Felicidade clandestina*. Rio de Janeiro: Rocco.

LOWENKRON, Theodor (1986) Impotência sexual – I: um caso clínico. *Revista Brasileira de Psicanálise*, 20: 333-363.

MARCONDES, D. (1930) A therapeutica psychanalytica da impotencia sexual. *Boletim da Sociedade de Medicina e Cirurgia de São Paulo*,[ ]:162-76.

MARTELLO, Reginaldo (2000). *Avaliação do Teste de Ereção Fármaco-induzida com papaverina, associado à estimulação erótica, como método diagnóstico para disfunção erétil*. Belo Horizonte: Faculdade de Medicina da UFMG. (Dissertação de Mestrado)

McDOUGALL, Joyce (1983) *Em defesa de uma certa anormalidade:* teoria e clínica psicanalítica. Trad. de Carlos Eduardo Reis. Porto Alegre: Artes Médicas.

McDOUGALL, Joyce (1992[1982]) *Teatros do eu*: ilusão e verdade no palco psicanalítico. Rio de Janeiro: Francisco Alves.

MEHLER, J.A. (1991) El amor y la impotencia masculina. *Rev. Psicoanal.* (Arg.), 48(4): 701-724.

MELMAN, Arnold et al. (1988) Evaluation of the first 406 patientes in a urology department based centre for male sexual dysfunction. *Urology*, 32: 6-10.

MEZAN, Renato (1998) A transferência em Freud: apontamentos para um debate. In: BARROS, E.M.R. et al. *Transferências*. São Paulo: Escuta. p. 47-77.

NASIO, Juan David (1988) *Lições sobre os 7 conceitos cruciais da Psicanálise*. Trad. Vera Ribeiro. Rio de Janeiro: Jorge Zahar Ed.

OLIVÉ, Carlos (1991) A transferência: um conceito fundamental. In: BARROS, E.M.R. et al. *Transferências*. São Paulo: Escuta. p. 151-170.

PELLEGRINO, Hélio (1983) Pronunciamento feito no Teatro Ruth Escobar, aos 08/07/83, em um debate sobre a peça Édipo-Rei, de Sófocles, após sua representação.

PELLEGRINO, Hélio (1987) Édipo e a paixão. In: *Os sentidos da paixão*. São Paulo: Companhia das Letras.

PRADO, Adélia (1991) *Poesia reunida*. São Paulo: Siciliano.

ROCHA, Zeferino. (1981) *Narcisimo:* abordagem freudiana. Salvador. (Trabalho apresentado no IV Congresso Nacional do Círculo Brasileiro de Psicanálise).

RODRIGUES JR. O. M. et al. (1989) Ejaculação prematura: incidência e implicações na disfunção erétil. *Separatas de Artigos do IV Curso de Diagnóstico e Tratamento de Impotência.* Instituto H. Ellis: São Paulo.

RODRIGUES JR., O.; REIS, J. M. (1993) *Impotência sexual:* uma abordagem multidisciplinar. São Paulo: Art Graph.

ROSOLATO, Guy (1976) Le narcissisme. *Nouvelle Revue de Psychanalyse*, 13: 7-36.

SEMANS, J. H. (1956) Premature ejaculation: a new approach. *South Med. J.*, 49: 353-357.

SOARES, G. M. F. (1993) A dor e a impotência. *Revista do CEP-PA*, 2: 24 -28.

SPIESS W. F.2 J. et al. (1984) Premature ejaculation: investigation of factors in ejaculatory latency. *J. Abnormal Psychol.*, 93: 242-245.

STEKEL, Wilhelm (1967 [1920]) *Impotência masculina*. Trad. M. Matthieu. São Paulo: Ed. Mestre Jou.

STORNI, Luiz A. (1969) Un estudio psicoanalitico sobre la eyaculación precoz. *Rev. Psicoanal.* (Arg), 26 : 159-179.

TANIS, Bernardo (1995) *Memória e temporalidade:* sobre o infantil em Psicanálise. São Paulo: Casa do Psicólogo.

Anexo

Operadores Conceituais

O pequeno glossário ora apresentado pretende situar o leitor diante das opções teórico-conceituais realizadas pela Autora, para a condução da discussão clínica do capítulo 3. Os verbetes foram sintetizados a partir dos que são apresentados em três dicionários de psicanálise,[1] que poderão ser consultados caso haja necessidade de um aprofundamento temático.

Angústia:

O termo alemão *angst* é um dos mais polêmicos entre os tradutores de Freud: as traduções francesas e espanholas tendem a privilegiar a tradução do termo por "angústia", e a inglesa, por "ansiedade". Na língua alemã, *angst* significa medo, indicando, geralmente, um sentimento de grande inquietude perante ameaça real ou imaginária de dano, podendo a amplitude de gradação do termo variar de "receio" até "pavor". Em português, "angústia" refere-se a algo mais próximo de uma "condição existencial", trata-se de um "sofrimento", de algo que se "volta para o próprio sujeito".

Na metapsicologia freudiana, há duas teorias de angst: na primeira, considerada por Freud até 1925, circunstâncias externas concretas ou uma maturação insuficiente impediam o sujeito de

1. LAPLANCHE, PONTALIS. *Vocabulário da Psicanálise;* Hans. *Dicionário comentado do alemão de Freud;* Hinshelwood. *Dicionário do pensamento kleiniano.*

descarregar livremente a libido sexual. O fracasso nessa descarga faria com que as excitações acumuladas, na tentativa de se descarregarem, se transformassem em sintomas de *angst*. Ou seja, nessa primeira teoria, "recalque produz *angst*".

Na segunda teoria sobre a *angst*, reformulada por Freud em 1925-6, a idéia de que o sujeito exposto ao excesso de excitação vive uma situação de desamparo, necessitando lidar com o acúmulo de estímulos, é mantida; porém, como já havia desenvolvido a segunda tópica, Freud inverterá a seqüência da primeira teoria, e afimará que será a *angst* que o Eu sente diante do perigo que levará o sujeito ao recalque, graças ao fato de que o ego, ao antecipar a satisfação do impulso instintual, aciona o automatismo do princípio de prazer-desprazer e executa o recalque do impulso instintual perigoso. Assim, na segunda teoria, "a *angst* produz o recalque".

Ansiedade:

O significado de ansiedade em português está ligado a uma "expectativa inquieta" por algo que ocorrerá, quer seja por uma alegria vindoura, uma ameaça ou simplesmente pelo desenlace de algo. Em nossa língua, "ansiedade" e "medo" são dois sentimentos demarcados como diversos e têm conotações diferenciadas: "ansiedade" é uma ameaça mediata; "medo" é, geralmente, uma reação a algo mais imediato.

Ansiedade Persecutória:

Em 1926, no artigo "Inibição, sintoma e angústia", Freud demonstrou que a situação de ansiedade mudava nos diferentes estágios da vida, discordando, assim, de Otto Rank, para quem toda ansiedade era devida a uma só causa: o trauma do nascimento. Desse modo, Freud endossava a importância da fantasia ou da realidade que dá significado à ansiedade. Essa postura de Freud confirmou, para Melanie Klein, que a abordagem feita por ela sobre o conteúdo da ansiedade estava correta, e, após 1932, provocou uma mudança radical em suas opiniões acerca desse assunto: passou a considerar que a versão clássica freudiana da ansiedade referia-se a uma forma posterior que, sem dúvida alguma, era baseada em conflitos precedentes entre as pulsões de vida e de morte. Esse posicionamento evidenciava o quanto o pensamento kleiniano seria marcado pela aceitação da última formulação freudiana da teoria pulsional, qual seja, as pulsões de vida opondo-se ou amalgamando-se às pulsões de morte.

Na obra kleiniana, a experiência das necessidades pessoais com que o bebê se defronta a partir do momento do nascimento conduzirá, então, a duas reações alternativas: a pulsão a satisfazer tais necessidades – manifestação das pulsões de vida; ou a pulsão a aniquilar a percepção dessas necessidade – manifestação das pulsões de morte. Na fusão das pulsões de vida e de morte, caso as pulsões de vida venham a ter ascendência, surgirá a necessidade de projetar parte das pulsões de morte sobre o objeto. Entretanto, para Klein, o desvio da pulsão de morte não será o evento primário a trazer existência ao ego: a projeção satisfatória da pulsão de morte só será alcançada por um ego que já se formou a partir de um objeto interno bom e seguro, que o ajudará nessa manobra, de incidência recorrente.

A projeção da pulsão de morte sobre o objeto faz com que a ameaça passe a ser sentida pelo ego como vinda "de fora para dentro", ou seja, o objeto ameaçará o indivíduo desde o exterior. Tal vivência será cunhada na terminologia kleiniana como "ansiedade persecutória", ansiedade que irá desencadear um círculo vicioso: quanto mais intensa for a projeção da pulsão de morte sobre o objeto, maior será o montante de ansiedade persecutória.

A ansiedade persecutória é uma ansiedade arcaica, dominante na posição esquizo-paranóide, constituindo-se num medo de aniquilação (morte) que assume a forma de um medo de perseguição, experienciado como temor de um objeto dominador incontrolável.

Ansiedade Depressiva:

O bebê, por volta dos quatro a seis meses, tem condições físicas e emocionais de integrar as percepções fragmentadas da mãe, reunindo as versões (imagos) boas e más que experimentou anteriormente. A confluência de ódio e amor na direção do objeto dá origem a uma tristeza dolorosa que Klein chamou de ansiedade depressiva: ansiedade mista em que a ansiedade persecutória e depressiva interagem, gerando uma preocupação com a sobrevivência do objeto amado. Essa é a forma de culpa mais arcaica do psiquismo, e será o elemento decisivo dos relacionamentos maduros.

Libido:

O termo libido significa, em latim, vontade, desejo. É difícil apresentar uma definição unívoca da libido, mesmo dentro do enfoque psicanalítico, pois sua teoria evoluiu com as diversas etapas da teoria das pulsões. Todavia Freud sempre lhe atribuiu duas características essenciais:

- a libido não é redutível a uma energia mental não especificada, pois o caráter sexual da libido deve ser sempre sustentado, uma vez que ela é a manifestação dinâmica, na vida psíquica, da pulsão sexual;
- a libido afirma-se sempre mais como um conceito quantitativo, capaz de medir os processos e as transformações no domínio da excitação sexual.

Em termos gerais, podemos dizer que, em Psicanálise, a libido é a energia motriz das pulsões de vida, isto é, de toda a conduta ativa e criadora do homem. A libido pode tomar como objeto a própria pessoa (libido do ego ou narcísica) ou um objeto exterior (libido objetal). Segundo Freud, a libido começa por investir-se no ego, antes de ser enviada, a partir do ego, para objetos exteriores.

A qualificação de Freud do ego como sendo o grande reservatório da libido permite-nos pensar, com Laplanche e Pontalis, que a libido, enquanto energia pulsional, tem a sua fonte nas diversas zonas erógenas, e o ego, como pessoa total, armazena essa energia libidinal, de que é primeiro objeto. Entretanto, ulteriormente, o reservatório irá comportar-se perante os objetos exteriores como uma fonte, pois será dele que vão emanar todos os investimentos.

Estado Narcísico:

Klein afastou-se radicalmente de Freud a respeito da natureza do narcisismo, pois afirmou que não existia narcisismo primário, visto que, desde a origem, se instituem relações objetais. Os estágios narcísicos de que Freud falava tornaram-se, para Klein e Paula Heimann, estados narcísicos nos quais se dá um retorno da libido a objetos interiorizados (objetos internos), um estado mental em que fantasias onipotentes de identificação vêm para o primeiro plano.

A marca distintiva dos estados narcísicos é uma identificação onipotente, por projeção ou introjeção, com uma violência que desfaz a fronteira existente entre o ego e o objeto, com uma conseqüente perda da realidade interna e externa. O uso da identificação projetiva tornou-se quase sinônimo de narcisismo na literatura kleiniana, e a posição esquizo-paranóide tem sido mencionada como sendo a "posição narcísica".

Ego:

O termo técnico "Ego" é uma latinização introduzida pelos pragmáticos tradutores ingleses de Freud, a fim de realçar a objetividade da ciência psicanalítica, e constitui, portanto, uma distorção do alemão *ich* (EU) usado por Freud, e preferido pelos autores franceses, pois fornece uma conotação muito mais pessoal e subjetiva.

A noção de ego sempre esteve presente nos escritos de Freud. A princípio de forma pouco específica, designando a personalidade no seu conjunto, ao ser renovada por sucessivas contribuições sobre o narcisismo e os processos de identificação, deixou de ser definida como o conjunto do aparelho psíquico, passando a ser uma parte que tem uma relação privilegiada com o indivíduo.

A introdução da noção de narcisismo (1914-15) determinou as seguintes ênfases na definição do ego:

– o ego define-se como uma unidade relativamente ao funcionamento anárquico e fragmentado da sexualidade que caracteriza o auto-erotismo;

– oferece-se como objeto de amor à sexualidade, tal como um objeto exterior;

– o ego deve ser considerado como um grande reservatório de libido, podendo enviá-la para os objetos e reabsorvê-la;

– o objeto de amor é definido pela sua semelhança com o próprio ego do indivíduo: escolha narcísica de objeto.

No mesmo período de 1914-15, Freud conclui que o ego pode achar-se profundamente modificado pela identificação, tornando-se o resto intra-objetivo de uma relação inter-subjetiva, como no caso do homossexualismo, em que a identificação com o objeto remodela o ego numa de suas partes mais importantes: o caráter sexual.

A análise da melancolia abre caminho a uma concepção de um ego que se constituiria, desde a origem, por uma identificação que toma como protótipo a incorporação oral. O ego não será mais concebido como a única instância personificada no interior do psiquismo, pois certas partes podem separar-se por clivagem, notadamente, a instância crítica ou consciência moral.

A segunda tópica faz do ego um sistema ou uma instância do aparelho psíquico, à qual vêm reagrupar-se funções e processos que, no quadro da primeira tópica, estavam repartidos por diversos sistemas. O ego será visto, então, como um mediador que tenta ter em conta exigências contraditórias vindas do mundo exterior, do id e do superego.

Narcisismo:

Nos textos entre 1910-15, Freud descreve o narcisismo como uma fase da evolução sexual intermédia entre o auto-erotismo primitivo e o amor de objeto: o indivíduo, tomando a si próprio ou a seu próprio corpo como objeto de amor, promoveria uma primeira unificação das pulsões sexuais.

Mais tarde, com a elaboração da segunda teoria do aparelho psíquico, Freud desenvolve uma concepção energética, em que o ego é visto como o grande reservatório da libido, e o narcisismo deixa de ser uma fase evolutiva e passa a receber uma definição estrutural: uma paralisação da libido no sujeito que nenhum investimento objetal permite ultrapassar completamente.

Freud propõe, então, um estado narcísico primitivo, caracterizado pela total ausência de relações com o meio, por uma indiferenciação entre o ego e o id. O narcisismo primário designa, pois, de modo geral, o primeiro narcisismo, o da criança que investe toda a libido em si mesma, tomando-se como objeto de amor. Anterior à constituição de um ego, é um primeiro estado da vida, cujo protótipo seria a vida intra-uterina. A distinção entre o auto-erotismo e o narcisismo é, assim, suprimida.

Um narcisismo contemporâneo da formação do ego por identificação com outrem é denominado de "narcisismo secundário", sendo uma estrutura permanente do indivíduo, responsável pela balança energética entre os investimentos no ego e pelo investimento e desinvestimento no objeto.

Objeto:

A noção de objeto em Psicanálise não evoca a noção de "coisa", de objeto inanimado e manipulável, e sim um sentido comparável ao que lhe conferia a língua clássica: objeto da minha paixão, do meu ressentimento, objeto amado, etc. Os diferentes usos do termo "objeto" em Psicanálise têm a sua origem na concepção freudiana da pulsão: o objeto da pulsão é aquilo em que ou porque a pulsão pode atingir o seu alvo (sua satisfação). Ou seja, o objeto não está ligado originariamente à pulsão, mas vem a se ligar apenas em função da sua aptidão para permitir a satisfação. Assim, o objeto pulsional (objeto parcial e pré-genital) é marcado por características singulares, correlacionadas com a história infantil de cada um.

O objeto visado pelas pulsões parciais é justamente um objeto parcial: partes do corpo, reais ou fantasmadas (seio, fezes, pênis), e seus equivalentes simbólicos. Até uma pessoa pode identificar-se ou ser identificada com um objeto parcial. Entretanto, apesar de o objeto parcial ser considerado como um dos pólos irredutíveis da pulsão sexual, a investigação psicanalítica mostra que o objeto total (objeto de amor e objeto genital) nunca deixa de ter implicações narcísicas.

Objeto Parcial:

Freud, ao estudar o objeto visado pelas pulsões parciais, referia-se, sem dúvida, ao objeto parcial, mas essa nomenclatura foi cunhada e introduzida na Psicanálise pelos analistas kleinianos. Na teoria de Karl Abraham, objetos parciais passaram para o primeiro plano das relações objetais, representando um estágio de ambivalência antes da conquista do amor objetal verdadeiro, pós-ambivalente.

Melanie Klein desenvolveu a temática de modo inteiramente diferente: o objeto parcial é, em primeiro lugar, um objeto sensório, emocional e intencional, possuindo uma função. Apesar de ter essas qualidades efêmeras, ele, do ponto de vista do bebê, é real, e a parte que ele representa corresponde a tudo que existe no objeto.

Na posição esquizo-paranóide, um objeto parcial existe em relação às sensações corporais do sujeito. Através da projeção para o objeto, ele se torna uma extensão narcísica das experiências do próprio ego, e a qualidade de separação do objeto bom não é reconhecida. Somente quando o objeto vem a ser reconhecido como total é que ele assume apropriadamente uma existência separada da do sujeito.

Objeto Interno Bom:

Este termo denota um objeto parcial (concebido na fantasia inconsciente) que mentalmente representa a sensação de uma necessidade satisfeita. Nas fases iniciais da vida, o objeto bom, sentido como singular em qualquer momento, é de importância particular, de vez que sua introjeção segura forma a base para a estabilidade do ego, constituindo-se como cerne de uma personalidade estável, capaz de suportar grandes distúrbios emocionais.

Posição Esquizo-Paranóide e Posição Depressiva:

Apesar de Melanie Klein não ter discordado de Freud quanto à existência das estruturas clínicas, uma de suas principais colaborações para a Psicanálise foi a proposição de um outro paradigma de construção psíquica, conseqüente da integração progressiva entre duas posições: a esquizo-paranóide e a depressiva.

O termo "posição" foi escolhido exatamente para enfatizar a flexibilidade do processo e a oscilação entre as duas posições, o que irá promover, cada vez mais, a vivência da posição depressiva. Portanto, "posição" não é uma fase, e sim um modo de funcionamento psíquico, composto por uma constelação de impulsos, ansiedades, defesas e relações objetais, que se alternam durante toda nossa vida.

No primeiro semestre de vida do curso do desenvolvimento do bebê, será experimentada, inicialmente, a posição esquizo-paranóide e, dependendo do grau de integração egóica dessas vivências, terá início a posição depressiva, que será experienciada até a elaboração edípica.

A posição esquizo-paranóide foi descrita por Klein em 1946, e tem como grande desafio o domínio da ansiedade persecutória, através de uma luta constante para alcançar e manter um desvio satisfatório da pulsão de morte, a fim de ter-se a confiança de que a mente não irá se fragmentar. Graças a essa luta, a posição esquizo-paranóide será marcada pela alternância entre estados de integração e desintegração, que se acham ligados com o aparecimento e desaparecimento do objeto externo bom (objeto que sustenta ou contém as experiências do bebê) e que vai agir como ponto focal no ego, neutralizando o processo de cisão e de dispersão.

Os mecanismos de defesa característicos da posição esquizo-paranóide são a cisão, a identificação projetiva (projeção de partes do *self* para dentro do objeto) e a idealização do objeto. A modalidade de relação objetal da posição esquizo-paranóide é a relação de objeto parcial: relação que se estabelece apenas com uma parte do objeto, que então é só bom (gratificante) ou só mau (frustrante). Vale lembrar que nessa posição a libido está toda no *self*, o que equivale a dizer que a posição esquizo-paranóide corresponde a um estado narcísico.

O conceito de Klein sobre a posição depressiva é um desenvolvimento direto das descobertas de Freud (1917) e Abraham (1924) sobre a melancolia e a importância central que o medo da perda do objeto amado tem na evolução e na experiência humanas. Enquanto conceito, constitui-se na primeira das evoluções teóricas de vulto na obra de Klein, e descreve um período (dos quatro aos seis meses de idade) em que o bebê experiencia a descoberta de que o seio que o alimenta é também o seio que o faz esperar, constatação que abre caminho para o início de um relacionamento objetal total. Trata-se de uma nova relação com a mãe, mais realística, em que esta passa a ser uma figura mista: um só objeto que tem uma mistura de intenções. Essa relação culmina com a percepção do objeto como um personagem por si mesmo, adequadamente separado do *self*.

Surge, então, uma nova capacidade de amar: o interesse, o pesar e o amor pelo objeto total são pelo objeto em si, não simplesmente pela gratificação que proporciona. Se na posição esquizo-paranóide a percepção das partes más transformava, abruptamente, o objeto bom em um perseguidor, na posição depressiva o objeto é amado apesar de suas partes más. Entretanto, quando objetos parciais são reunidos num todo, eles ameaçam formar um objeto total danificado, principalmente porque a vida de fantasia do bebê é assediada pela idéia de que o ódio causou dano real à pessoa amada. Portanto, o trabalho da posição depressiva é a elaboração da ansiedade depressiva, um trabalho de luto, luto interno por algo que morreu (um objeto interno).

Caso haja no psiquismo responsabilidade pela perda do objeto e tolerância a esta e à culpa daí decorrente, haverá uma modificação progressiva da ansiedade persecutória, que irá se transformar numa preocupação em reparar o objeto danificado – ato de amor surgido da tristeza da perda. Mas pode acontecer de o bebê não suportar a ansiedade depressiva e erguer contra ela defesas paranóides ou maníacas. No primeiro caso, há uma reversão para as relações paranóides com o objeto, fixando-se na personalidade um potencial psicótico. No segundo caso, a idéia central que regerá as defesas maníacas é a idéia onipotente de que as relações objetais não são de grande importância, ou seja, paralelamente à negação da realidade psíquica, surgirá um desprezo pelos objetos amados, vivenciado como triunfo maníaco.

Self:

O termo *self* é usado por algumas escolas psicanalíticas para abranger a totalidade da personalidade, que inclui não apenas o ego, mas também a vida pulsional que Freud chamou de id. *Self* parece sugerir a experiência do sujeito, as suas fantasias a respeito de si-próprio. O narcisismo seria um investimento libidinal não do ego, mas do *self*.

Superego:

A noção de superego pertence à segunda tópica freudiana, mas, antes de a diferenciar assim, a teoria e a clínica psicanalítica tinham reconhecido o lugar assumido no conflito psíquico pela função que visa a impedir a tomada de consciência e a realização dos desejos.

O papel de superego é comparável ao de um juiz ou de um censor, aquele que encarna uma lei e proíbe a sua transgressão. Classicamente, o superego é definido como o herdeiro do complexo de Édipo, constituindo-se na interiorização das exigências e das interdições parentais.

Embora seja a renúncia aos desejos edipianos amorosos e hostis que está no princípio da formação do superego, este, segundo Freud, é enriquecido pelas contribuições ulteriores das exigências sociais e culturais. Mas, uma vez que os preceitos da educação são adotados muito cedo, vários autores insistem no fato de a interiorização das interdições ser realmente anterior ao declínio de Édipo, apontando mecanismos psicológicos precoces como precursores do superego.

Da Autora

Cassandra Pereira França é Psicanalista, Doutora em Psicologia pela Pontifícia Universidade Católica de São Paulo e Professora Adjunta do Departamento de Psicologia da Universidade Federal de Minas Gerais. Nesta Instituição faz parte do corpo docente do curso de Especialização em Teoria Psicanalítica e do Mestrado em Psicologia.

Da Autora

[illegible]